做個諮商人

邱珍琬　著

邱珍琬 台灣花蓮人

學歷：國立台灣師範大學教育心理系（輔系英文）畢業
　　　國立高雄師範大學教育研究所肄業
　　　教育部七十八年公費留學考錄取（錄取學門──輔導與
　　　諮商）
　　　美國俄亥俄大學諮商師教育碩士
　　　美國德州理工大學諮商師教育博士
　　　擁有美國諮商師執照(NBCC)

經歷：曾任國中、高中輔導教師與英文教師、
　　　長春雜誌與婦女雜誌特約記者
　　　曾任教於北市建國中學、世新大學、新竹師院、國立台
　　　灣藝術學院、空中大學講授、台北生命線講師、懷人全
　　　人發展中心團體諮商領導、廣青文教基金會講師、國立
　　　高雄海洋技術學院輔導老師

現任：國立屏東師範學院助理教授、屏東縣警察局諮商顧問

著作：民國八十三年以前的著作見於校園出版社、張老師文
　　　化、知青頻道、台南文祥書局等
　　　近五年內著作見於希代文化、遠流出版社以及國內專刊
　　　雜誌

作者序

當你告訴別人，你是一個學輔導或心理諮商的人，接著你會發現，對方對你的期待與態度會有一些改變；不管他是認為你的專業在現代的社會是多麼被需要、或者他會認為你正在做一項徒勞無功的行業，你不免會想到：身為一位以協助他人為本位的輔導諮商人員，到底應該是怎樣的一個人？

市面上有不少諮商與輔導入門的書籍、有各個不同諮商學派的理論與實際的教科書、還有一些有關心理與治療的自助手冊，卻沒有發現任何一本有關如何作為一位諮商輔導員的書。這本書的構思與成形，是源於近年來任教大學部與研究所或師資班的輔導諮商理論與實務等相關課程，發現理論與實務上的訓練固然重要，然而對於要做專業協助人員本身的了解與養成，似乎十分欠缺！諮商是諮商人的一種生活態度、對人類世界的看法與哲學的實踐，而不僅止於一項賴以餬口維生的行業而已，它所涵括的有更多。

除了針對目前市面上的需求之外，另外，本書書寫的方式也是朝較為白話、口語式的方向，作者的一個私心是希望寫一本「不像教科書」的教科書，聽起來好像有點矛盾，但這是一個新的嘗試，因為面對的讀者可能不是在學院訓練系統下的大眾，詰屈聱牙反而失去了想要達成的目的。

書名以「諮商人」而非「諮商師」命名。也許國內一些同業較喜歡採用後者，這可能是我私人的看法：我認為諮商師雖

然聽起來較為專業，然而諮商師服務的對象是人，諮商也可以是一種生活態度的養成與表現，所以其實用「諮商人」三字，所涵括的可以更廣；再者，諮商人運用他／她的專業素養、能力、經歷與個人本身，在諮商過程中與當事人的關係是很人性又平等的，諮商「師」聽起來彷彿有威權階級或上下之分，不太吻合諮商協助專業的本意，基於這些理由，本文作者在書名中就以「諮商人」來代表。然而在正文中，「諮商人」一詞是與「諮商師」、「諮商員」或「治療師」交替使用的。由於前文提過，諮商是一種生活態度與生活哲學的實踐，因此對於諮商人來說，可以說是一種生涯發展過程；生涯發展無一時或止，也就意味著持續與終生，也因是之故，書名為「做個」（becoming）諮商人，這個becoming就有進程、不斷的意思。

這不是一本嚴肅的書，而是懷有與同好、同行一道切磋琢磨的心意，希望藉由此書，可以傳達同為諮商人的一些理念與抱負，也與一些想以諮商為職志的朋友們做一些心得交換。本書的組織是以諮商人的自我準備開始，有許多檢視與覺察的功夫，然後探討在接觸理論與實務時的能力養成，接著也涉及實際接觸個案所遭遇的問題處理與反思，最後提出如何在諮商這條不悔路上的自我成長與實現。

這本書的孕育與呈現，得感謝心理出版社的吳道愉總編輯，只在電話中的簡短對話與理念溝通，他就願意樂觀其成，這種信任就是促我完成此書的動力。感謝在我成長路上的許多貴人與師長朋友，也謝謝家人的陪伴與一向不悔的支持，讓我可以在努力的過程中全心全意！

目錄

第一章

我是誰

壹、楔子

　　首先請你拿出一張紙，給自己五分鐘，寫出有關自己的二十五項特質，針對「我是誰」這個問題、做迅速又精簡的回答。這些所寫下的特質中，可能有一些對自己的事實描述，比如名字、年紀、性別、職業、在家中的排行，還有宗教信仰；再看看是不是有關於自己的嗜好、或有關對自己性格的形容字眼？好動、喜歡打抱不平、沒有耐心、常常覺得不快樂、誠實、細膩、會做讓自己後悔的事……等等？再來，可能有人發現在類似腦力激盪的情形下寫出的自己，對照內容之下，竟然有一些矛盾與衝突！比方說，你寫下了「細心」、發現也寫了「衝動」，認為自己「幽默」、卻也發現「會鑽牛角尖」，這到底是怎麼一回事？不要急著解決這個疑惑，拿出另外一張紙，畫個像八角形狀的圖，中間畫個小圓圈，把自己的名字寫在圈圈內，然後去找八個朋友或親人，要他們寫上有關你的特質，而且都要不一樣；對照這八位朋友或親人對你的描述，看看他們對你的了解與你自己的了解有多大的差異？也許你發現，那八個不同的描述只是正面的，也許你認為太膚淺，也有可能他們是針對一項特質、而用不同的敘述或形容詞。

　　這些可以提供你一個思考的方向，用來自我觀照。心理學上有所謂的「建構性自我」（constructive self）的說法，每個人

因年齡、經歷、成長背景、價值觀念、甚或時空的推移，有不同的「我」的呈現，有些或許一致性極高，有的或有衝突，但是這些都無礙於我之所以為我，我們要繼續努力的就是讓這一致性更能夠被透徹了解與統整。就如人本主義的大師 Carl Rogers（1902-1987）所謂的「成為一個人」（becoming a person）──becoming 是一個動詞，而且蘊涵著一直在改變、調適的意義；如果說 being a person 是一種狀態，它的情況較為靜止，可以說是一種「存在」；但是 becoming a person 是一種動態，也說明了一個成長發展的方向。

接下來，如果你熟悉「周哈里窗」（Johari Window）的話，也可以試試。這個窗形圖常常被用來解釋與檢驗人的「自我」部分，有「自己」與「他人」、「知道」與「不知道」等因素，分隔成四個部分（見圖示）：

自己

	知道	不知道
他人 知道	公開（open）	盲目（blind）
他人 不知道	秘密（hidden）	潛在（unknown）

用一張紙畫下這四個窗口，然後把自己在上一個活動中、自別人口中得到的資訊填上去，這可以說是你「公開」的我的部分；然後再寫下你自己認為別人所不知道的你的部分，這就

是「秘密的我」，接著檢查一下方才填好的「公開的我」，有沒有一些選項是你自己沒有發現，而是別人觀察到的特點？這些可以移作是「盲目的我」。「潛在的我」的部分可以是空白，也可以寫下自己正在努力開發或修正的部分。健康成熟的自我，是希望能把自己可以坦露、讓人看見的「公開」部分慢慢增加，不為己知或是人知、自己想要努力培養或發展的「潛在」部分可以擴大，因此也就把「秘密」、「盲目」的自我部分縮小了。把這張紙保留下來，作為自己定期檢視的依據，在「秘密的我」的部分，我們可以做「自我剖析」（self-confession）的工夫，也就是說把你認為可以告訴別人的一些秘密，做適度的表白，讓他人對你更有進一步的了解。

　　「我是誰」與「我是怎樣的一個人」，常常是人類思考的問題，我們對於知道自己是「誰」，一直興趣濃厚，只要看看坊間書肆或是網路、傳播媒體上，不管是用什麼方式來告訴你／妳是誰（血型、星座、紫微斗數、小小心理測驗、甚或算命），都會受到極大的注意！西方哲學家蘇格拉底就說過，人一生的課程就是「知汝自己」（Know yourself）；我們在去協助他人之前，先要知道自己是誰？為什麼在這裡？扮演的角色是什麼？我把自己定位在什麼地方？我要的是什麼？我要做什麼？然後才能十分堅定自信地面對眼前的當事人，並且做一些必要的協助與努力。此外，讀者還可以做另一個活動：把自己目前擔任的角色（父母、兄弟、姊妹、老師、學生、好友的垃圾桶、女人、男人、家庭主婦、作業員、老闆、屬下等等）一一列出來，然後依重要性排出最不想放棄的三個角色（按次序

排好），檢視一下為什麼？甚至到最後，再剔除兩個，找出唯一不論如何都不想放棄的又是哪個角色？（很有趣的是：曾經給不同的女性團體做這個活動，許多人把「自己」這個角色給遺漏了）。如果讀者還想作更深入的探索，可以花一些時間為自己寫一個短短的「生命史」（或者是小小自傳），看看你／妳怎麼「交代」自己的一生？另外，也鼓勵讀者為自己書寫一則「墓誌銘」，你／妳希望別人怎麼記得你／妳？或者是希望不認識的人經過你／妳的墓前時，在有限的時間與篇幅裡，知道你／妳是怎樣過了一生？藉此來檢視一下你／妳的一些價值觀、原則、成就、希望，以及你／妳看自己的樣子。

為什麼知道自己是誰這麼重要？心理學家 William James（1890）曾經有很精闢的分析，他把「自我」（self）分成「主體我」（I-self，也就是 subject self）與「客體我」（Me-self，object self）兩部分，前者又包含了自我覺察（self-awareness，感受自我內在的需求、情緒、狀態與想法）、自我主權（self-agency，是自我思考與行動的主角）、自我持續（self-continuity，知道自己的以前、現在、未來，都是自己，有其一致性）、與自我統合（self-coherence，知道自己是一個單一、協調、也有限制的個體）四個部分；後者則包含了物質、社會與精神層面的我。「主體我」顧名思義就是擔任行動的主角，而「客體我」是被覺知的部分，這二者是互相影響、也同時存在的，界限並不是很明顯（cited in Harter, 1999, p.6）。Gerald Corey（1991）曾提到：有效能的諮商員是能夠自我認同的（Effective counselors have an identity）（p.13），他指的是諮

商員知道自己是誰？自己人生中要的是什麼？要成就的是什麼？不只是明白他人對他／她的期許，也能爲自己的既定目標努力。諮商師的「有自己」是很重要的，在擔任諮商協助工作時，唯有很清楚自己是誰，才能進行深入同理，不致迷失自我，也才能眞正跳脫出當事人的巨大情緒流，站在較客觀、專業的立場予以當事人協助。知道自己是誰，才能知道自己的立場、有個根據，以這個根據地爲堡壘，我們知所依歸、有安全感、也有探索的勇氣、會爲自己說話，也因此可以暫時跳脫自己的立場、站在別的角度來省視自己、也爲他人著想。如果自己沒有個立足點、對自己的概念需求很模糊，也就是諮商師自己很迷惑，那麼又怎能據此去協助其他也有困惑的人呢？

貳、諮商人的自我定位與準備

　　知道自己是誰就是所謂的「自我認同」（self-identity），把自己「定位」在哪裡。Eric Erickson（1980）在他的「人類社會心理發展」（psychosocial development）階段中，把青少年期的「自我認同」發展任務做了極爲細密的描述：要知道如何界定自己？要知道自己的能力、限制、在家庭社會與同儕中所扮演的角色爲何？如何自處？對於自己成熟的身體又要如何看待？性傾向又如何？獨立與依賴之間要如何權衡？生命對他／她的意義是如何？夢想是什麼？想成爲怎樣的人？想要規畫成

就怎樣的人生？然而不只是青少年階段，我們自己是誰？要做什麼？在一個團體中的定位又如何？這些問題是一直在整個人生過程中進行著，只是我們極少靜下心來、仔細問過自己。

在給不同的團體做過配對式（in pair）、以互相發問方式進行「我是誰」的活動之後，也要大家針對這個活動做些觀察與心得討論，發現大部分的參與者很快就發覺：活動進行之初，互相只交代一些表面的基本事實，像姓名、性別、職業、系所、排行是很平常的；接著在時間急迫、對方又一連串連珠炮式地質問「我是誰」的情況下，會慢慢抖出自己更深一層的「內裡」，包括家庭、喜惡、個性、嗜好、對事物的看法、價值觀等等。參與者也發現有些人開放的程度大，很快就可以挖出許多東西；有些人防衛心強，硬是不肯透露更多資訊。曾有個成員還以中華民國國民、參加各種不同社團的團員這些名目來搪塞，結果在團體進行中也發現此團員的確很不能融入團體活動的討論，焦點常常放在評估他人身上或一些「安全」的議題上。

Alfred Adler（1870-1937）認為一個人是需要在人群中被「認可」（recognized）的，與 Eric Berne 後來所提的人要得到「strokes」（有人譯作「撫慰」），其觀念是相符的。人的基本需求之一是隸屬於某一團體族群、在團體中有自己的地位（被人看見、認可），然後對這個團體有所貢獻，所謂的「寧鳴而死，不默而生」的說法差可比擬吧！

舉個更簡單的例子來說，老師們上新學期新班級的課，如果可以多花一些時間把同學的名字記下來，一兩天之後對於每

位同學的名字可以朗朗上口，會發現同學們的配合度很高，因為根據以往的經驗，老師們是不太在乎學生誰是誰的──除非是一些很特殊的情況下，不是很好就是極差，這些標準太苛了，不是每個人都可以達成。然而當老師都認得每個同學，這也表示了老師的注意與關心，更重要的是平等對待，讓同學覺得自己是特殊的，與其他人一樣有機會表現！我在師院面對步出校門就要為人師的同學，常常提到這個訣竅：請同學們多花一些心思去記小朋友的名字，他們也發現這樣很快就可以贏得小朋友的心，也願意合作！我們在小學課堂上，也常看到小朋友舉手拚命想要表現給老師看，也有一段時間父母發現孩子把老師的話當聖旨，連要孩子吃飯前洗手，也得勞動到老師說才算數。我們到一般商店裡去買東西，如果老闆或服務人員記性好認出我們來，作為消費者的我們是不是感覺不一樣？而且也很願意再度光臨？可見人是很希望別人認出他／她來的，而且是認出他／她好的部分，認出某人就間接表示此人很凸顯、很重要！

　　多年不見的學生或偶而掛個電話來的友人，常常會在電話中問：「妳猜我是誰？」我不是很喜歡這個遊戲，但是我慢慢可以體會對方想要「被記得」的需求，於是就肯多花時間同他／她耗一下：「給我一點線索好不好？」猜中的時候，就可以感受到對方好開心！這就像我們小時候也玩的一種矇眼猜猜我是誰的遊戲一樣，矇人眼睛的想要對方知道他／她是誰的興奮！

　　我記得有一回在美國看牙醫，把前面接待員的名字 Marcia

唸成 Martha，她更正了我兩次，情緒很不平，我後來向她表示抱歉之意，她才有釋懷的表情，這個經驗讓我更相信：人是需要被認識、被認可的，而且是「正向的認可」（positive recognition or positive stroke），而當一個人努力表現好的方面，卻沒有得到重要他人或別人的認可時，可以想像他／她的挫敗感與失望，也因此，個體為了得到認可，可能會朝向壞的或負向的方面去發展〔所謂的「負向認可」或是 Adler 所說的「社會無益」（social useless）的部分〕，因為不願意被「忽略」。許多服膺此說法的心理學家或教育學者，也許會想到：很多被認為「行為偏差」或有行為適應問題的孩子，其實在尋求所謂的「負向認可」之前，都曾經努力表現得很好，只是他們的好表現沒有被別人看到，或被認為僅足以稱為「好表現」罷了；我也深信，所謂「行為適應不良」的孩子，是「沒有受到鼓勵」（discouraged）的孩子，他們都曾經努力要做「好仔」，只是沒有達到別人設定的目標而已。熟悉我的外國朋友中有不少在認識之初一定要弄懂我的英文名字是 Jen 或 Jane，對我這個老外來說覺得沒有什麼區別，因為聽起來都一樣，但是他們卻認為很重要，這種認真、執著也讓我學到了尊重的力量。在真正面對當事人時，我就把這個尊重用在實際的情境中，讓我省去了許多不必要的繁文縟節，很快進入當事人的世界。

中國哲學大師唐君毅先生曾經對人類的處境有個比方，大意是說每個人就像是在浩瀚宇宙中、孤單獨立的星球，相隔著幾光年以上的距離與黑暗，只有藉著偶爾的交會，散發出一些光亮！這個描述很能道盡人的現實處境，雖然很接近存在主義

的說法，但是也點明了人是極為孤單的，人的內心世界是很難去探測了解的，除非人自己願意對他人坦露，否則真正要了解一個人好難！雖然了解一個人很難，然而我們是不是也常聽見周遭的人說：「我真不了解自己！」「我怎麼是這樣一個人呢？不會吧！」甚至說：「人是會變的，我現在也不確定自己是誰了。」在學習協助他人的過程中，也就是說，諮商師以自己這個「人」為基礎，經由探索、了解自我，對於人類本身有較深入的體諒與同情，進而可以更明白自己周遭的人，以及所面對的當事人，為當事人做更好更有效的服務。人固然都有其特別之處，但是人性與人類畢竟還是有其基本共通之處啊！

參、人性是什麼？

接下來，要問一個很重要的問題：想成為一個諮商人，你／妳對自己有興趣嗎？你／妳對人有興趣嗎？你／妳對人性的看法與定義又是什麼？諮商的對象是人，要了解我們所面對的當事人，設身處地感受他／她的感覺想法，與他／她在治療過程中同喜同悲、一起掙扎……，而經歷了這些，我們對人仍然懷著喜愛、敬意、感動、悲憫與欣賞。就如同對於職業生涯選擇的看法，先檢視一下到底自己是對人、資料或事物何者有興趣？諮商員要先問自己：我喜歡人嗎？我們要接觸人、從事對人的工作，如果諮商員本身對人很排斥或害怕、甚至常常孤立

自己、不太與人打交道，這個時候就要仔細考慮一下，自己適不適合擔任這個工作？自己選擇從事諮商助人的工作，背後的動機又可能是什麼？

常常在與當事人幾個月的諮商關係中，看他／她在困頓中努力掙扎，也摔跤、也再爬起來，彷彿整個人經過一場生命的洗禮，終於當事人可以離開治療關係，過獨立自主有信心的生活了，真是好棒的一件事！當時會合掌感謝一切冥冥！人的可愛在於多變、在於歷練中磨淬的能力，雖脆弱又堅強……好多好多面，我們看到人在問題情境中，努力尋索出解決之道，真是不由得會合十大嘆：好美麗的人！好漂亮的生命！我認為作一個諮商人員的先決條件就是要對人有興趣，而且能夠欣賞不同之美！雖然以統計的眼光來看，人是一個變數（variable），人變化多端、不可預測，但是不同的人，也造就了這個五光十色的世界，這也就是人性之美啊！

我們服務的對象是人，當你面對著當事人，你是怎麼想的？你對人性的看法又如何？你認為人性是可以改變的嗎？你對於「人」又抱持著怎樣的態度？你害怕人嗎？你認為人不可靠嗎？在諮商的理念中，基本上是相信人有能力，也會做選擇，知道自己的人生要的是什麼、要過怎麼樣的日子、可以做適度的改變與掌握。一般說來，我們對人性的看法不同，在處理許多事情上就會有差異，這個對人性的觀點，也是許多諮商理論的哲學基礎，我們看到許多心理諮商理論，由於對人性所抱持的看法不同，也因此衍生發展的理論就不一樣。因此，我們就來看看一些諮商理論的人性觀。

一、精神分析學派（Psychoanalytic Theory）

Sigmund Freud（1856-1939）——精神分析學派的始祖，認為人是「生物決定論」（psychic determinism）的，我們生下來天生所賦予的原始驅力（通常是指「求生存」的基本能力）、是男是女（生理構造）這些就決定了我們要走的人生。人有求生存的本能，然而當生存變得不在自己掌控之下，尤其是受到威脅時，人的攻擊性就會出現；攻擊行為的初始動機也是為了求生存（如同動物界中，某動物攻擊其他動物以搶奪食物或生存空間），然而在諸法用盡、走投無路之時，攻擊就可以轉為毀滅的力量——對別人，也可能對自己。Freud 的理論可以說是一種「精力系統論」（energy system），也就是他用人的「精力」（基本上是「慾力」或 libido）的流動與趨向，來解釋行為的發生與走向。人性中基本上有三股力量，一是生物性的「本我」（id），是為了滿足基本的生理欲求與驅力，遵守的是所謂的「享樂原則」，只要能讓個體滿足他／她所要的（通常就是最原始的需求）、讓我覺得「爽」就是了；另一股力量是「超我」（super ego），是社會規範與道德良心的部分，也是承自於父母親的約束部分，用這些來管制個人的行為，因為人生存在團體之中，有必要顧及其他人或團體的規範與利益，才可能達到共同和諧生存的目的，所依據的是「道德原則」；再來是「自我」（ego），是介於「超我」與「本我」之間，擔任

兩者之間的協調工作，盡量讓兩方可以取得最佳的平衡狀態與滿意度，依循的是「現實原則」，主要是讓一個個體或人可以達成「本我」生存的目的，也顧及「超我」的外在要求，因為生活在團體社會之間，有必要滿足個體需求，同時也顧及大眾、遵守一些遊戲規則。

然而如果「自我」的功能不能在日常生活中得到最好的發揮，就會產生了所謂的「現實焦慮」，而當「超我」受到壓抑、不能達成道德的規範標準，可能就會產生所謂的「道德焦慮」；以此類推，「本我」的欲求受到阻撓，也會有「神經性的焦慮」產生，也就是焦慮的主因隱藏在我們不能覺察的潛意識範疇裡。焦慮就是人格狀態中的這三個部分不能獲得滿足而產生的不平衡情況，也就是所謂的「精力系統」運作不順暢的結果。依 Freud 的解釋，一個人若有了「神經性焦慮」，就會因為內在的原始衝動不能順利獲得滿足，而會有受挫、困頓，進而爆發許多傷人或傷己的行為，才得以獲得紓解的問題；倘若此人老是以社會的標準為唯一圭臬，不願去承認，甚或忽略自己有源源不斷的內在原始欲求，那麼他／她會一直擔心萬一慾望決堤，後果就不堪收拾的可怕，這就是「道德焦慮」！一般人在日常生活中常常會遭遇到所謂的「現實焦慮」，因為所謂的「平衡」，不是靜止不動的狀態，而是一直在變動的，即使此刻達成了平衡，下一刻又不平衡了（這也可以對照 Jean Piaget 對認知理論的「平衡狀態」、「同化」與「調適」的看法來思考），也就吻合了我們常說「人生是解決問題的過程」，某個問題獲得解決了，好像身心達到了平衡點，但是下一個問題

又出現了，又得去面對與處理！誰叫人生就是解決問題的過程呢？

二、新精神分析學派（Neo-psychoanalysis）

㈠ Erikson 的社會心理發展理論

　　許多原本是服膺 Freud 的弟子，後來都與他意見不合而分道揚鑣。新精神分析學派（又稱新佛洛依德學派，neo-psycho-analysis 或 neo-Freudians）就是因為不滿 Freud 太強調生理上「性」的主張，而與之決裂，另外倡導「社會文化」影響因素的不可忽視，而被人認為是有別於原來的古典精神分析理論，被稱為「新精神分析學派」。Eric Erikson （1902-1993）可以視為新精神分析學派的代表人物，他所提出的「社會心理發展」（psychosocial development）的人格理論，補足了 Freud 的理論，也做了修正，他的人性觀較之 Freud 要來得樂觀、有彈性、不被動或命定，也就是認為人主要是受生物與社會兩股力量的影響。Feist （1994）認為 Erikson 的貢獻有三個：將 Freud 的人格發展理論在青少年時期之後、做了補足與後續的工作，Erikson 把人格發展分做八期，自人出生一直到老死都包括在內，可以說是最為完整的整理；其次，Erikson 甚至去蒐集文化與歷史方面的資料素材，發現社會文化的因素比生物學上的因

素、更為影響深遠；再來就是強調「自我」的功能與作用在人格發展上的影響，而不像 Freud 把焦點全放在「本我」之上。

Erikson 認為要完整研究人類的生存，必須兼顧到三個系統：生理上的過程（身體）、心理上的過程（自我的經驗），以及社區的過程（人際間的文化）（Erikson, 1997）。Erikson 的人格發展因此稱作是「社會心理發展階段」，我們會在稍後的篇章作敘述。

(二)楊格的分析心理學派（Analytical Psychology）

Carl Jung（1875-1961）本來也是 Freud 的信徒，後來與 Freud 某些理念不合，也離開 Freud 的旗下，自創「分析心理學派」。Jung 的理論有很濃厚的神秘色彩，他花在理論建立的部分特別多，尤其是曾經「閉關」三年，做很深的自我內在探索的工夫。目前還沒有一個真正的研究證明，是利用 Jung 的治療理論而成功的案例（Feist, 1994）。Jung 認為人格是潛意識與意識的總和，而在潛意識中有兩個力量是決定行為的主因──「個人潛意識」（personal unconscious）與「集體潛意識」（collective unconscious）；所謂的「個人潛意識」是指個體年幼時所壓抑或已經遺忘的記憶，「集體潛意識」是指人類祖先所遺留下來的一些經驗或行為，是所有人類共有的，包括了我們對一些自然現象的恐懼崇拜及宗教信仰等。而人格的結構是以「我」（self）為中心的，他把 Freud 的「自我」（ego）視為「意識」的中心；人格中可以分為：「面具」（persona，公

眾前的「我」）、「影子」（shadow，我們不願意去了解的黑暗部分）、「陰性基質」（anima，男性中的女性部分，也就是感覺）、「陽性基質」（animus，女性中的男性部分，是思考或推理的部分）以及「我」（self，擔任統整工作的）；Jung 認為人是「雙性的」，也就是說每個人，無論是男是女，都擁有男女性心理的特質，只是後來在「社會化」（socialization）過程中，因為社會規範與期許的壓力，使得男性把自己女性的部分壓抑起來，女性則是把自己男性的特質壓抑起來，只表現出了社會允許的特質。人基本上是受潛意識與意識兩股力量的影響，而也意味著這兩股力量的「合作」關係；也就是說，如果一個問題不能在意識的層面獲得解決，那麼可能由潛意識來接手。舉例來說，為了想出一個人名，努力想卻無法想起，Jung 建議作暫時的擱置，不必刻意去想（也就是讓潛意識來接手），相信不久就會有答案。我們在日常生活中是不是也曾經碰過類似的經驗？而 Jung 的治療目標是針對人對自我的了解，因此也可以說是「成長模式」的先趨（Feist, 1994）。

　　由於許多學派的成形理念，皆源自 Alfred Adler 的自我心理學派（individual psychology），因此我把自我心理學派放在精神分析學派之後來討論，而有關阿德勒學派（Adlerian）對其他學派觀點的發展影響，就留到本章之末作簡單的補充。

三、自我心理學派

　　如果說之前的學者對於人性觀有所謂的「遺傳」與「環境」之爭，造成「先天」（nature）與「後天」（nurture）的辯論，而Adler的看法，則在兩個論點之外添加了另一個可能性：「個人」（person）的因素。也就是說，人的性格或命運，不單單是受先天遺傳或後天環境的左右而已，還得看這個個體本身，包括此人的氣質、要的是什麼、願意受環境與遺傳的影響多大，因此以Adler的論點，人的命運是掌握在自己的手上的，人是「自決」（self-determined）的。人在幼年時，因為生理上與心智能力上的限制，受到遺傳與環境的力量影響較大，但是後來人漸漸成熟及成長，發展出來的能力愈多，可以掌控的也更多，也由較為被動的角色轉換為比較主動的地位；Adler的看法甚至更先進而大膽，他認為人其實在五、六歲以前就知道自己的人生要怎麼過。儘管如此，Adler對人性仍抱持著較為樂觀的態度，人是可以改變他／她的生命任務或方向的，只要他／她認為有必要，也願意做改變，就這個論點而言，和溝通交流分析學派的 Eric Berne（1910-1970）所提出的人可以「重新做決定」（redecision）是很相像的。

　　Adler 的「社會興趣」（social interest），指的是健康成熟人格中的特質，而此觀點與「新精神分析學派」所提的「社會文化」因素是很雷同的，而「社會興趣」中所強調的「人與人

的關係」，其實在早先就有 Harry S. Sullivan（1892-1949）提出，因此在此也略提一下「人際關係學派」（Interpersonal theory）。

四、人際關係學派（Interpersonal Theory）

Sullivan 認為人與其他動物最大的區別在於人有所謂的「人際關係」。人的行為是受人際關係的經驗影響、促動的，也是經由與他人互動的關係中，人格才慢慢成形的。人的存在是因為同時有他人的存在才有意義，而所謂的「個人化」不是實質具體的東西，因為個人脫離不了與周遭環境（包括人）的關係，而人的焦慮其實就是與人際關係息息相關的，「人際關係」是人類最重要的「環境」；與人的互動不良、人際關係的需求沒有獲得滿足，就會有焦慮，把焦慮帶入其他與人的關係中，會阻礙了與他人的互動，也影響了與他人的關係，形成了一個「惡性循環」（Feist, 1994; Sullivan, 1953）。在治療的臨床上，我們有時也可以大膽歸因當事人的問題類型，的確絕大部分是與人際關係有關。有人覺得孤單、被排擠、不知道要如何與人交往或相處、或者是讓自己與他人的關係更圓融，這也可見 Sullivan 的先見之明！

Sullivan 的「人格發展」論補足了 Freud 在青春性器期之後的部分。與 Freud 相同的是，Sullivan 也把人格的發展視為一種「精力系統」，「緊張」狀態（tension）就是一種精力的表

現，而行動本身就是「轉換的」精力表現，人因為需求未獲滿足所產生的緊張狀態，導致了行為的可能動力，而這個行為通常是具生產性的，否則就會朝向破壞的方向走（Feist, 1994）。Sullivan 的這種「人際需求」，與後來 Maslow 所提的「需求層次論」中的「隸屬需求」若合符節，只是他的人際需求所含括的範圍更廣，而 Todd 與 Bohart（1999）更認為 Sullivan 是「客體關係」理論（Object Relations Theory）的先趨（p.173）。由於近年來，「客體關係理論」的蓬勃發展，有必要對此一理論作個簡單介紹，接著，就來看一下所謂的「客體關係理論」。

五、客體關係學派（Object Relations Theory）

「客體關係學派」，把 Freud 的「客體」（object）作了另一種詮釋，不是用來指性慾（libidinal drive）的對象或目標，而是指「人」（human beings）。此學派的主要主張是認為：個體生命最初的人際關係，是後來個體與他人互動模式的原型，也攸關著人格的發展；同時此學派也是研究個體慢慢發展成熟為獨立的人的過程。

Mahler、Pine 與 Bergman（1975）所謂的「分離—獨立」（separation-individuation）的過程指的是，孩童如何從依賴他人的角色，慢慢茁壯成獨立有能力的個體，而最終可以獨立又與其他人合作。在 Mahler、Pine 與 Bergman 的研究中，個體經過「區分」（differentiation，自我影像慢慢形成，有怕生的焦

慮）、「練習」（practicing；「心理上的誕生」，因為可以自己移動，增加了許多探索的機會，會「練習」離開母親、但是仍以母親為一個充電的「安全堡壘」）、「協同」（rapprochement；有語言能力，與人互動的機會愈來愈多，母親不再只是一個「堡壘」，而是個體可以與之分享一些事物、活動的具體對象）與「客體永存」（libidinal object-constancy；母親形象的內化，對於母親的好與壞作真正的整合，而不是像先前的「非好即壞」的二分法）的四個階段。

許多客體理論學派的心理學家是在研究有精神疾病的病人（像邊緣性人格、情緒困擾的孩子，或是自戀性人格）之後，所得到的一個重要發現。這些研究者認為，心理病症的可能成因是因為與他人的關係發生問題，尤其可以追溯到個體最初（特別是與母親）的人際互動（Cashdan, 1988; Mahler, Pine, & Bergman, 1975; Todd & Bohart, 1999）。這個理論拿到現實的情況來檢驗，還是具有相當的可信度。比如說我們會發現許多患有心理疾病的人，在人群中是很不自在的，不知道要把自己擺在哪裡，不知道如何與人溝通交流，因此養成孤離的生活習慣，但是如果可以讓周遭現實世界的人接納他們，也讓病人重新學會如何與人相處，甚至對社會有貢獻，心理疾病的徵狀自然減輕許多。雖然嬰兒與母親的關係影響很大，然而是不是就此定終身？與他人的互動關係，好像不只植基於母子關係而已，還有與原生家庭（family of origin）的互動與影響，讀者可參照其他學派的看法，以得到更完整的了解（a whole picture）。許多人認為「客體關係學派」是「精神分析學派」的延

伸，因為它追溯到個體最初始、與父母親的「依附」（attach-ment or bonding）關係（尤其是母親）；而這個最初始的關係模式與印象、就深植在我們的潛意識層面，無時無刻不在影響著目前的生活。而這個解釋如果拿來對照完形學派的看法，就可能是一種與母親（或重要他人）之間的「未竟事業」（unfinished business），而心理治療的方向可能就是朝著「重新體驗」與「修護」來走。

六、行為主義學派（Behaviorism）

我們聽說過：「有其父必有其子」，也聽過「出汙泥而不染」，前一句說法類似「先天」論，後一句說法是「後天」論。行為主義學派，是反對精神分析的論點而加以駁斥的，認為如果心理學是科學的一門，就要研究可以看得見與測量的「行為」，而不是看不見的「黑箱子」（當然現在的心理學的定義已不那麼極端狹隘），行為主義支持者認為人的行為多半是環境所造成，或經由學習而來，而不是生下來就是註定變成什麼模樣，這就是後來很有名的「天生」或「後天」的爭論焦點；行為學派者還認為要把心理學提升到科學的層次，就必須使用自然科學的方法來研究，為的是提升心理學的研究地位，所以極端的行為主義論者如 John Watson（1878-1958），就把心理學研究對象限於可觀察、可測量的行為，不研究 Freud 的心理「黑箱子」。他認為人是環境的產物，一切受環境宰制或

形塑，人的力量好像很小，地位很被動，而 Watson 還誇下海口說：給他一打小孩，他就可以塑造出小偷、醫生、娼妓、紳士或其他不同的人，只要他把外在環境控制好，其結果是可以預期的！後來的行為主義，尤其是經過 B. F. Skinner（!904-1990）的修正之後，認為人是環境的產物，同時也是環境的主動創造者（product & producer），人可以主動對周遭環境做反應，而不是一味受制於環境，人也會根據自己行為的結果來修正自己接下來的行為，行為主義有了新的面貌與發展方向。後來在諮商學派中，也把 Bandura 的「社會學習理論」（social learning theory）放進來，強調觀摩、示範、演練預習在諮商治療過程的應用中，也有其貢獻。

　　我們一般人是很「行為學派」的，看一個人的改變，「說」不算數，得要看他／她「表現」得如何？做得如何？因為有所謂的「光說不練，假工夫」。許多事我們講求的是「看得見」的表現，比如說成績單、工作成果、行為改變，雖然「說話」也是一種行為表現，但是其份量也比實際行動差了些。曾接觸過的許多父母，基本上他們在為孩子選擇教育場所時，都很關心一切硬體與軟體（包括師資）的設備，認為只要選對了「環境」，孩子的能力或本質就能發展、呈現；國中時父母師長要同學慎選友伴團體、不要出入不良場所，這些都是很「環境論」的表現。

七、人本學派或個人中心學派
（Person-centered Theory）

　　人本學派的理論與觀念，影響諮商最大！人本學派認為人是向上、向善的，人有潛能與選擇的能力，與阿德勒學派一樣，認為人是朝向成長、自我實現的方向發展的；初入門的準諮商員（paraprofessional），就會聽到「傾聽技巧」、「同理心」（empathy）、「最起碼的反應」（minimum responses）、簡述語句（paraphrasing）這些新名詞，然後在受訓歷程中，就慢慢了解這些名詞的深層意義與運用，這些可以說是源於人本學派的 Carl Rogers（1902 -1987）。雖然 Rogers 沒有強調諮商技術，他認為諮商員與當事人的治療關係，才是最最關鍵，也認為是諮商員運用自己為治療工具（therapeutic tool），提供當事人最佳的環境（整個治療環境，包括治療師），開發當事人的潛能與解決問題的能力，在諮商員的三大核心特質（core conditions）——無條件地積極關注（unconditional positive regard）、正確的同理心（accurate empathy），與真誠一致（genuineness or consistency）——的支持下，重新整頓自我、恢復自信，並可以獨立作業、面對生活。這三個核心條件，會在稍後的篇幅中作較為詳盡的說明。

八、完形學派（Gestalt Theory）

　　完形學派的看法也是採發展論的立場，重視「整個的人」。一個人不是器官的總和，而這些部分加起來也不成為人本身，也就是說人是不能自外於環境的影響力，與環境的關係是要搭配合作的。它是源自心理學的「場地論」，而其人性觀是含有存在主義與人本主義的成份的，認為一個人有自我成長與發展自己的能力，知道自己的人生要如何成形。人是主動的，要達到成熟就必須為自己負起責任（Corey, 1991; Maples, 1995）。人之所以不快樂、沒有發揮應有的功能，主要是與自己、與周遭環境失去了真實的「接觸」（contact），因此完形學派強調人要去經歷、對經驗開放、真正去參與體會生活、作真實的接觸，才是完整成熟的。Perls（1893-1970）可以說是完形學派的代表人物，他把完形學派帶入一個新的領域，產生了許多推陳出新的點子，他的治療方式是很具個人性、有動能、新穎又有原創力的，為當時的心理治療注入了新的活力與生命。Perls 認為環境是「場地」（context），要把「人」這個「型」（figure）突顯出來，而不是融在「景」（ground）裡；而要了解一個人，必須要考慮到「形」與「景」（也就是人與環境）的關係，不能把人獨立於環境之外。

　　在現代把「成熟」與「理性」畫上等號的教育體制下，許多人追求智性的發展，卻壓抑或阻礙了情緒與其他方面的發

展，就完形學派的觀點來說，就不是完整的。理性的生活，讓我們習於用「邏輯思考」、或者是受制於「習慣」，「自我覺察」的部分相對減少許多。舉個很簡單的例子來說，我們的交通一直是問題，而且不僅限於大都會的高雄或台北而已，許多肇事原因不外乎不遵守交通規則（投機取巧）、或是不小心（沒有顧慮到他人的權益或安全），這個部分原因可能就是我們都太「理性」從事，希望能減少一些愧疚感，所以就把自己情緒感受的部分給刻意忽略了，表現出來的就是「酷」（或對他人的感受不予理會）。如果把一些對違反交通安全的人做的「交通安全再教育」，改成完形學派的「自我覺察」活動，重新「喚起」人的感受、與他人關係、關懷他人的感覺，效果可能會更佳吧！

我們現在所謂的「理性」，往往是否認或忽視「感性」的存在，也可以說是等同於 Freud 的「合理化」（給自己一個很好的理由，「不讓」感性掌控），這固然是許多人會用來作為保護自己、免於受到傷害的一個方式，然而如果一成不變地使用，我們就開始對自己與他人「冷酷」、「淡漠」起來，也不敢去嘗試新的經驗，這其實就是為自己的生命「畫地自限」。

九、存在主義（Existentialism）

存在主義學者關心的是人「生存」的根本問題，認為「焦慮」是人生存的本質，而人的焦慮是與生俱來的，而且會一直

持續到死亡。焦慮的主要來源是人察覺到「人皆有死」這個事實（May, 1977），然而人的生命意義也因為有死亡的逼近與不可免，才衍生出其意義來（Yalom, 1985）！人因是獨自來到這個世間，也要單獨離去，加上人的內心世界常常不為同類所了解，因此人是孤獨的。然而人也因為要排遣這種與生俱來的孤獨，必須學會與自己、周遭的他人、所生存的環境，與這個包含夐遠廣大的宇宙相依相存（Feist, 1994）。人不因生命有限而沒有目標、被動生存，反而正是因為生命有限，所以提醒人要好好把握有限的生命，主動創造出獨特的意義！人有覺察能力，知道自己生存的限制與能力，也因此會為自己的生存努力、堅持，人也因此有選擇過怎樣生活的自由，並且為他／她自己的選擇負責任，人當然也為自己創造的命運負責任。「焦慮」與「自由」是一體的兩面，人要脫離「已知」、爭取自由，自然就必須去探索「未知」，而「未知」的「不可預測」，就造成了「焦慮」。如果大家看過一本 Mitch Albom 所著的 Tuesdays with Morrie（中譯為「最後十四堂星期二的課」，裡面的 Morrie 就說過：「只要你學會死亡，你就學會了活著。」（p.104）這是同樣的道理，這與咱們孔夫子先生所說的「未知生，焉知死？」雖然說法不同，但意義是一樣的。儒家要我們把重點放在活著的時候，存在主義則是明白指出死的明顯與迫近，也是要我們珍惜此時此刻！

　　有人認為「存在」這個議題好像不那麼迫近，也有人誤以為這是在生命末期或是接近生命終點時，才要開始關心的議題。誠如西藏的達賴喇嘛在回答記者問他怕不怕死時，答道：

「當我出生的那一天開始，我就步向了死亡，死亡本來就是生命中的一部分。」然而一般人是不是有這樣的認定呢？愈年輕的人彷彿愈難相信死亡的即將來臨，而又有誰規定人一定要老，才會面臨死亡？生命的公平在於有生有死，而不在於相等長度，而存在主義告訴我們的就是：人有能力創造自己的生命意義、妝點自己的生命色彩。

十、現實治療學派（Reality Therapy）

　　現實治療學派的 William Glasser（1925-present）認為人類的需求就是其行為的原發力，也因此行為的動機是由內而生的，人要滿足其基本生理需求（physical needs，為了求生存）外，還有四種心理需求（psychological needs）需要滿足，包括了隸屬、力量（表現能力、成就感、被認可、自尊等）、自由或獨立、和享樂（Glasser, 1965; Wubbolding, 1995）。人的行為是自己選擇的，人為了要滿足這些不同的需求就會採取手段或行動以達成，所以人的行為是有「意識」的，也要為自己的行為負責任，但是不適應行為的產生是因為人採用了「無效的方法」（ineffective methods）來滿足其需求（Glasser, 1965）。

　　現實學派指出了：我們一般人會採用來解決問題的方法，有時並不是針對真正讓問題獲得解決的方向來思考，而只是圖一時之方便，甚或是拖延或逃避。比如有位母親常常與正在念高三的兒子口角，每次引發爭論的議題只有一個，就是兒子調

侃母親的外表，母親極力爭辯，還搬出許多證據來支持自己，但是似乎仍不能說服兒子的逗弄，而這齣連續劇已經進行了好長一段時間。兒子認為這樣子逗母親很有趣，但母親不領情；有趣的是：即使母親使用來防衛的方式都不見效果，卻仍然堅持沿用。我問這位母親有沒有想過比較有效的解決方法？她說不知道。這位母親與兒子之間的互動已經成為一個固定模式，可以說是「惡性循環」，因為問題依然存在，兩個人還是在玩遊戲，沒有要真正解決問題。於是建議母親改用其他方式來應對，既然兒子認為她不夠漂亮、老爸瞎了眼，那麼她可以很自豪地說：「雖然我相貌平平，可是生了個英俊聰明的兒子，這不是一般人可以辦得到的！」母親對應的方式改變，兒子的「戲」也唱不下去了！

十一、溝通分析學派

溝通分析學派（Transactional analysis）的 Eric Berne（1910-1970）認為人的「生命腳本」（life script）雖然受小時的決定或經驗影響（尤其是父母方面），但是人可以學會重新做決定，重寫自己的生命腳本。人有三個不同的自我狀態（ego states）——父母（parent）、成人（adult）與小孩（child），可以比照 Freud 的超我、自我與本我來看，「父母」就是我們人格中影射的父母方面的影響，包含了許多「應該」與「必須」的指令，基本上就是社會的規範與期待的部分，如同 Freud 所說的「超

我」；「成人」則是資料蒐集與分析的部分，是評估現實情況的、較少夾雜情緒的成份，像是 Freud 的「自我」功能。「孩子」就是我們的情緒、衝動與直覺，包含了許多創意與「本我」的驅力。人們要達到所謂的成熟，就是維持這三個部分的彈性與協調，不偏執也不刻板。

仔細想想，我們是不是常常發現自己的這些自我狀態的表現？有時口吻像父母，有許多期待、要求與責成，有時又像孩子一樣需要人家安慰、討好、誇讚，也有突發奇想或是衝動的部分，而有的時候卻又一本正經，分析得頭頭是道？生活中我們常常會有三個自我狀態「互相污染」（也就是「界限不明」）的情況產生，主要是父母或兒童部分阻礙了成人部分的功能與發揮，有時我們認為自己太衝動（兒童部分污染成人），有時認為自己太愛面子（父母部分污染成人），更是有些時候我們會「放不開」（太執著於成人或父母的部分，沒有讓「自然兒童」發揮功能）。

十二、認知行為學派

認知行為學派主要是認為人是理性與非理性的動物，人的想法會影響其感受與行為，因此如果有了不同的想法，我們的感覺與行動也可能會因之改變，這就符合目前很流行的一句話：「思想轉個彎，人生更美好（或更糟糕）」。人們常常用自己的邏輯來推論結果，卻往往忽略了其他的可用線索，而造

成結論的謬誤，因為結論推斷有誤，而個人又深信不疑，因此由錯誤結論而引發的一連串後效，自然令人的想法、感受與行為受到影響。比如其中的「理情行為學派」（Emotive-Rational-Behavior Therapy; REBT）就提出人有理性與非理性的思考潛能，而誇大事實、以偏概全、極端化、或是「悲劇化」的歸納方式，基本上是犯了一些邏輯舉證上的謬誤（Yankura & Dryden, 1994），是「非理性想法」的代表。舉個實際例子來說，在美國的餐館結帳櫃檯上，通常會提供一些薄荷糖或其他糖果，是免費讓客人吃的，有位朋友在報上看到一則報導說，這些糖果通常沾有許多大腸菌，是顧客上完廁所「順便」帶在手上，然後在拿糖吃時留下來的，朋友看完之後就嘔吐不止，然而去餐館吃飯已經是三天前的事了！她看到報導（A-activating event，引發事件），有了可怕的想法（B-belief，信念），而引起了嘔吐的動作（C-consequence，結果），是不是很符合「REBT」的 ABC 理論呢？同樣看到桌上的半杯水，為什麼有人悲觀、有人樂觀？只是存乎「一念之間」而已！這個「念」就是「信念」。

　　有人說我們中國人的思考方式是很適合「認知學派」的，我們是「禮儀之邦」、重視成熟的人是「理性思考」的，我們的教育體系（包括家庭、社會、學校）都是多理少情的，而再加上我們在還沒有做出任何動作行為之前，許多想法已經在腦袋內積極「運作」了。但是現在的認知學派，不認為應該把重點放在單一「認知」的條件上，而是融合其他部分，作更為實際有效的運用（Alford & Beck, 1997）。

十三、家族治療學派（Family Therapy）

家族治療學派認為人是「系統」中的一部分，要了解一個人的行為，不能把人與環境（context）隔開來研究，尤其是個人與自己家庭之間的關係。而「家」就是人最初接觸的「系統」，這個「系統」之下還有許多「次系統」（subsystems）在運作。要了解一個人就要把此人所存在的環境也列入考慮，因為個人的生活不僅止於「內在層面」（internal process）而已，還與他／她周遭的環境互動且相互影響（Minuchin, 1991, p.9）。一個人發生問題，通常只是所謂的「被認定的病人」（Identified Patient, or IP），表現出來的行為也只是「徵象」（symptom）罷了，真正的問題所在是在這個「系統」本身。家族治療學派也深信環境的影響固然重要，但是這個環境中人的互動關係更是重要。

一個人行為上出現問題、或是有心理疾病，常常不是他／她「個人」的問題而已。學生逃學，可能不只是他／她本身對學習沒有興趣，可以放大眼光、回頭去看看他／她的家庭結構與互動關係，也許會發現父親常不在家、母親覺得沒有能力管束孩子、父母關係惡劣，而孩子對於自己所處的現狀覺得無力改善，於是就產生了「宣洩行為」（acting-out）。曾有位醫師太太，在丈夫事業成功之後，卻有了去商店「順手牽羊」的習慣，要勞動丈夫每次來保她，真是不勝其煩！有一回這位太太

是在恍惚的狀態中，忘了把手提袋內的物品拿出來結帳，因此被店員發現，丈夫就到警察局來保她。這位太太已經有很長一段時間沒有受到丈夫的「注意」了，因此她就有意無意中「養成」了順手牽羊的習慣，很可悲的是她認為只有這麼做，才可以得到丈夫的「關心」；以這個案例來看，夫妻之間的關係出現問題，也許就是太太行為失常的原因，因此把重點放在改善夫妻相處時間與模式上，也許才是根本之道！

十四、女性主義學派（Feminist Therapy）

　　女性主義的出現，雖然剛開始的時候是為弱勢團體的現況爭取權益，帶有濃厚的政治意味，但是它所強調的「政治社會」壓力，說明了許多人遭受不平等待遇的主因。女性主義學派秉持著「人皆平等」的觀念，希望能夠藉由政治或其他相關現實情境的改變，可以讓行之久遠的「男性主導」社會獲得改善，也同時重視另一「大族群」（majority）——婦女——的權益。如同 Freud 或是一些人的想法，認為許多的心理疾病是「婦女專有」的，加上婦女求助的比例遠比男性為多，就「認定」這個結論，這個謬誤其實是沒有把婦女在社會上所受的待遇與壓力考量在內，反而成為另一種「壓迫」。以往的心理治療師多半是男性，諮商的出現使得許多女性也加入治療師的行列，這多多少少有了一些不同活力與觀點的切入，讓處於社會中的兩性有了比較平權的對待。在倡導「多文化」（multiculture）

的現代，性別角色的不同也意味了不同的「文化」，縱然許多「不同」可能是與生俱來，但是並不表示有優劣、高下的「差異」存在；所謂的「平等」應該是站在每個人可以「充分發揮」自己的潛能，有相同的機會成就自己的生命的立場來看。

女性主義學派強調的是「權力」與「資源」的公平分配，女性與其他少數族群的不平等待遇的現實，應該被攤開來檢視，希望女性同胞可以擺脫「第二性」的傳統包袱，開始有「自己」，而不是隱身在「父權」社會的陰影下，不被容許有自己的聲音或獨立人格（Curthoys, 1997; McLeod, 1994）。

十五、阿德勒學派對其他學派的影響與貢獻

稍前的部分曾經提過 Adler 對於其他學派的影響，接下來這個部分是以 Corey（1991, p.163-64）認為阿德勒學派對其他學派的貢獻的觀點為主軸，然後加上本書作者的引申與解釋。

㈠人本中心學派

同樣是對人性採「成長」或「發展」的觀點，Adler 說的是人有克服自卑情結、超越自卑的傾向；而人是一個整體，不能被分割成不同部分來研究，而各個部分的總和，也不等於全部。人格有其一致性，有其根源可尋（從早期記憶中就可見一斑），相信人有能力，也為自己做的決定負起責任，對人採接

納、鼓勵的態度，認為人在這種鼓舞的氛圍下，才有最好的成長與發展。

㈡完形主義學派

一個人認為的「現實」（reality），是個人所知覺、感知的現實，也就是說從這個人的角度來看的，對此人而言才是最真實的，這就是現象學的觀點。著重在「此時此地」（here & now）的「當下」感受，認為人是一個「整體」，所以也對於一般比較忽略的「身體語言」作了強調，而人必須為自己的一切感覺、行為、思考等等負起責任。

㈢存在主義學派

人是有選擇的自由，也應該為自己的生命負責任，人是一個「主要動詞」，為自己的生命創造意義，也作抉擇與行動！而「生命有限」的事實，逼得我們在一個限定的時間內創造出生命的意義，也因此可以從中看到人的意志與努力！而人所追求的，也就轉而針對自己的內在世界，檢視自己的信仰、價值觀、人生目標與意義等等。

㈣現實主義學派

阿德勒學派對現實治療最大的貢獻，可能就在於現實治療

中所提的「協助當事人運用較爲有效的方法來處理問題」，因爲 Adler 的治療過程中，會先去了解當事人行爲的動機、其執行的有效度如何？有沒有可能以其他的方式，達到相同或更好的效果？另外，在諮商中的契約關係、平等對待，個人在治療與生命目標與責任所擔任的主動決定角色、擬定切實可行的行爲策略、了解個體的優點與能力等，也是強調的重點。

㈤溝通交流分析學派

「生活腳本」（life script）與行爲的「社會架構」（social framework of behavior），可以對照 Adler 的「生活型態」（life style）與「社會興趣」；而 Adler 認爲人可以重新對自己的生命目標作檢視，並作適當的改變，這與溝通交流分析的「再作決定」（redecision）是若合符節的；另外強調「合作」關係、比較傾向「認知取向」的治療方法與「再教育」的觀念也是與其很相近的。

㈥行爲學派

行爲學派的「正增強」觀念，可以與 Adler 的「鼓勵」相提並論，對於行爲的評估、治療設有明確目標、著重行爲的改變、契約的訂立、還有治療中的「教育」與訓練功能，都是很相似的。

㈦認知行爲學派

　　在這裡以「理情行爲學派」爲例，理情學派的主要立論就是：一件事情的發生，不是因爲事件影響人的行爲，而是當事人對這個事件作的解釋是如何，而決定了人的感受與行動。Adler的看法也是如此，每個人都有自己的「私人邏輯」的思考方式，而且很強固、不容易改變，人根據這個想法來決定自己的感受與接下來的行動。另外，兩個學派也都強調：學習新的行爲、對抗或修正自己的「錯誤邏輯」或「非理性想法」，甚至以閱讀治療的方式作爲輔佐工具。

　　知道自己是誰？要做的是什麼？生活目標爲何？想要成就的是什麼？喜歡與人相處、擔任助人的工作，基本上對「人」又有什麼樣的定義？這些都可以協助我們檢視自己。選擇諮商治療的工作，不只是一種職業的選擇而已，而是一個生涯的決定，一種意願與努力讓自己去「創造」怎麼樣的生活？所以也是一個生命哲學的展現與實現！

　　知道自己是誰固然重要，而諮商人的成長路是持續不斷，且終其一生的。在專業與個人的成長中，「自我覺察」的工夫是很重要的，在接下來的一章，我們就針對諮商人的自我覺察工夫作專章敘述。

第二章

自我覺察
（self-awareness）

壹、楔子

　　我現在要請你畫一條生命線（life line），在這長達二十公分左右的直線上，請你標記出到目前爲止，你人生中的一些重大事件（包括出生、上學、家庭、工作、遭遇等等，讓你記憶猶新、認爲影響你深遠的事件或人），這些事件或人，可能在你的生命形塑之中，佔了頗具威力的影響作用，也可能造就了現在的你，你甚至可以把你認爲這些事件對你造成的影響寫下來，也許是在一個生命階段中，有個貴人出現，讓你重拾信心；這個畫「生命線」的活動，主要是讓讀者可以回顧一下自己的生命歷程、自己是怎麼走過來的、以及思索自己的生命型態與方向。

　　自我心理學派的 Adler 曾提到一個人的生命型態（lifestyle）是很早就成形的，許多事件主要是依我們自己的私人邏輯（private logic）來加以詮釋的，也就是所謂的「現象學觀點」，而這些解釋也就形成了我們對人、對自己與周遭世界的看法。雖然這點可以與 Freud 的「早年經驗」相提並論，但是在 Freud 的說法裡，人是處在較爲被動的立場，而 Adler 就採較爲主動、自決的看法。我願意花一些篇幅，與讀者諸君分享我的生命事件，並就它們對我的影響加以著墨。對於這些生命事件，Adler 強調的是：我們以現在的看法來詮釋，除了看事件

本身，也要注意到當時可能的感受；雖然有學者指出，最好是以六到八歲之前所發生的生命事件（或早期記憶）來作分析（Sweeney, 1989），但是也沒有硬性規定。因此也請讀者思索一下幾個重要的生命事件，檢視一下自己的生命方向。

〔事件一〕三歲左右，大約是剛學會走遠路不久，自己出門去找媽媽，結果竟然走到陌生的大河邊，就在那兒大哭，而且哭得肝腸寸斷，後來是當時唸高中的小叔把我帶回家。當時的感覺是害怕、孤單、被拋棄。

解析：生命是充滿冒險的，主動打擊比被動反應要好，當然也要承受冒險的後果。

〔事件二〕小學三年級時，參加一個繪畫比賽，地點是在花蓮一個靠海的大飯店。我在畫一棵樹，用的顏色是各種深淺不同的綠；古老師走過來，一面動手拿顏色、一面告訴我：「妳可以把許多想到的顏色都放進去，太陽照不到的地方，可以用深色，其他的用淺一點的顏色……。」本來有擔心，後來是驚訝與恍然！

解析：哇！原來畫一棵樹可以用到這麼多不同的顏色！沒有所謂的規定。把這些色彩放在一起，樹顯得更為多彩多姿，而且有生命！

〔事件三〕小四時，第一次用小爐子生火煮飯，結果飯燒焦了，正愁不知如何是好時，阿公走過來看

到了，道：「阿琬，你用黑糖煮飯啊？」我破涕為笑。當時的感覺是焦慮、害怕、失望、不知所措，然後是釋然。

解析：原來自不同的角度來看事情，可以有不同的想法和結果，人的許多鑽牛角尖，是一種自苦的選擇，可以做其他的選擇的啊！換個角度來看，就可能有轉圜的餘地！

〔事件四〕大學聯考時，自己準備便當、騎車到三十分鐘外的考場應考；第一堂考完已近午餐時間，想要先吃飯再看書，但是一打開便當盒，卻發現飯上爬滿了螞蟻，把便當盒收起來，告訴自己：反正也不餓。跑到校門口附近看書，不一會兒，在醫院工作的表姊來找我，問我吃過沒有？我誠實以答；她載我回她宿舍吃飯與休息，考試的兩天都如此；覺得有些失望、悲哀，但是也安慰自己要堅強，後來是驚喜與解脫。

解析：生命中或有困挫，但是總會有貴人相助，人生不必要悲觀。

〔事件五〕在美國俄亥俄州念碩士班時，有一天提到母親在處罰我的最後一個儀式中，總是把我帶到一條大河溝邊，把我的頭按到水中，問我下次還敢不敢？我總是沈默抵抗，不吭一聲。對那個事件的感覺是麻木、無奈與無助，我的解釋是「固執」，Sweeney博士（自我心理學派的服膺者）的說法是：「你是一

個有原則的人。」這個解釋一下子釋放了我對自己二十多年的誤解與堅持，重新疼惜自己！

仔細看看這些生命事件，的確可以對目前的一些生活原則與價值觀，找尋出一些脈絡，而每個事件再經由我自己的眼光來詮釋，就有了它獨特的意義與生命方向。許多曾經歷過的生命事件，在後來的人生路上，都是「加數」（plus），而在自己從事的工作上，更是一項源源不絕的寶藏！

讀者諸君在檢視自己的生命事件時，有沒有發現到這些事件與自己目前生活的關聯性？可不可能可以有另一個解釋？結果又會如何？

貳、自我覺察

擔任諮商人，除了嚴謹的專業知識、素養與專門技術，還有自己想要在生命中成就、努力的方向之外，很重要的一點是個人的經驗與體會往往是我們處理當事人問題的一個重要索引。而在使用我們自身的經驗或專業能力的同時，隨時且敏銳的自我覺察就是粹鍊我們這些經歷的必要途徑！唯有敏銳且隨時的自我覺察工夫，才會察覺意識到自己的行為、想法與感受，做進一步的思索、衡量與過濾，這種反省，並由中頓悟創發的努力，是極為必要且十分寶貴的。在不同人生階段或環境

中，反芻這些曾有過的經歷，讓我們自我覺察的工夫更敏銳。

　　在正式進入諮商這一行之前，Hazler 與 Kottler（1994）提醒我們要先克服一些個人的挑戰，而這些也是諮商人覺察的重點提示，包括有：個人因素（像是預期價值觀、人性觀、與人的關係、對生命的看法的改變）、需要被贊同、要求完美、如何處理衝突事件、知道自己的能力與限制（知道自己的個性、未竟事業、過去或是成長歷史可能的影響、擔心害怕的事、文化背景）、想要改善的又是什麼、而對於個人與專業生活上的可能干擾也要隨時監督留意（pp.74-86）。

　　Rollo May（1953）認為「自我覺察」的工夫是「作為一個人」（becoming a person）很重要的能力，包括自我意識、自己的身體與感受，也可以說是「知道自己是誰」的不二法門。Cormier 與 Cormier（1998）特別提到作為諮商人的自我覺察工夫，要注意到幾點：(1)明白自己的助人動機──自己為什麼想要從事這一行？是因為自己喜歡在協助人的工作或動作中得到滿足？還是因為覺得助人讓自己比較有力量、有價值、受到重視？是因為要解決自己的問題或獲得可能的答案？還是自己有協助人的需要？(2)了解自己的能力──知道自己能與不能的是什麼？知道自己的限制與可能發展／努力的又為何？具備的專業能力與個人特質是什麼？個人的覺察能力、盲點、價值觀、成見、宗教信仰又是什麼？(3)明白諮商關係中的「權力」因素，不誤用也不執著──雖然具有專業的權威與能力，但是會好好利用來讓當事人與我們一樣覺得「有力量」（empowerment），而不是以地位高來壓制地位低的，反而讓當事人更覺

無力無能。(4)諮商人本身察覺自己對人與人之間「親密關係」的經驗與看法 —— 自己與人互動的型態爲何？受到什麼的影響？有哪些禁忌？擔心害怕的又是什麼？這也可以讓諮商師明白自己在諮商治療情境中，也許要特別注意自己的專業倫理行爲與可能的「移情」與「反移情」產生，而自己的「未竟事業」或是還沒有「解決」的問題，可能也會對治療過程與效果產生負面的影響。(5)人際關係的敏銳度 —— 對於語言與非語言的認知與了解，敏銳度夠不夠？對於不同成長背景與文化的當事人，又具備了多少知識與技能？溝通的能力（包括語文的使用能力）又是如何？自己的人際關係的普遍情形又爲何？(6)價值觀、人與人間的差異與不同、以及專業倫理上的了解、容忍、接受與執行的情況 —— 自己的價值觀、信仰或原則，在治療情境中會產生什麼影響？對於人與人間的「差異」接受度如何？可以開放、容忍的空間又有多少？認知上的了解與實際的執行之間，又有多少差距？（p.11-30）。接下來的篇幅，就針對與自我覺察有關的議題，作一些說明。

一、自我覺察與溝通

自我覺察的工夫在溝通上是很重要的，在諮商關係中，就是最直接的一種近距離、面對面的溝通。多些自我覺察，不僅可以讓諮商人自己更了解自己、懂得處世治事之道，也增進人際之間的了解。前面提過的「周哈里窗」分爲「公開的我」

（自己知道、別人也知道的部分）、「秘密的我」（自己知道、他人卻不明白的部分）、「盲目的我」（別人看見、自己卻看不見的部分）、以及「潛在的我」（也就是有待開發的部分）。成熟的人格是希望「公開」的部分適度增加、減少「秘密」的部分、多開發「潛在」的部分、也多明白「盲目」的部分，而開發「潛在」與減少「盲目」，是需要許多的「自我覺察」工夫的；自我覺察可以經由他人給我的回饋、自己的真情告白，以及與自我的對話等方面來努力（DeVito, 1999）。

　　我們在與人對話或是作溝通時，有沒有意識到自己在「說什麼」、「做什麼」、「影響」了什麼，以及我們的身體在「表現什麼」？在與人的互動溝通之中，可以經由他人的回饋，明白自己所要傳達的有沒有被接收、理解，也可以在與人談話交流的動作中，修正自己的互動技巧、同理能力與傾聽的工夫，還可以進一步了解對方的需求與問題。溝通關係中的自我覺察，除了語文上的交流之外，還要注意面部表情與身體動作的表現、當時環境的考量、文化或背景之間的可能差異等等因素。

二、自我覺察與直覺、感覺

　　擔任諮商工作，我們對於「直覺」（hunch）是很重視的，這也反映了諮商師的專業敏銳度與處理事情的效能；然而由於我們成長的過程中，許多人慢慢把自己的直覺掩藏或壓抑了，

而以理性思考來取代，認為理性才是成熟的表現，所以造成在一些情況下，不敢相信自己的直覺，也間接扭曲了事實、喪失了第一時間解決問題的先機！我們是不是常常聽到有人這麼抱怨：「我當初就覺得不對勁，早知道應該就不那麼做了！」或者是：「哎呀，我那時就這麼覺得，真後悔沒有立刻做決定！」當然，有許多直覺是含有衝動的意味的，不是全憑直覺而行就是對的，然而這裡要強調的就是：至少要察覺到自己的第一反應，然後才有後續的因應動作出現。

我們愈來愈不相信自己的直覺（有人稱是「動物覺」或「生存覺」，也就是與人類或物種生存息息相關的），所以往往有「直覺」卻沒有在意。直覺可以說是最基本的「反射動作」，常常會提供我們許多訊息。我記得一位督導曾經說過：「信任妳的第一直覺，這也往往是專業上很需要的敏銳度。」隨著臨床經驗的增加，許多治療師會愈來愈相信自己的直覺，也會進一步有效地去證實直覺的正確性，尤其是在與當事人接觸時，會發現一些徵兆，此時也許直接就問當事人、驗證一下治療師的「直覺」，可能會救人一命！舉例來說，觀察當事人的情緒與所遭遇的事件，治療師可以直接詢問當事人是否有過自戕或傷害他人的念頭與計畫？常常可以得到當事人的證實。詢及當事人自殺或傷人的念頭，並不會直接造成當事人的破壞或傷害行動，而治療師的「直覺」有時真是攸關性命！有關類似危機處理的部分，將會在後面的章節作更詳細的解釋。與許多青少年接觸的經驗中，發現不少當事人是因為情緒困擾而來求助，而在了解當事人敘述問題的同時，我也會作一些可能的

揣測，在某些情況下會以「直搗黃龍」的方式詢問性傾向、自殺可能性以及吸毒的議題等，當事人常很訝異為什麼會被猜中？其實我只是憑臨床經驗的「直覺」判斷而已！直覺有時可以協助治療師了解問題的癥結，但是使用時要小心，用「猜測性」的問法比較保險，這也可以防止當事人可能出現的抗拒行為。

三、自我覺察與情緒表達

談到直覺，接著要講到感覺，因此首先，讓我們來看看自己的「感覺」部分。諮商員要有感受，而且要對感受十分敏銳，要不然就很難去感受當事人的感覺，使得進一步的了解與同理更為艱辛。也許你會認為：感覺？這麼簡單的事誰不會？人是有感情的動物，我們又有感官與神經系統，感覺又不是什麼大學問！的確，感覺人人皆有，但是不是人人都可以誠實地接收、接受，然後完整傳達？如果不信，可以利用三分鐘的時間，把你所知道有關感覺的字彙寫下來，看看有多少？然後再一一檢視這些已寫下的感覺用語，看看自己真的能感受到或是經歷過這些感覺嗎？或者只是「聽說」有這些感覺而已？接著可以假設一些情境，想像自己置身其中，可能會有哪些感受出現？怎麼樣用語言、文字、或者是顏色、動物來表現感受？這是接下來要談到的。

請你聽一段自己喜歡的音樂（不要有歌詞的），然後在聆

聽的過程中，把音樂觸動你的感受很直覺地寫下來，接著檢視一下：有哪些感受的字彙可以派上用場？換另一段音樂，風格與前一首不同，照樣把你直接的感受寫下來。音樂給人的感覺，不是一首曲子一個感受，而且同樣一首曲子，不同的人感受可能不同；更或許同樣的曲子，在不同的時空聽起來，感受也會不一樣。也可以找一部影片，把自己投射到劇中某個人物身上，盡量去感受他／她的感覺與情緒，所謂的「淋漓盡致」差可比擬。接著，你可以自己準備一本「情緒簿」，用來蒐集情緒的字眼，增強自己運用情緒語彙的能力。你會發現：許多情緒感受的表達是極細微的，即使是些微的差異，感受上卻極為不同。但是我們一般人，不是對自己的感受能夠十分開放坦然的，也許是因為被教養成要能掌控情緒、不隨意流露，日子久了，情緒就不是那麼容易出現，甚至還會以偽裝的面目呈現！

　　情緒可以偽裝？想當然耳！小時候父母給我們的庭訓與教誨中，可能以明顯或暗示的方法，要我們「不可以」（在某些場合）表現出一些情緒（尤其以「負面情緒」居多），常常聽到的是：「不准哭！有什麼好哭的？」「動不動就生氣，沒有教養！」「這麼多人的地方，你／妳給我注意一點！不要丟人現眼！」因此一般來說，我們也學會了在許多場合中，尤其是有他人出現的地方，不太會表現出自己的真實情緒。這也許是禮貌與社會壓力的緣故，要表現出其他人可以接受（social desirablility）的行為；也許是有利害相關，不能隨便爆發或暴露真實的感受。在公共場合中，一般大眾可以接受的情緒又有哪

些？也就是說這些情緒的表現是「被允許的」，像高興、生氣等，而高興也有程度之別，不能「太張狂」、引來別人側目，生氣可以臉紅、握拳，也許跺腳、走開、摔門、罵三字經，可是我們想一想：表現生氣真的是生氣嗎？還是有其他隱藏的情緒在？如被羞辱、不好意思、很丟臉、不知所措、怨恨、挫敗、害怕等等情緒，他們可能以生氣或憤怒的面貌出現，而沒有真正表現出來。因此，治療師在觀察到當事人的身體語言表現時，不一定要採信其表面意義，應該也考慮或釐清潛隱的真正情緒，這樣才更正確，不容易被誤導。

　　一般心理學家也認為，人格的成熟度與情緒的掌控能力有關，何況現在很流行的「情緒智商」（Emotional Intelligence, or EQ），更說明了這一點。加上中國人的傳統養成教育不太鼓勵情緒的抒發與表達，有些情緒甚至被認為較為「負面」，更是努力禁止。然而在實際臨床經驗中也發現：如果治療師可以正確猜測到當事人的情緒（所謂的「同理」表現），通常就打開了第一道「關係之門」，當事人會感受到治療師的「努力了解」、而願意敞開心房！可見我們平日是多麼「隱藏」或「否認」真正情緒的存在，而「覺得被了解」竟然是自「感覺」起。

　　其實情緒與感覺是人很重要的一部分，情緒不分好壞正負，情緒只是情緒，適當的情緒感受的表達與抒發，是身心健康很重要的指標。我們最重要的課題是：認識我們的情緒、接受它們、找到適當管道來表達表現，不讓情緒洪流影響了我們日常功能的運作與能力。

　　諮商師本身要能很敏銳地掌握情緒／感覺，而且對自己的情緒感受了解、坦白、誠實、接納與開放。有足夠的情緒語彙可供使用，這樣子才容易了解當事人、也可以較爲有效地把當事人的情緒藉由自己的口表達出來。在諮商情境中的許多情況下，諮商師要能把當事人曖昧不明、無法說出的感受說出來，這項工作對於諮商師的能力與經驗是一大考驗，有經驗的諮商師很快就能把當事人的感受抓出來，而且表達出來讓當事人知道！當當事人的感受被很明白正確地抓出來時，諮商師會看到當事人釋然、解脫、被了解以及感動的表情，這同時也爲治療關係建立了一個了解與信賴的橋樑，對於接下來的治療工作，有推波助瀾之效！

　　曾有一位年輕的當事人，在敘述自己青少年到青年時期的孤單，又努力去交朋友未果的故事，聽了令人覺得好心痛，但是當事人在敘說的當兒，卻好像在說別人的故事一般，沒有使用任何與情緒有關的字眼，也沒有一些情緒的波動，看樣子是遭受太大的挫敗與打擊，只好用隱忍、否認或麻木的方式來控制自己情緒的動力，而當我在聽完故事之後，喊了一聲：「好痛啊！」當事人立時淚水滂沱，我的眼裡也是一片濕潤！這個「痛」正是他的深切感受啊！他自己不敢說出來，也許是怕別人笑話，也許是他自己害怕去觸碰，在被了解之後，經由諮商師的口，把這個積壓已久的感覺說出來，是好重要的一步啊！

　　十五歲的少女，因爲家庭的變動，變得不愛說話，人際關係也漸漸疏離，但是她無法對別人說出自己的遭遇與故事，擔心別人不了解、只會奚落。我在資料中明白她的處境之後，認

為要讓她明白、清楚表達自己的感受很重要，於是就列了一些類似其處境的相關故事在一張紙上，每個故事的尾端都要她完成「我覺得＿＿＿」的句子，她可以在紙上做書面的情緒表達，這樣的表達很正確，當然也影射了她個人的情況。後來我將書面改成口語敘述的方式，照這樣慢慢地進行，這位學生的母親後來還特地來學校表達她的感謝之意，她說自己的女兒已經不說話好久了，也很少表達自己的情緒，做母親的覺得和女兒不像以前那麼親，沒想到女兒昨天向她明白表示對家中父母持續爭吵的感受，父母當場好感動，也承認長久以來忽略了女兒的心情，父母雙方願意再做努力。後來女兒告訴她有在和學校一位諮商師晤談，於是登門來拜訪。我當時就有一種深切的感受：「Feelings matter!」感覺真的好重要啊！

四、自我覺察與生活經驗

我們每天過生活，被許多已經養成的習慣役使著，卻絲毫未覺。自我覺察需持續不斷地進行，也是每天的工作，因此自生活經驗中來實踐是最為便捷也必須的。所謂的「當下」，或者是「此時此地」，就是能夠與生活作真實的接觸、體驗。有位朋友一天正在洗馬桶時，突然「看到」自己的手，於是就仔細檢視起來，她說這雙手跟了自己幾十年，而自己卻從來沒有真正注視過它們，手的功勞很大，而且也「好用」地讓她幾乎忘了「它們」的存在，她開始想到自己無時無刻都要用到手、

卻把雙手的功能視為當然，就不禁覺得愧歉起來。在忙碌一段
很長的時間之後，有一天晚上騎車回家，突然聞到一股濃淡適
中的梔子花香，好棒的感覺！怎麼自己每天經過這條路，卻沒
有發現到？這麼美好的事情，怎麼會大意錯失？家人為我泡一
杯茶，熱騰騰的，早已習以為常，但是這天的感受卻特別不一
樣！家人的關愛用心一直都在，而我卻沒有能及時表達感謝與
疼惜之意。也許許多人只有在身體不適的時候，才會想起健康
的重要，會想要好好疼惜自己的身體，不舒服的感覺沒有了，
這些顧慮就拋到九霄雲外了，這是同樣的道理。

　　在日常生活當中，我們是不是視許多事情或便利為「理所
當然」？而忘了去進一步「認可」與「感激」？「自我覺察」
是反思、也是行動，真實生活中的覺察，會讓我們的生活更充
滿活力、更懂得珍惜！

五、自我覺察檢視項目

　　由於自我覺察是很重要的工夫，也是諮商人必須要具備、
並隨時歷練的能力，而自我覺察是要觸及很多方面的。專業助
人者首先要考量到當事人的福祉，在治療過程中，不經意犯下
的錯誤可能會傷害了當事人，而許多錯失可能是同諮商員自身
的價值觀或成見有關，因此也凸顯了自我覺察的重要。每個人
都有自己的價值系統，諮商的情境中，諮商員不是沒有價值觀
的（value free），但是不能強加自己的價值觀在當事人身上，

如果當事人的價值觀與所生存大環境的社會價值觀有太大歧異，甚或反其道而行，這也許就是當事人的問題之一，諮商師可以提供一些事實或證據給當事人，讓他／她有機會來看看其他的可能解決方式，或用來釐清迷思。每個人都可能有潛隱的成見，且許多是不證而明的——不經證實而自動接受。接下來讓我們來看看哪些覺察項目是必須進行的？

㈠偏見／成見或刻板印象

　　許多偏見、成見或刻板印象都是自小在環境中耳濡目染而成，沒有給我們一個適當的情境表現或考驗，可能很難發覺。我們的家庭、學校以及社區環境，在在都影響著我們對周遭事、物、人的觀感與看法，就像一股潛隱的力量，隨時在發揮它的作用力。舉一些親身經歷的實例來說：

1. 在德州，一次在一個大停車場上，我們這一群台灣同學看到一輛很漂亮的黑色勞斯萊斯，大家異口同聲叫道：「勞斯萊斯！」後來看見自車內出來了一位黑人，一位女同學就歎道：「黑人耶！」這句「黑人耶」的背後是怎麼的一個想法？黑人不應該開勞斯萊斯？黑人怎麼有錢開這麼豪華高貴的車？還是黑人不配開勞斯萊斯？

2. 我們在美國一家超市要結帳出來時，同來自台灣的一位男同學突然很神祕地拉我到一旁說：

「你看到沒有？那個 cashier（結帳員）斷眉耶！」

「是斷眉又怎樣？」我往他指的方向看了一眼，覺得有什麼好大驚小怪的？

「我媽說斷眉不是處女！」男同學道。

「你媽有沒有斷眉呀？」我問，「你母親總不至於是瑪麗亞處女生子吧？」

「你很無聊耶！我媽是這麼說的。」他還給我一個衛生眼。我接著問：

「你現在看看這個超市裡面，有多少是媽媽，而且斷眉的？」

男同學白我一眼，沒有再繼續這個話題。怎麼有些人的成見，就是證據明擺在眼前也死不認帳的？

3. 在一個國中主辦的親子座談會中，演講完後，開放給家長提問題、交換意見，要結束整個活動之前，一位家長擠過人群，來到我面前：「老師啊我告訴妳呀，我那個兒子的導師管那麼嚴，一定是因為老處女的關係，所以心理變態。」我聽了只是一愣：哇，這種邏輯推理還存在！

　　許多的偏見（prejudice）就如同「刻板印象」（stereotypes）一樣，沒有經過事實的驗證，卻是牢不可破的信仰！所謂的偏見，就是在得知事實真相之前所下的結論，也就是我們常說的沒有事實依據的話，或在資訊短缺、不全的情況下就妄下斷語或結論（Ruchlis, 1990, p.177）。「刻板印象」主要是針

對一個族群或一群人的錯誤了解而給的概括印象，當然也是因為事實證據不足所下的結論；刻板印象不是全是壞的，它原本的功能是協助我們學習上的歸納與拓展，然而也因此可能窄化了其他的事實與可能性。舉例來說，如黑人很髒又懶惰、客家人勤奮節儉、女人情緒化、男人理性等等。對於在不知不覺中就在我們的思考裡根深蒂固的偏見或刻板印象，除非是思想開明的人，願意在知道更多新的資訊之後，做適度的改變與釐清，要不然是很難打破這些迷思的。對於體型高矮、胖瘦，長相美貌英俊、醜陋不起眼的，或者是家境富裕或清苦的人，我們有沒有一些先入為主的想法？曾聽人說過：人美，辦事情就比較容易，醜的人只好努力培養能力。我們在平常生活中，有沒有因為對方與我們在外表上的明顯不同，就有一些假定？有時甚至於以假定為真，而沒有根據事實情況作些必要的改變與修正？

　　檢驗自己的成見，是一種自我成長的工夫，也是我們擔任心理諮商人員特別需要注意的，我們應該隨時隨地檢視我們自己對於「不同」的看法：當他人不跟我一樣的時候，我可能會預設什麼樣的立場？由於成見不是顯而易見、也很難發覺、但其影響力又大，而由於成見的居間作用，諮商員可能會在有意無意中傷害了當事人，造成可怕而不可彌補的後果！這就違反了諮商專業倫理中的「福祉」（beneficence）這一項，它的最低要求是——不造成傷害（do no harm）。檢視成見或刻板印象之道無他，自我察覺的努力工夫而已！也許在與人的互動中，先去檢視一下自己內心發出的第一個聲音或反應是什麼？然後

根據這個「內在聲音」，看看有沒有一些偏見的因素摻雜其中？另外還可以在聽到別人或自己發表意見的同時，去想想「反對派」會怎麼說？把一些支持的意見與事實條列出來，也同時相對地把反對的意見與事實條列出來。看一件事情，至少給自己兩個思考向度，可以對事情的全貌有更清楚、深刻的了解，當然也有助於思考盲點的釐清！也就是說，我有自己的意見，別人也有他們的看法，多一些資訊做佐證，可以更公平、也更正確。有時候，稍稍按捺一下批判或下結論的衝動，把整個故事聽完，也許會有更多線索可以讓我們做更客觀的思考與評斷。

(二)價值觀

我們對不同事物有不同看法，所重視的也有不同，這是存在已久的事實。雖然許多人的衝突是因為價值觀的不同，然而也有不少只是不肯接受別人有不同的看法而已。許多情況下，我們與他人有意見上的不同，有時可能就是彼此所抱持的價值觀有異，但是卻堅持己見，尤有甚者是逼迫別人一定要同意自己的觀點，怪不得會雞同鴨講、水火不容！

在培訓輔導諮商人員的課程中，我們提到諮商員面對的是不同的人，背景、社經水準、文化、教育、信仰……都可能是多樣組合的人，所以諮商員基於服務的專業倫理（在若干條件的考量下，比如能力不足或無某方面的特殊訓練，或有雙重關係的考慮），是不能拒絕當事人的求助的，在諮商情境中要接

納當事人就是當事人（accept who he/she is），而對當事人的偏見可能就會造成不必要的傷害，有經驗、有效率的諮商人，會隨時讓自己的價值觀或成見接受考驗。價值觀有不同，也因此影響了對事物的看法與評估，固然有些價值觀可能是不符合社會規範、會造成生活上的許多不適應，而諮商師的工作就是提供當事人其他的「可行之方」（alternatives），讓當事人可以得到不同的資訊、並有機會加以比較，從中作最好的正確選擇。

在生活中，除非有「情況」發生，否則對於價值觀的檢視，也是有困難的。有人不能忍受別人遲到，認爲遲到的人有人格上的缺陷；有人認爲人人都有權利去追求自己想要的，別人的利益可以不必兼顧，所謂的「人不自私，天誅地滅」；有人認爲金錢至上、權位美麗；有人認爲人應該結婚，否則就是不正常、是怪胎；有人認爲男女不同，男人的性慾強；有人認爲女人的貞操很重要；有人認爲性愛一體，有人認爲可以有性無愛；有人認爲「嘴上無毛，辦事不牢」；有人認爲立業先於成家；有人認爲沒有子嗣對不起祖先；有人認爲東西便宜就好，實不實用在其次；有人認爲名牌最重要；有人說現代年輕的文化是「速食文化」（fastfood culture），講究的是新、快、好；電腦網路、科技的發達、信用卡或虛擬貨幣的出現，許多人已經不是只爲生活的「舒適」在努力，而是希望可以盡快獲得感官的滿足，負責的部分稍後再說。這是價值觀的改變嗎？還是時勢所趨的必然現象？當事人如果以性交易賺取想要生活的開支，認爲當事人生活奢華糜爛的諮商師又要如何應對？這

之中是否有價值差異存在？前陣子曾有將為人師或在職教師出寫真集的爭議，引發了不同的意見與爭論，這也是價值觀的論點問題。

　　再舉個對生命的尊重的例子，拿墮胎來說，有人贊成、有人反對，這也許已不是所謂宗教信仰的關係了，而是對生命的看法與堅持，所以可以說是一種價值觀。諮商師在治療過程中所遭遇到的價值觀的問題，有時是很複雜的，有必要對當事人說明治療師所秉持的立場，看看當事人做如何的抉擇，也許換個諮商師或治療單位；不過這並不表示價值觀不同，諮商效果就一定差，或者說不同價值觀的當事人與諮商師若湊在一起就不行。有不少的案例發現，諮商師與當事人的價值觀儘管不同，仍然可以有很好的治療結果出現。而最要避免的是：諮商師不能強迫當事人接受自己的價值觀，即使明白當事人的價值觀可能違反了社會規範或秩序，也可以經由其他方式讓當事人去比較、釐清，而不是用強迫、威脅的方式讓當事人「就範」；另外，當諮商師發現自己的價值觀會妨礙到與當事人的治療關係或效果時，或是諮商師自己覺得十分不自在，除了要說明自己價值觀上的考量與顧慮之外，也要強調當事人的選擇權。

　　我們中國人有很深的士大夫觀念，認為「萬般皆下品，唯有讀書高」，也就造成了社會上瀰漫的文憑形式主義，好像是只要書念得好，人格、地位、前途也跟著來！近年所謂「高級知識份子」犯案，如清大研究生許嘉真的命案，跌破大家眼鏡，後來就風起雲湧地倡導EQ（情緒智商）與MQ（Moral Intelligence，道德智商），但是骨子裡的東西仍然頑固難改！現在家長要求子弟讀大學，而且還要讀名校，表面上說是關乎前途找工作，私底下卻是為了面子、祖先顏面！這個崇尚學識文憑的價值觀，不僅是對下一代進行可怕的人權扼殺（認為會唸書的才是好人，只要會唸書就會產生「月暈效應」（halo effect，以偏概全），也造就了不少罪犯（反正成不了好，使使壞總可以吧？）！而我們對於抱持不同價值觀的人，又會持怎樣的看法與作法？

　　諮商師的價值觀會影響到他／她是怎麼看當事人，以及當事人的問題，也會對諮商策略與採行的行動有深刻的影響，同前述的成見或偏見一樣，我們的價值系統常常是隱而不顯的，但其影響卻一直存在，只是沒有適當的情境表現出來而已，所以自我察覺的工夫更要特別用力。諮商師沒有權利要求當事人也接受我們的價值觀，如果諮商師與當事人的價值觀有衝突，可能會影響諮商關係、治療效果，甚或當事人的福祉。諮商師應該對當事人表明自己的立場，也讓當事人可以有選擇的權利，當事人可以決定與原諮商師繼續合作，或者是經過轉介由其他適當的諮商師來接手。如果諮商師故意否認價值觀衝突的可能影響，而繼續與當事人進行治療，甘冒這個危險，後果可能是很嚴重的。

㈢信仰

　　我們看到許多國家，比如印尼、馬其頓等，因為種族信仰

的不同，而不能容納異己、和平共處，甚至互相殘殺，造成滅種（genocide）的悲劇！有人因為別人信仰不同（或不信仰），而對彼此有了差別的看法與待遇，甚至還不容許對方有生存的權利，這類人倫悲劇，自古以來，似乎一直沒有停息過。認為自己的信仰是唯一，而且有意無意中會灌輸當事人自己的信仰，甚而主觀貶低或攻擊當事人的信仰，這就嚴重地違反了當事人的自主性與權利；如果信仰在諮商的情境中佔了很重要的因素，諮商師有必要釐清說明自己的立場，而當事人是有權利做選擇的——選擇這位諮商師或選擇在此機構接受治療。曾有一位實習的諮商師篤信基督教，對於當事人的輪迴之說很不以為然，花了很多時間在說服當事人放棄這種想法，這就違反了當事人信仰的自由。還有一個例子是，一個以服務基督徒為主的機構，要求來應徵的諮商師必須是基督徒，以符合這個機構的成立宗旨，因為機構是以其所提供服務的對象為基督徒作考量，這個決定是可以接受的。

以前基督教剛傳入中國時，許多傳教士不准國人膜拜祖先（他們認為只有唯一的真神，不應該崇拜真神之外的其他神祇），但是因為沒有考量到中國國情，所以教義的發揚受到許多限制，後來是允許教徒維持祭拜祖先的傳統、不嚴加限制，才使得基督教有更廣的流通！許多信仰不一定歸屬於某一教派或名目，但是信仰的自由應受尊重，何況多數的宗教宗旨是勸人為善，用心如一，只有教義所著重的有所不同，並無高下之別。在諮商治療的情境中，諮商師也要充分體認到這一點，才可以表示對人的真正尊重與敬意。

㈣文化背景

「文化」是一個很模糊又概括廣泛的名詞，可以包含種族、語言、膚色、生活習慣、風俗、性別、信仰、教育程度、性傾向、社經地位、家庭教養等等，作者認為每個當事人就代表著一個獨特的文化，因為一個人就是許多文化因素影響的總和！對於當事人的成長背景，也許是中下社經階層，或許正好相反，也許是知道當事人的種族不同（比方原住民、客家人等等），就會把一些刻板印象加上去而不自知。可以見到的例子像：「他是客家人，很節省。」「原住民嘛，只會喝酒、隨便跟人上床。」「窮人家的孩子沒出息！」「麵包比愛情重要，以後你就會後悔沒聽我的話選 A 君！」「男（女）人啊就是這個（死）樣子！」即使在美國，這個我們認為很民主開放的國家，連已婚、未婚所接受的待遇也會不同！而結婚與否這麼私人的問題，也可以是文化勢力的影響範圍！我們國內的情形，其實也差不多吧！

性別不同，是不是我們對其行為或思考方式就會有些「預設」或要求？男人或女人應該如何表現、不應該怎樣？會不會自一個人的外表來「判定」他／她的經濟情況？對於有人仍然不能溫飽的看法又如何？對於從事不同職業的人，又可能有哪些刻板印象存在？對於性傾向（sex orientation）或性喜好（sex preference）的不同，又有什麼想法與批判？一個人說話的語調或用詞方式，怎麼影響我們對他／她的看法？

　　不同的社經地位、接受不同的教育，也會影響到我們對人的觀感。我們中國人還是十分「文憑主義」的，所謂的士大夫觀念依然牢不可破，平日在家附近，我們都是輕鬆打扮，夏天著短褲涼鞋是常事，有一回一個熟識的雜貨店老闆「不小心」自一鄰居處知道我是博士，連說話態度都有很大的轉變，我很好奇地問他怎麼回事？他回道：「真是失禮，不知道你是博士！」還有一次自板橋搭計程車趕回台北，因為是在校門口攔車，司機先生就順口問：「在這教書？」我點頭，他竟然問我一個鐘頭賺多少？他可以給我相同的錢，要我擔任他國中女兒的家教，我說可以介紹學生來擔任，他竟然道：「都是大學教授了，一定可以教國中！」讓我覺得哭笑不得！

六、自我覺察可以努力的方向與建議

　　自我覺察既然這麼重要，也是諮商人自我成長、反省與改進的關鍵步驟，那麼要怎麼加強自己這方面的能力呢？準諮商人可以試試下面的一些建議，只是拋磚引玉的作法，當然更鼓勵讀者們自己可以研發、創新！

㈠記錄自己的一些想法

　　這可以用隨身攜帶的小記事本，對於腦中閃過的一些想法加以記錄，甚至是對於曾經目睹或經驗的事物，都可以聚焦思

考。也可以在一天結束之前，好好想想這一天的特別事件、感受、想法與行動。這些都是可以記錄下來的重點，不要流於一般的「流水帳」。

㈡隨時反思自己在日常生活中對發生事件的直覺、感受與想法

這可以採用 Beck 的「三欄」做法：記錄情境、想法與情緒，只要花一點時間，檢視一下今天所經歷的，會是一個不錯的方式，這對照於 Meichenbaum 的「自動化思考」有異曲同工之妙。

㈢停下來看看自己的動作

作一些運動、舞蹈，或是簡單的身體動作，專心地作，去真正感受這些動作、身體的運作，以及自己生理的反應與活動。然後，可以停下來看看自己，甚至照著鏡子做這些活動。可以的話，固定作快走或慢跑，專心一意去做運動，把自己的感官打開，去體會身體器官的活動。

㈣試做一個或數個「行為改變技術」的實驗

先自「基準線」（baseline）的資料蒐集開始，去發現自己需要改進的行為的大概情況如何？當我們在做觀察紀錄時，就

會發現自己比平時更會「留意」到自己在做什麼，這也是很好的一種「自我覺察」。另外，自己先試試一些諮商技巧，也可以在練習之中運用較爲熟悉的技術，還可以在實際運作中發現問題與困難，提醒自己實際運用在當事人身上時，必須留意、小心的地方。另外，也不妨請周遭的人注意一下你／妳的一些習慣性動作，甚至試著去「誇大」這些動作、讓自己明顯「覺察」到它們的存在。

㈤呼吸與冥想

每天花一點時間，好好去「呼吸」一下，專注在自己的呼吸行爲上，去注意自己的吐納、身體的感受，以及呼吸的氣流，可以讓自己更專注、放鬆。另外，可以刻意安排時間，讓自己與自己獨處，「冥想」是最好的方式，冥想之時因爲是全神貫注的，是很不錯的覺察工夫。

㈥聽的工作

在與友人相聚的時候，專注努力去聆聽，聽聽看不同的意見與爭議，以及不同的看法與角度。在一些公共場合，也去作一個隨意的聆聽者（在不侵犯隱私權的範圍內），嘗試去了解現代人關心的是什麼？現在電視媒體與電腦網路上，都可以看到、接觸到許多不同的看法與資訊，試著去從不同方向切入、了解，可以擴展自己的認知與理解，也用這些學習來反省自己

的觀念與想法。

㈦觀察工夫

　　觀察是最為便捷又不費力的，因為隨時隨地可以進行，不受時空之限制。觀察是需要集中注意力的工夫，腦袋中不要有別的繁瑣事務來打攪，專心去注意眼前的人事物，去看人的表情、動作、猜測一下對方的心情與想法，看建築物的形狀、建材、紋理、附近的景觀等等，這些都可以讓我們去留心，磨銳敏感度。

㈧開放感官經驗

　　有沒有試過大笑、大哭、大叫、大喊、大鬧？有沒有騎車的經驗？騎機（腳）踏車有什麼感覺？跑步或跑步過後的感受是什麼？游泳的感覺是什麼？爬山呢？聞過突然撲鼻而來的花香嗎？聽到有人口角或情侶的甜蜜對話嗎？跌倒、被稱讚、被拒絕、完成一件工作……，你／妳有感受嗎？別人說的一句話，有沒有牽動你／妳什麼？許多日常生活中的事，你／妳都全心投入去經驗，把感官打開去充分感受，這就是經驗「此時此地」，也是存在主義學者 Victor Frankl 所說的「經驗」價值！

第三章

什麼是諮商員？

壹、諮商師的角色

　　作為一個專業的協助人員，你認為諮商員應該具備哪些條件？甚至你認為諮商師的角色與功能包括有哪些？先列出一張清單來，協助自己做下列的思考。Egan（1998）認為諮商師應該要有一些協助人的智慧，他提出了：(1)自我覺知、成熟；(2)對於人類有心理學與人性的理解和體驗；(3)頓悟與洞察事物的能力；(4)忍受曖昧與處理不明狀況的能力；(5)重整問題架構與所獲得的資訊，使其具使用價值；(6)避免刻板印象、具有彈性的整體觀；(7)了解事物之間關係的能力、明白推理，還有直覺上的盲點，也要有統整的能力；(8)不拘泥於自己的經驗，對事情有深謀遠慮的考量；以及(9)可以是關心理解、又願意接受挑戰與困挫的人（P.19-20）。David Capuzzi 與 Douglas Gross（1995）同意 Okun（1987）的觀點，認為作為有效率的治療師，必須有自我察覺的工夫，並且以自己為工具促成改變（p.31），並且列出了 Kinnier（1991）提出的「心理健康」的準則，說明了治療師本身的特質要求與對於當事人治療目標的期許，它們是自愛（不是自我膨脹）、自我認識、自信與自我控制的能力、對現實情況的清楚觀察、挑戰的勇氣與彈性、平衡與恰如其分的思考與表現、喜愛他人、鍾愛生命，以及有生命目標（p.34-36）。

諮商師可以擔任怎麼樣的角色呢？每個學派所認為的有些出入，但是也有許多共通性，作者把一些自己整理出來的資料列出來以供參考：

㈠教導者或教師

諮商師在專業協助的過程中，很重要的是擔任教師的角色，認知學派與行為學派很著重治療師在這方面的功能。

㈡催化員

諮商師在諮商過程中，常常不是替當事人把話講出來，而是站在一個引導、催化的角色，使用不同的方法，讓當事人可以盡量充分表現出自己的所思所感，一來可以有情緒宣洩的作用，二來也可以由當事人自己來整理一下思緒與想法，另外也可以讓當事人重拾對自己的自信。

㈢傾聽者

諮商師必須先是一位好的傾聽者，可以聽出當事人的困擾、需求，甚至深埋心中不為人知的情結，適當地反應出了解與同情。這個傾聽的工夫，才是打開當事人心防的第一步，也是建立信任與尊重的治療關係的關鍵。

㈣醫師

在許多心理治療上，視當事人為需要協助的「病人」，雖然在諮商的專業領域中，我們不稱當事人為病人，然而諮商師的功能在某些層面上是像醫師的，照顧當事人的身體在日常功能上的運作，也顧及到當事人心理的自在與舒適。

㈤父母

Freud 所謂的在治療過程中，鼓勵當事人的「移情」行為。許多當事人是把對於生命中與重要他人的關係，帶到治療的情境之中，而這些關係可以經由諮商師的協助，進行重現、釐清、分析或重建的工作；另外，治療師在整個治療過程中，也會擔任像父母一樣照顧關愛（nurturing）的角色、體貼當事人的心，這也是具有治療效果的，尤其是對於年幼或是曾經在生命中被剝奪關愛的當事人。

㈥示範者

諮商師對於當事人的主要治療目標，通常是要協助當事人可以重新擁有力量與自信去面對社會人生的現實與挑戰。也因此在諮商情境中會有許多讓當事人嘗試的新行為要演練，而在更多的情況下，諮商師就像一個活生生的典範或楷模，在與當

事人的相處經驗中，產生了莫大的影響力，當事人經由觀察而潛移默化、而模仿、而實際表現出行為，這就是社會學習論的觀摩學習之一。如果當事人曾經遭受過許多挫折，而有同樣經歷的諮商師可以把自己如何掙脫困境、努力自己人生的經驗貢獻出來，讓當事人覺得殷鑒不遠、人生有望！帶給當事人「希望」，也是諮商員的重要功能之一。

㈦訓練者

在治療中當事人總會希望在治療之後，會與當初的自己有一些不同與改變。當事人是因為遭遇到問題或問題情境，也許沒有把自己原本有的能力發揮出來，因此諮商師的另一項工作就是把當事人原有的能力恢復與開發出來。所以會設計一些情境與運用的技巧，訓練當事人熟練與具備這些能力，甚至在一些特殊情況下，除了在諮商室中做演練之外，還要陪伴當事人在實際的環境中演練與展現所習得的能力，比如社交技巧的訓練就是一例。

㈧觀察者

諮商師必須是一個敏銳的觀察者，所觀察到的不只是我們肉眼可見當事人的口語表現、表情或舉止，還有潛隱的一些情緒、想法與行為，都必須仔細注意。而且把這些觀察與當事人分享，可以提供當事人一些自己忽略的線索，協助當事人的自

我認識與了解，甚至是有所頓悟、知道要改進的方向！

㈨分析者

諮商師在與當事人面談、做治療的同時，除了對當事人做一些基本資料的探詢與蒐集之外，還要就所得的一切資訊做分析與診斷，而分析的工夫是一直在進行的，不是只到診斷爲止；藉由分析的工夫，可以協助當事人對自己的深層了解，進一步研擬治療方向與執行策略，協助當事人。

㈩合夥人

阿德勒學派、行爲學派與其他許多學派，都認爲諮商師與當事人的治療關係應該是平等的「合夥人」，雙方都負有應負的責任。有些當事人把與治療師的關係視爲「醫師與病人」的關係，認爲治療師權力大、主宰治療的成敗，然而病人如果不合作，醫師開的藥或建議再高明也沒有用！因此治療的關係是雙方分攤責任，而不是誰依賴誰的。尤其是諮商師爲了延續治療效果，可能會要求當事人做一些功課或作業，把在治療情境中所習得的新行爲，運用在諮商室以外的情境，這些都是要當事人的高度意願配合，療效才會卓著。

(十一)支持者或鼓勵者

諮商師有一個很大的功能是作爲當事人可以信靠的支持者與鼓勵者，在當事人失心喪志時，予以鼓勵支持，在當事人努力掙扎或有些許進步時，給與信心與力量，甚至陪伴他／她走過這段路程。

(十二)評量診斷者

諮商師在當事人進行治療時，針對當事人的問題進行初步診斷，作爲治療策略擬定的依據，有些人反對以診斷方式讓病人標籤化，而在美國因爲心理疾病也納入醫療保險，因此公私立機構有時爲了經費補助的問題，必須以診斷分類的方式呈報上去，才可以獲得補助。然而儘管對於診斷評量有不同意見，診斷還是有其必要與功能的。而評量的工夫是一直在進行的，尤其行爲學派特別重視治療過程中的評量，希望可以依據當事人的情況做適度的修正，改進治療方向，而不是以治療結果爲依歸。

(十三)重整看法與提供可行之方者
(reframing and alternatives provider)

每個人看問題的角度不同，所以感受到問題的嚴重性也不

同，許多人是因爲問題出現了、在焦慮的情況下，也讓自己的思路受限，此時諮商師提供不同的想法或解決之道，可以讓當事人不絕望。

㈣意見提供或建議者

諮商師肯定當事人遭遇困境時會思考解決之方，也嘗試讓事情獲得解決，只是因爲受當時情緒或資源有限的影響，不能作最好的處理，而遭受挫敗。諮商師在聽完當事人的情形之後，可以看到一些盲點，也許可以提供不同角度的想法與方式，鼓勵當事人去作處理，同時也要隨時讓當事人覺得有人支持、敢去嘗試，如果碰到挫折或進度不佳，也不會洩氣或輕易放棄。

㈤進度監督者

諮商師對於當事人承諾要做改變的行動，負有監督之責。許多治療師相信「行動勝於一切」（Action speaks louder），光是在治療情境中的工作仍然不足，得付諸行動才看得見效果，因此會有家庭作業、角色扮演、演練、眞實運作與呈現（in vivo exposure）等等的方式，而治療師也要針對當事人的行動過程與結果，有監督的行動，可以鼓勵當事人的努力與進度，也在之中發現可能產生的阻礙與問題，進行預防與協同解決。

㈥學習者

　　諮商治療師的臨床經驗是很重要的專業養成，而諮商師在當事人身上往往學習到更多，當然諮商師也犯錯，但是也在犯錯中學習，因此就某個角度來說，當事人是諮商師之師！

㈦最最重要的是：治療師必須作「自己」！

　　諮商關係是人與人之間很親密的接觸，治療師的眞誠如一，往往比他／她的專業背景或聲望來得更重要。我記得以前曾經碰到一個七歲當事人，他先前曾經連續見過一個治療師近四個月，但是沒有顯著進步，由我來接這個個案是有點「試試看」的味道，他在治療初期還曾經因爲我的「腔調」，而顯出不耐煩的行爲，但是我都會根據這些線索來加以說明或修正，後來小男生在一次見面之後告訴我一個秘密，他說：「我很喜歡妳，妳沒有假裝妳很行。」還給了我一個擁抱。眞不眞誠，連七歲小孩都可以發現，我們眞的「假」不起來！何況在治療過程中，掩飾自己「不是自己」的部分，有時眞的太難了，也浪費了不必要的精力、體力。這又得回歸到我們開宗明義第一章的「我是誰」的部分了。

　　那麼，是否有不適合擔任諮商助人工作的條件呢？太自戀（可能不會敏銳察覺他人的情緒與需要、太以自我爲中心、同理心的運用有問題等，這都可能妨礙了與人建立良好的治療關

係）、情緒防衛強（自己有太多未竟事業必須去處理或面對，而這些傷口會阻礙了諮商師對治療所做的效果）、以及自我倚賴太重（self-reliance）的人（不太會與人建立有意義的互動平等關係），可能不適於諮商助人的行業（Gilbert, Hughes, & Dryden, 1989, cited in Sage, 1999）。Sage（1999）還加入了另一項「心理健康障礙」，也就是說諮商師本身未加以處理治療的心理病症（p.11）。我認為還有表裡不一致、故步自封、不求上進、自視太高、太以專家自居、被動或是不肯主動去接觸一般大眾或是對當事人提供協助、不作自我覺察並有所因應行動、有太多自我否認或是未解決的過去、情緒掌控不夠成熟的人。在擔任實際治療工作時，碰到的挑戰會更多。

貳、諮商員的特質

我們在進入如何成為自己想要的諮商師的主題之前，先來看看其他人對諮商師應具特質的看法，這也可以作為我們檢視自己的一個方向或期許。我們先來看看 Gerald Corey（1992）的看法，他列出了有十來項，是根據他二、三十年來，從事實際諮商輔導的臨床與訓練工作的經驗而來。我在他所敘述的每一項特質之後，加入我本身的領會與詮釋，讀者也可以參照前述 Egan 的「助人智慧」，做一些綜合整理，你將會發現有許多若合符節的地方。除了第一項「諮商員知道自己是誰」已在開

宗明義的第一章提過，其他的項目就依序來做說明：

㈠他們會尊重、欣賞自己
（They respect and appreciate themselves, p.14）

尊重與欣賞，就是接受自己是誰。知道自己的長處與短處，明白能發揮的是什麼，也了解自己的限制。接受協助、也協助他人，不會逞強或為了面子問題而武裝自己。能尊重、欣賞自己的人，自然較容易以同樣方式來對待別人。

㈡他們能知道、也接受自己的力量（They are able to recognize and accept their own power, p.14）

諮商員明白自己個人的力量，也知道自己專業的影響力，不低估也不濫用。不會藉貶抑他人來顯示自己的高尚或尊嚴，甚至可以協助當事人去感受、開發他自己的力量，而能做更好、更有效的調適與努力。

㈢他們對改變持開放的態度
（They are open to change, p.14）

有彈性、對新的經驗與資訊開放，這也牽涉到諮商員本身願意冒險、去學習新事物，擺脫既有已知的習慣與安全感，去探索未知。諮商員在諮商協助的過程中，除了在專業領域中繼

續求新求變、了解目前的理論研究趨勢與動態，對於所生存的大環境的脈動與改變，也十分留心、敏銳，因爲他／她明白當事人也來自大環境，所承受的影響也必須列入治療過程的考慮。舉個很簡單的例子來說，當事人若是青少年，諮商師明白一些現代年輕人的流行語彙、遭遇的困挫與存在的壓力，在溝通與關係建立上是有很大幫助的；何況學習是一直在進行的，我們當然也可以在當事人身上學得新的資訊。

㈣他們拓展自己與對他人的覺察（They are expanding their awareness of self and others, p.14）

諮商員的自我覺察的工夫，在個人與專業的成長上十分重要；沒有敏銳、隨時的覺察，不僅會忽略了自己生活與專業上該繼續下的工夫，也不能有效又即時地給與當事人適當的幫助。諮商員也會犯錯，少了這一層覺察的努力，也可能會在有意無意中損及當事人的福祉。自我覺察的同時，也可以拓展對他人的覺察，所謂他山之石可以攻錯，諮商員經由這個方式學習更多！自我覺察是讓諮商員修養助人專業最佳又有利的途徑，也相對地可以協助當事人做覺察的工夫，採取必要的行動！

(五)他們願意、也能夠容忍曖昧不明的情況
（They are willing and able to tolerate ambiguity, p.14）

　　諮商助人的工作，是一個漸進的過程，效果不是立竿見影或一蹴可幾的，在許多情況下諮商員必須有等待的工夫與涵養。生命的過程本來就是有許多灰色不明的情況，這些時候也許就是提醒我們要仔細花時間思考策畫應採的行動。也許就是一團混沌、沒法立刻釐清，需要時間的過濾；也許是解決問題的過程中，本來應然的一種不明狀況。有時，諮商員要耐心等待，不要急急出招、或為當事人解決這個疑難，而是相信當事人有解決這個問題的能力，所以給當事人充足的時間，他／她就可以理出頭緒來。諮商的基本想法，就是相信人是有能力選擇與做決定的，在許多情況下是協助當事人發展潛能、找回對自己的信心！

(六)他們持續在發展自己的諮商型態
（They are developing their own counseling style, p.14）

　　諮商員在接觸了許多不同學派的薰陶後，應配合自己的個性，發展出屬於自己的諮商形式。不同學派提供了不同的思考方式，也藉以反思許多人類或人性的問題，加上自身的經驗與性格，慢慢揉搓出適合自己、屬於自己的諮商型態。「適性」是很重要的因素，總要尋出一個與自己相契合的理念學派，而

不是與自己相衝突的，這樣也才能做較好的統整工作、更能發揮能力與功能。一個極理性的人，若找個非常感性的模式來套用，除非諮商師本身把它當作一種訓練或願意改變的挑戰，否則與自己個性相衝突，要花許多時間、精力來做調整，不經濟之外，也可能造成許多助人專業上的不一致與阻礙。

㈦他們經驗也知道當事人的世界，然而其同理心不是強制性的（They can experience and know the world of the client, yet their empathy is nonpossessive, p.14）

同理心的訓練是助人專業的第一步，諮商員藉由專注傾聽，開始了探索、了解當事人的內心世界，而後可以協助當事人表達出來，同時不會把自己淹沒在當事人的情緒裡，掙脫不出。也就是說，諮商員在表現同理的同時，沒有喪失自我，仍知道自己是誰、自己在這兒做什麼？

㈧他們覺得充滿活力，所作的選擇是生命導向的（They feel alive, and their choices are life-oriented, p.14）

「他們活得充實，而不只圖單純的生存而已；他們不是被動地接受生命的形塑，而是對生命採取主動出擊！」（p.14）諮商員是疼惜、愛護、尊重也欣賞生命的，他們認為生命有它的積極存在意義，人自己創造也賦予生命意義，所以他們給人的感覺是充滿生命力的，這也反映出了諮商員知道自己的生命

要成就什麼，而且是主動對生活中或生命中的事件關懷、做反應與應對，他／她當然也為他／她的生命負責。

㈨他們是真誠、認真且表裡如一的
（They are authentic, sincere, and honest, p.14）

　　諮商關係的建立是治療的成功之鑰，信任、良好的諮商關係是視諮商員所表現出來的態度來決定：他／她讓人覺得可不可信任？能力如何？有沒有要協助人的承諾與準備？是怎麼樣的一個人？可以告訴他／她一些難以啟齒的祕密嗎？他／她又是怎麼對待當事人？他／她表裡一致、說到做到嗎？他／她有沒有偏見？有沒有尊重？他／她對自己的要求與期許又是什麼？這些都是當事人在諮商過程中會一直試探的，也就是要確定諮商師本身的可信靠度。有人說工作與生活中的自我是有差距的，然而基本上，這兩個自我的調適與一致性愈高，能發揮的地方也愈多，阻礙也愈少。

㈩他們有幽默感（They have a sense of humor, p.14）

　　幽默感就是可以自不同角度來看事物，不鑽牛角尖、不低估貶謫他人的看法，提供不同的看法，也在諮商情境中有示範的影響力。在許多情境下，諮商員是提供當事人另一個切入的角度，來檢視當事人所關心的事物，當事人在頓悟的領略中，會有新的啟發、構想與行動。幽默可以紓緩緊張情緒、增加人

際之間的潤滑，也表現了有彈性的思考與開放的人生觀；當當事人開始可以取笑自己，他／她也就不太會自限於拘謹的思考模式了，相對地當然可以更靈活地運用自己的能力。

⒒他們犯錯、也願意承認錯誤（They make mistakes and are willing to admit them, p.14）

諮商員是人，當然也有人性的弱點與可愛之處；犯錯是學習的過程，也顯示了可以改進的可能。許多諮商員是在與當事人接觸治療的過程中，磨練了專業的敏銳度與技能，也自許多錯誤或不適當的經驗中，讓下一回的判斷度與處理更精確、適當而有效。另一方面，諮商員犯錯、覺察到自己的失誤、承認錯了，而且做改正，這也給了當事人一個很好的學習典範。

⒓他們基本上是活在當下的
（They generally live in the present, p.15）

不是說諮商員沒有過去或不理會過去，而是明白自己是過去、現在與瞻望未來的混合體；就如同我們談到人格或生命型態的形成，遺傳（包括生理成熟度）、環境（含後天經驗與學習）在人幼稚期時影響極大，慢慢的，「個人因素」就增加了它的影響力量（人是可以選擇讓遺傳或環境來影響他／她多少的）。諮商員不受過去所箝制，而為當下的生活努力──充分體驗生命、過得充實而少遺憾！

㈥他們欣賞文化之美
（They appreciate the influence of culture, p.15）

　　每個人都是一種文化，種族、成長背景、教育訓練、社經地位、性傾向、宗教信仰、生活方式、使用語言等等，形塑了這個人，人就是這些因素、力量的統合體。諮商員欣賞人、欣賞人性也體貼人性，所以對不同的個體及文化，沒有優窳高下的批判，只有想去了解，也欣賞這些「差異」之美。

㈦他們能對自己再投資
（They are able to reinvest themselves, p.15）

　　諮商員明白社會的脈動，也不讓自己與時代潮流脫節，這點是表現在吸收新資訊、了解新的理念或理論，也一直在做研究與應用的工夫。除了在專業上的跟進或領先之外，諮商員對自己的生命負責的態度，也凸顯在他／她源源不斷為自己的生命添加光彩與意義。

㈧他們的選擇塑造他們的生命型態
（They are making choices that shape their life, p.15）

　　一如存在主義學派認為人有能力做選擇，也要為自己的選擇負責任。人生是許多做選擇、決定與行動的歷程，而這些決

定的總和就是生活——我們自己選擇要過的生活。諮商員明白
這些事實，願意爲自己做的選擇負責，也爲選擇後的生命負責
任。

㈥他們對他人的福利極爲關切（They have a sincere interest in the welfare of others, p.15）

　　諮商員基本上是喜歡人的。在諮商輔導的過程中接觸不同
的人生故事，目睹、也陪伴當事人走過困惑、掙扎、挫折，與
他／她同喜同悲，體會到生命力的脆弱與堅強，常常有許多感
動。不只是因爲普遍對人的興趣，還基於專業的服務對象是
人，當事人的福祉是第一優先考量，也因此諮商倫理守則包括
了自動（autonomy，尊重當事人的獨立自主）、無害（nonma-
leficence，消極的是不因無意而損及當事人）、福祉（benefi-
cence，積極方面是要爲當事人謀求最好的福利）、公正（jus-
tice，與當事人的關係及所提供的一切服務，必須力求公允）與
忠誠（fidelity，對當事人等提供眞誠的承諾與服務）（Herlihy
& Corey, 1996, p.4），這些都涉及諮商師對當事人服務的品質
要求。

㈦他們對工作很投入、也自工作中追求意義（They become deeply involved in their work and derive meaning from it, p.15）

　　從事諮商這個行業，本身就有對自己的承諾在先，然後願意接受相當的訓練，在經驗、接受督導、教學、楷模示範、討論與交換意見、閱讀、吸收新知、生活與實際觀察……之中，磨練自己專業的素養，豐厚並投入自己的人生任務，也在工作與生命中，找到著色生命的色彩！對生命與工作的新領會，又可以再在工作與生活中做投資，而且生生不息。

　　Corey 比較著重在諮商師的人生態度做發揮，而 Egan 是針對諮商這個行業的養成著墨；Cormier 與 Cormier（1998）則一針見血地提出了諮商師應該是一位有專業能力與涵養、吸引人（外表的整潔、和善，與人相處的魅力）、而又值得信賴的人（p.58-73）；而 Sage（1999）提出了兩個必要條件：有與人接觸、建立關係的能力，傳達溫暖同理心與關懷，以及有意識的覺察。

　　要做怎樣的一個諮商人呢？首先，要對自己是怎樣的一個人，有較為深刻整體的認識與了解，知道自己想要從事這一行的動機在哪裡？為什麼選擇這項工作？這是一個很重要的生涯選擇，輕忽不得，一旦做了決定，就要許下承諾、接受一連串的嚴格訓練與考驗。是因為現在諮商很流行？還是找工作容易？認為自己喜歡在幫助人當中獲得滿足感？而對於向他人求

助的觀念是不是能接受？在接受正式諮商師課程訓練時，可以先擔任一段時間的當事人，走出去接觸不同的人，然後慢慢琢磨出自己想要成爲的諮商人。

參、怎麼成爲諮商人

一、先做當事人

在真正進入諮商領域、擔任諮商員之前，訓練課程的老師或督導通常會要求準諮商員先當當事人（而且不是只當一個小時而已，是連續性的），體會一下當事人的需求與滋味，也就是說讓準諮商師先當求助者，可以讓他／她更能勝任做治療師的工作。先做一位被諮商者，有許多的作用：要作爲一位專業助人者，自己先要相信這一行的確有其需要，而自己也能接受「求助」的行爲；其次是可以讓自己更明白諮商的需要與功能，諮商是處理我們日常生活中的一些困擾，能找到一位專業協助人員，幫助我們更明白問題所在、釐清一些盲點與迷思、自不同角度來看問題……等，會讓我們明白諮商專業的必要，也對自己將從事的這個工作更有信心；其三是對於當事人的情境有親身的體會之後，可以更深入當事人的內心世界，對於同理心的運用會更深入與獨到，也就磨銳了身爲諮商師必備的基本條件之一；其四，觀摩不同的諮商師，是很難得又寶貴的經

驗，自這個經驗中所學習的應當更多，也可以有認同效仿的對
象；再者，諮商師也是人，也在自己的生活領域中有問題或困
擾，自己也需要諮商師，這樣子也減少了許多工作上的倦怠或
崩潰（burnout）的可能性，至少有人在一旁支持，奮鬥起來較
不孤單！

　　Corey、Corey 與 Callanan（1998）也提到準治療師在諮商
師養成的過程中，也可以藉由自己的親身求助與被諮商的經
驗，讓自己跟著治療師做進一步實際又身歷其境的學習，對於
自己的個人成長與職業生涯，都會有正面的影響效果（p.42）。
而 Altucher（1963）（Deck & Morrow, 1989）也說過：作為一
個諮商人，只有經由自己親身經歷到自己的情緒、感受與創
痛，而不是經由不斷的對話才得以完成（p.36）。而這些治療
師也提到準諮商師本身接受心理治療的幾個好處：一是體會作
為當事人是怎麼樣的一種情況與滋味？其次，可以誠實地檢視
一下自己選擇諮商這個行業的動機，更清楚了解自己的需求與
人生目標是什麼，而這些對於成為專業協助人員又有何影響？
再者，可以經由治療來看看自己生命中的一些事件，是不是還
沒有解決？它們的存在，在我們的生命過程中又扮演了怎麼樣
的角色？因為我們知道，作為諮商師，在與當事人接觸的過程
中，是諮商師這個「人」與當事人這個「人」的互動關係，難
免會有一些事件可能因當事人的舉止言行而被觸動，有些如果
不留意，可能就會影響到治療效果、或是當事人的福祉，因此
知道自己的能力與限制，是諮商師自我覺察很重要的部分（p.
39-41）。而 Macran、Stiles 與 Smith（1999）最近在整理相關

文獻資料之後，歸納總結中除了認為接受諮商可以觀察另一位治療師的臨床能力與實際了解作為一個當事人的滋味，以及知道治療的運作與功效之外，還有：減低作為臨床諮商師的緊張，以及增加自我覺察的能力。而同樣的三位研究者，也針對諮商師的「自我治療」（self-therapy）作了一項深度研究，歸納自我治療對於諮商師的三大影響領域，分別是：⑴對於諮商師的治療趨向（包括了解人性、權力所在，以及界限在哪裡）──知道自己在治療情境中的感受、自我照顧，接受治療師也可以是當事人，提供可以學習的對象或典範，學習如何做「真正的自己」，了解自己的能力與限制，知道什麼是治療情境中不可做的；⑵關於對待當事人部分（包括了信任、尊敬與耐心）──給與當事人適當的空間，以及不要急著跳進去協助；⑶學會用第三隻耳朵來傾聽──釐清自己與當事人的感受部分、做更深度的治療，以及判斷治療的步調（p.422）。

　　而本書作者認為，自己接受諮商，可以做最直接有效的觀察學習，可以自不同的治療師身上學會不同的諮商型態，更明白也實際經歷一些諮商協助技巧的運用與改良（許多諮商師對於同一技巧的詮釋與使用不同，多半是因當事人的不同而因應產生）。另外，當自己慢慢發展自己獨特的諮商型式，同時可以更明白自己適合哪些理論與學派的治療方式，而有個大方向可依循。我自己在接受治療的經驗中，最大的感動與收穫是：藉由人與人間真實而無私的接觸，以及人際間互相潛隱的影響，而更肯定了自己的生涯決定。

　　我在諮商師訓練的碩士課程中，被要求擔任當事人十個小

時，這是課程規定，當時的態度也是虛應故事，沒有很認眞，而且由於是國際學生，正好趁機練練英文，能夠把自己表達出來讓別人知道，是我認爲的收穫之一。後來在實際擔任治療工作時，發現這位治療師間接地也讓我的口語表達能力增強了許多，事後反省也明白了治療師的表達能力應該因當事人而作若干必要修正，這也是臨床工作上十分重要的。我的諮商師是臨床心理博士，一位離過婚的女士，她釐清了許多我對美國文化的迷思，對於我所疑惑的問題沒有退縮，反而極爲坦然，她也樹立了一個典範給我。我記得問過她一個問題：「妳說妳離婚，又如何擔任婚姻治療的工作，會不會不具說服力？」她答道：「如果我可以以自己的經驗爲鏡，相信可以協助更多的人，甚至在他們還沒有犯下與我同樣的錯誤前，就可以做較適當的處置。而且，即使我沒有酗酒的經驗，我依然可以有協助人的能力，妳說是不是？」經驗可以爲師，在諮商的生涯中尤其是！而我在這位治療師身上又學會了「勇氣，大矣哉！」。

　　後來在我的博士課程中，我自己就去找了一位很人本的治療師，他的寬容接納與耐心，爲我做了一個很好的示範，也適時嘉許我的努力與決定。我曾認爲自己掙扎了那麼久的問題，還是無法獲得解決，彷彿他的努力沒有得到報償，我於心難安，但是他卻回道：「妳的問題對我不是負擔，而且妳在我的生命中每週佔了一個小時的時間，這是非常重要的！」我後來也以同樣的話來勉勵我的當事人，他們的感動不下於我當時。

　　Paul Pedersen（1988, 1999）所發展出來的「三角訓練模式」（Triad Training Model），利用 Beck、 Ellis 與 Meichenbaum 的觀念，把諮商師所面對的治療情境，作角色扮演的模擬，說明諮商關係中，存在的現實中有治療師、當事人與當事人的「贊成諮商師」（pro-counselor）與「反對諮商師」（anti-counselor）的部分，這個訓練模式可以運用在訓練諮商師的同理心與自我覺察部分，應該有不錯的效果。諮商師可藉由當事人的「贊成」與「反對」部分的「對話」（internal dialogue），來揣摩當事人的感受與想法，作修正與同理的反應。

二、核心條件

諮商人首要的培訓內容之中，Rogers 曾提過諮商師的三項要件，無條件的積極關注、正確的同理心與真誠一致（congruence）是必修的入門課程，但是這三項能力與態度，卻是終諮商人一生都要努力的課題，不是學過了就會、就算，因此，有必要在這兒多加著墨。

㈠無條件積極關注

無條件的積極關注，就如同我們一般所說的「無條件的關愛」很類似。可是在詢問許多不同年齡階層、性別、有無子女的人士之後，最先都有人堅持人世間是有所謂的「無條件的愛」的，比如宗教家的愛、父母對子女、甚或親情或男女之情，但是後來經仔細分析與誠實檢討，許多人開始推翻之前的

想法。有人感受到對自己關係愈親密的人，所付出的關愛反而愈有條件存在！那麼Rogers的這個想法是不是太烏托邦、不切實際了？也不是這麼絕望！的確，大部分的人總希望別人可以像我對待他／她一樣地對我，所謂「施」與「受」（give and take）最好維持平衡狀態；關愛也是一樣，但是關愛又不是可以實際衡量的，總會有或多或少的差異，只要接受與施與的雙方認為可以就行，然而事實卻又不是這麼單純！大部分的人會計較，也有少部分的人不以為意，而無條件的積極關注在某個層面上是可以經由刻意培養而成的。當諮商人把當事人視為與自己一般無二的人類一份子，接納他／她是他／她，有人的可愛也有弱點，有其獨特性、也有能力；而諮商人就是要以自己的人性關懷與專業訓練，來協助這位有困擾的人，看清問題癥結、檢視自己所作的努力、探索其他可行之方、重拾當事人對自己的能力與信心，讓問題有較好的解決。日本一位肢體障礙的人士乙武洋匡出生時，家人愕然發現嬰兒無手無足，不敢告訴產婦，後來作母親的看到了孩子，非但沒有嫌惡或驚嚇，反而好高興地說：「好可愛呀！」。「無條件的積極關注」是可能的，只要以愛為前提，許多「條件」都變得不重要了。諮商師面對當事人，希望能夠讓當事人的生活品質更好，而全心全意的對待，無條件的積極關注就出現了。

(二)正確的同理心

正確的同理心指的是可以站在對方的立場，為對方設想，

去感受他／她的感受、體會了解他／她的想法，然後可以把這些感受與想法正確地表達出來、讓對方知道。「同理心」是許多準諮商人常常聽到、想要努力培養，而且是持續不斷的一個過程，沒有人敢說自己的同理心工夫已經做得足夠了，而是警覺到同理心的養成是一個繼續不斷的歷程，需要持續的努力。

「同理心」要自哪裡開始呢？很簡單：從「傾聽」開始，而且是「主動傾聽」（active listening）。「傾聽」是一門很大的學問，人不是與生俱來就會「聽」的，這裡談到的當然不是醫學或生理學方面研究的聽力，而是真正「聽到」對方所要表達的，反映給對方知道「我聽見了」，而且做適當的回應。好的傾聽者是需要刻意培養的，也就是說可以是能力的一部分。我們在聽人說話時，往往有一些阻礙橫梗在前，使得我們不能充分聽到對方真正要表達的。這些阻礙包括了：我們個人對此人的成見或對某些特定事物的既定看法、沒有足夠時間允許對方把話說完整、急著把問題解決、認為對方的意見不值得重視、有自己的需求、在對方正在說時就在腦海裡準備要怎麼回應……等等；另外，好的傾聽者會注意到語文表達之外的線索，也就是說話者的身體語言（面部表情、語調、眼神、動作），仔細留意所說的話與肢體動作的配合、一致性。

Egan（1998）提出「專注傾聽」（attending）的五字訣－－SOLER──對於初入門的諮商人很管用：S（face the client Squarely）──真誠面對當事人，坐姿讓對方覺得諮商師很投入，但又不覺得受威脅。有些諮商室的布置是把諮商師與當事人的座椅安排成九十度角，諮商師與當事人的座椅之間隔個小

茶几或桌子，這樣子當事人不會覺得自己是赤裸裸地暴露在一位陌生人面前，不威脅的情境就讓當事人有安全感，接下來的治療工作才容易進行。O（adopt an Open posture）──採用開放的姿勢，諮商師的坐姿與身體語言是可以傳達他／她對當事人的態度的，如果諮商師環抱雙臂、腳交叉，就可能傳達出「封閉」、「不可能」或「不想有任何瓜葛」的訊息，這樣子當事人也很難對諮商師開放自己的心裡世界。當然，有些人有一些類似的動作，只是因為習慣，但是諮商師是很注意這些動作以及其可能蘊含的象徵性意義的，即使是細節，也不輕易忽略。L（at times to Lean toward the client）──偶爾作身體向前微傾的動作，這是表示專注、認真、把當事人當一回事。身體向後仰，有時讓人覺得聽的人覺得無聊了、或不專心了，所以諮商師的前傾動作可以偶一為之，持續性地往前傾，可能會覺得身體僵硬，也可能讓當事人覺得虎視眈眈、有威脅。另外也要注意一下，與當事人之間的實際空間距離。諮商情境是極為私密的，諮商師與當事人在一個有限的空間中作接觸，而有些人是不太習慣與他人這麼親近的，這一點可以請問一下當事人，安排讓雙方都覺得適當安全的距離。E（maintain good Eye contact）──維持適當的眼神接觸，這當然不是指一直盯著當事人看，而是維持適度的眼睛接觸，表示在專心聽，也藉此來覺察當事人的情緒做適時適當的回應。一般說來我們會把眼光放在當事人的頸部以上，當然也同時留意當事人其他部位的身體動作。R（try to be relatively Relaxed or natural in these behaviors）──放鬆的姿勢，諮商師的緊張是會讓當事人察覺的，保

持放鬆自然的姿勢，一來可以也讓當事人放鬆，有示範的作用，二來也顯示了諮商師對自己的自信，再者諮商師也表示了願意真誠地與當事人作接觸與表達（p.63-64）。

　　好的傾聽者會把自己聽到的內容，以自己的說法再敘述一次，這個動作有兩個功用，一是讓說話的人明白自己方才講話有人聽，再者是給說話的人一個釐清的機會（萬一聽的人誤會了意思、或有些地方沒有說清楚），這也就是我們熟悉的「簡述語意」（rephrase）；使用我們自己的話語，主要是不要讓當事人認為諮商師只是複述他／她所說過的話，而沒有經過了解和消化，就像我們平時在生活中，會聽到的對話一樣：「我剛剛說的你聽到沒有？」「有聽到啊！妳說記得把孩子接回來。」然後在傍晚兩個人回到家又碰面時：「孩子呢？」「哎呀，我忘記了！」「你根本就是有聽沒有到嘛！」同樣的道理，諮商師在聽完當事人的故事或一段話之後，要根據自己的了解、用自己的話語，把方才所聽到的，再重述一次給當事人聽，當事人會因此感受到諮商師的專心傾聽、努力了解，也因此願意開放。人是有被了解的需要的，而簡述語意的工夫正是可以傳達了解的最便捷之道！萬一真的沒聽清楚、或誤解了當事人的陳述，也可以詢問當事人的看法，讓對方有再作說明與釐清誤解的機會。諮商師對於來求助的當事人來說基本上是一位陌生人，當事人自然會有所顧忌或擔心，何況當事人是以極為私己的問題來求助，要對一個陌生人開放自己的內心世界，真的需要有很大的勇氣，如果諮商師可以在很短的時間之內，讓當事人感覺到被了解，那麼當事人也會放心、慢慢敞開自己

的心底事。許多只接受過一次諮商經驗的同學表示：當他們知道諮商師了解他們的那一刻，真的是覺得身上的重擔突然消失，很願意把諮商師當成知己，當然也伴隨著一種不可置信、「怎麼可能一個陌生人這麼了解我」的驚異。

為什麼同理心的第一步是傾聽呢？因為許多人在確定別人了解自己的故事之後，才會進一步聽聽別人的建議；如果不肯花時間來先了解對方的困擾，一則對方認為你資訊不足、太早下定論，二則認為你不了解事情全貌、又憑什麼來給他／她建議？而且往往是感覺到被了解的人，才容易把心房打開。Egan（1998）還強調，所謂的「完整的傾聽」（complete listening）涉及四個方面：口語方面的（verbal），也就是當事人所說的；非口語方面的（nonverbal），所謂的身體語言，包括表情、語調、口氣、身體的動作與姿勢；內容的傾聽（listen to the context），也可以在當事人諮商過程的表現中，聽出當事人的人際關係與形式，藉此推斷當事人在一般生活中的實際表現情形；最後是「傷痛線索」（sour notes），也就是可能會是當事人曾經或將要面臨的挑戰，像是當事人害怕、沒有解決、不敢嘗試的事物或過往，有點像會是完形主義學派所謂的「未竟事業」（unfinished business），而這會妨礙當事人目前生活功能的運作。也就是說，諮商師要聽到當事人的想法（知）、感覺情緒（情），以及行為經驗（行）這些部分（p.65-66）。

舉例來說，當事人會說：「我的情緒壞透了！好像沒有人懂得我的傷心難過。」這是當事人表達的「情緒」部分。然而在許多情況下，當事人是不太會說出自己的感受的，諮商師要

有「第三耳」，敏銳地覺察當事人的可能心情。也許當事人會說：「我覺得一個人的原則是很重要的，這是人之所以為人的必備條件，我不會輕易放棄。」這是當事人表達他／她的「想法」的部分。「我也聽話了，按時回家、不頂撞她，該做的我都做了啊！」這個陳述說明了當事人的「行為」部分。

另外，同理心還需要想像力。同理心的第二步，就是多讓自己從對方的角度來思考，設想自己如果是對方，遭遇到同樣的處境，又可能會有怎樣的心情、感受、想法與行動？我在課程進行之初，要求同學們去想像自己是日常生活中所遭遇的一些人或事物，讓自己化身變成對方，可能會有什麼心情或想法？這也可以是所謂的「擬人法」吧。想像自己是一棵狂風中的樹、一個街頭的乞人、孤零零站著的路燈……，把這些心得記下來；也可以自文學作品中來練習，想像自己是故事中的人物，而電影或電視劇，也可以成為很好的練習素材。接下來就是把這些感覺、印象說出來，這個練習可以找生活中的同學、朋友、家人為對象來做，也可以趁這個機會，檢視一下自己的溝通方式，並且做改進的努力。許多學心理或諮商的人，常常在學習的過程中，把課堂上所學的知識與技術，先運用在自己親近的人身上，也因此相信確實有效，而願意接受這些理念、讓這些技巧更加純熟。基本上，諮商不是一門專業知識技能而已，而且應該是一種生活態度，因此許多觀念與技能應該不僅在諮商情境中使用，也可在一般生活中運用。

㈢真誠一致

　　所謂的真誠一致，Satir、Banmen、Gerber 與 Gomori（1991）曾提過一個很好的詮釋：欣賞獨特的自己、自然散發個人和與人相處的活力、有自我、願意去相信自己與他人、願意冒險也讓自己暴露在一些情境之中、善用自己內在與外在的資源、對於親密關係持開明態度、成為自己也接納他人、愛己也愛人，對於改變持彈性與開放的態度（pp.65-66）。說得簡單一點，就是「真」，就是諮商師表裡一致、前後一致、言行一致，對待當事人，不因為對方是有困擾的人，而不給與尊重；在諮商過程中，是真心要協助，所以不敷衍，所以會努力盡己所能來幫助當事人；不因為當事人出了諮商室大門、結束了諮商治療的關係了，諮商師的態度就不一樣。也就是諮商師的表現就是他／她自己（as he/she is）。

三、去接觸不同的人

　　諮商師的服務對象很多、背景也駁雜，而經驗是諮商師很重要的一個籌碼，這並不是說有經驗的諮商師一定就比較好，而是在某個層面上，經驗可以為學問之師，諮商師可以放開自我、去接觸不同的人，不僅可以擴展我們的世界、人際觀，可以儲備我們對人的知識，還可以培養容忍、接受不同、學會尊

重與同情等等能力。我認為知道、認識更多的人，會愈覺得人的可愛可敬，發現人的美好，而這些人教會我許多東西，我從他們身上學到許多寶貴的學問。這個感受也是我在擔任諮商工作中，認為最大的收穫！

　　怎麼去接觸不同的人呢？可以主動去與人作接觸、與人談天、了解一下對方，甚至可以珍惜與人相識或交往的緣份，這不需要特別的時間或地點，而幾乎可以隨時為之！上個市場、買個菜，去小商店看看、同老闆或顧客聊聊家常，搭車、問路……，只要有機會和人作接觸，都不輕易放過學習的機會。也許有人認為自己生性害羞，這種主動去與人接觸的事情做不來，這時不妨把它當作挑戰。與人接觸的經驗多了，就不會覺得緊張、不自在，或不知如何自處，可以慢慢培養在陌生人面前不會焦慮的習慣，更可以協助我們在擔任治療工作時的自信與自在。另外，出去接觸不同的人是一個「主動」的動作，我們常常聽到許多人對「輔導」一詞仍然有一些顛撲不破的刻板印象，認為基本上「有問題」的人才需要輔導工作，或者是輔導人員是很被動地「接受」個案來進行輔導工作。然而，真正的諮商輔導人會認為：與其等人上門，不如主動出擊去認識人、宣導輔導的功能、讓別人知道有這個資源；「輔導」的確需要「走出去」！因為走出去、去主動關心別人、發現問題、也推銷自己的專長，這樣子才有可能發揮最佳的助人功效！更何況，諮商師對人本來就有濃厚興趣，才會願意投身這一行。

　　人也許像哈佛學者 Gardner（1983）所說的，有不同的智慧（multiple intelligence），而社交智慧（social intelligence）

就是其中一種，有些人的確可以在眾多陌生人的情境之中，表現得毫不生分、如魚得水，然而諮商工作貴在溝通能力，社交上的羞澀是可以慢慢克服的。只要堅持對人的興趣，準諮商師會把握任何可能學習的機會，多為自己製造機會與人做第一類接觸、多多觀察，這種「閱人經驗」是格外寶貴的。我很喜歡去逛傳統市場，看人為了謀生在努力，而在辛苦的工作中、還發酵著人性與熱鬧的和氣。喜歡與老闆或顧客聊天，交換一些生活心得的同時，可以更了解另一個人的世界。這些與人互動而得來的知識與經驗，是十分寶貴、又有助於個人與專業成長的，也協助我在臨床工作中進行了解當事人的過程。

　　有一回因為行李弄丟了，打電話給美國一家航空公司的負責人員，不久就有一位三十來歲的女士來電，詢問行李的「長相」與特徵，兩個人在她進行電腦搜尋的同時，也沒有閒著，開始談起生活中的一些小不便，包括這個行李遺失事件，她查出在夏威夷有一個同款式的行李，我還說：「它可真輕鬆，免費來一趟旅行！」對方也笑道：「是啊，我都還沒機會去跳跳草裙舞哩！」行李最後回來了，我也很高興地與這位負責人員談了一個多鐘頭，終於把事情搞清楚了。朋友問我怎麼可能與一個全然陌生的人，講了足足一個多小時的電話？他們認為不可思議！但是還不止於此哩！

　　另外一次也是電話中查信用卡的帳，是一位男性服務人員接的電話，在聽我作地址更正時（是西班牙文的街名），他很溜地以西文發音，還告訴我是相當於英文的什麼意思，我讚賞了一句，他就開始談起他選修西文的經過，還有他的生涯規

畫，這也是美麗的經驗！

　　我們家附近的一家水果行的老闆，看他有點風塵又很正派的長相，我曾猜他是不是有從事過警察的工作？他很驚訝，回我一句：「妳做什麼的？」告訴他之後，他說我把他對教授的形象給打破了！兩個人很有話聊，話題可以很廣，還談到他最近請的一位菲傭，以及經濟的現況。我喜歡跟他討價還價，他也心知肚明；有一回我才踏進他店門，他就哈哈大笑道：「好了好了！全部給妳了！算一百塊，one hundred dollars 好了！」「哇，老闆，你的 English 也進步很多了！」旁邊站著的另一位顧客也覺得好玩，先算了我的帳之後，老闆向顧客道歉，讓她久等，我還在一邊搧風點火：「小姐，要他算少一點！時間就是金錢啊！」在日常生活中發現與經歷的這些人的故事，不僅讓我更了解人與人之間是怎麼互動、怎麼跟人做接觸，也讓我對人的認識與美麗更有信心！

四、專業訓練

　　在培養諮商員的課程中，除了諮商的主要學派觀念與技能之外，通常還有許多基本的知識需要了解；Egan（1998）提出要有：基本可以運用的協助模式（a working model of hel-ping）、發展心理學的運用知識、認知心理學、人類行為的原則、人格理論、生理心理的交互作用、變態心理學、社會心理學、特殊族群的特殊需求、不同文化背景，以及協助專業的實

際運作和面臨的挑戰（pp.15-17）。根據美國諮商人員認證考試
（National Counselor Examination, NCE, 1995）的規定，諮商協
助人員一般要碩士學位以上，並至少具備以下的專業學術基
礎：

(一)人際關係與協助關係

　　這個大項目中包括了諮商的哲學基礎、諮商理論與實務，
以及諮詢理論與實務，也就是說有關諮商與諮詢的理論與相關
研究和運用，基本的訪晤與諮商技巧，諮商師對不同族群文化
背景當事人的協助行為與特性，以及不同當事人的特質，與行
為對諮商情境過程與效果的影響等等都在這個大項目底下。諮
商關係是一種人際關係，而且是很專業、親密的一種，諮商人
相信人與人之間的「交會」（encounter），就是有效果、有影
響力量的。諮商師本身的個人特質如果是很喜歡與人相處、認
為人是有趣的研究對象，倘若輔以更好的人際關係知識與技
巧，則更能使其工作如虎添翼。何況在諮商過程中，良好信任
的治療關係是治療成功的基礎，因此人際關係的理論與實際，
更是不容忽視的必備要件。我們在擔任輔導諮商工作的時候，
很強調「走出去」，也就是走出辦公室、去主動接觸人群，因
為與人的接觸就是諮商的初步，可以多面去認識人、接觸人、
了解人，不僅僅可以讓自己增加對服務對象——人——的知識
與了解，也讓我們在面對當事人時，可以更容易切入當事人的
觀點與世界，建立良好的治療關係。實際有效的專業助人工作

不是儻然忽來的，而是有理論研究的基礎的，而理論也是經由實際的研究而得的結論。諮商是心理學的分支，許多理論根源是來自心理學，只是在實際的技巧運用上，有更多具體的示範與發展。多了解每個學派對於問題出現的看法與介入策略，也許針對不同個案與困擾情境，可以有較適切的因應之方。諮商理論與技術的熟稔，也可以讓諮商師慢慢依據自己的性格、信仰與鍾愛信服的理論，整合與發展出屬於自己的特別諮商型態。課堂上理論與技巧的訓練，沒有實際的運用，仍然是空談，因此實習是很重要的，實習經驗正好提供練習、嘗試錯誤與修正的機會，也可以讓自己的專業技術更純熟、應用裕如。剛開始練習技巧的東西時，難免會生硬、犯錯，然而自經驗中學習是最簡便且必須的途徑，新手諮商師雖然有點膽戰心驚、害怕出差錯，但是只要有心、肯學習、也認真，通常會早日擺脫生嫩、僵硬的階段，也會提供當事人更高品質的服務。另外，理論的生吞活剝、囫圇吞棗，不能與現實情況結合，也是初入門的諮商師常常覺得為難的。在實習的階段中，配合接觸的實際案例與問題，可以讓我們重新思考理論的真正涵義與應證，可以讓理論的骨架，有增添血肉、潤飾的機會。而在實習的過程中，有經驗的督導與良師，就是最好的學習楷模，督導不是要抓新手諮商師的毛病，可以有嚴厲嚴謹的督導，在學習助人專業的歷程中，是一件值得祝賀的事！因為有他們的具體批評，新手的改進才更容易！當然，也鼓勵諮商人可以選擇不同的督導，嘗試不同督導的諮商型態，習得不同督導的專才，對於自己他日的諮商生涯，都是很棒的「加數」！而在許多情

況中，諮商師也將會成為別人的督導，先看看其他有經驗的督導是怎麼做的，也可以讓自己更有準備！

㈡社會文化

這個項目中涵蓋了人類的角色、倫理與文化、社會與習俗，以及生活型態和方式，其目的是提供對於多元文化社會與趨勢的認識與了解，不同團體與次文化的特色，對於不同年齡、種族、性別、性傾向、宗教、社經地位、文化、體能狀態、家庭模式等等的迷思與應有的認識，而在面對不同背景的當事人、家庭與團體時，又有什麼應注意事項。一個當事人就是代表一個獨特的文化系統，而人這個個體是不能外乎所置身社會的影響力的，人在社會中成長，這個所謂的社會環境包括了養育我們的家庭、家族、玩伴、學校、工作環境、國家，以至於全宇宙，影響的因素除了之前所述，也涵括了家庭教育、其他社會風氣、制度與法律等等。了解當事人所處家庭與社會的角色期待、文化價值觀等等，可以讓諮商師更明白當事人的成長歷史與背景，問題產生的情境與成形，讓諮商師更能掌握當事人的處境、接納當事人，了解可能利用的資源是什麼，以及可以採行的治療策略。

㈢人類生長與發展

這個項目包含了人類全人生（lifespan）的發展、變態行

為、人格與學習理論。詳細的內容包含有對於人從出生到死亡的身心、認知、行為、思考、情緒、道德各方面的發展，家庭的發展與變遷，學習與人格發展理論也含括在內。有關人類行為方面有發展危機、遲滯、上癮行為、變態心理學與環境因素等等的研究，對於促進整個人生發展的可能策略與行動又如何？有沒有一些倫理上面的考量等。人這個生命個體的自出生前在娘胎、到出生後的成長，經過不同的人生階段，一直到老死，生理與心理方面的成長與變化，是一直在進行的，諮商師必須要對人類的身心發展有基本的認識，因為我們的協助對象是不分年幼或年老的，當事人可能處在不同的生命階段，有各個階段要面臨的需求、生命任務與挑戰，有些也許是生理成熟階段的必經，有的也許就是其他外在因素的影響，而構成了適應的問題而來向諮商師求助，治療師就必須根據所蒐集到的線索，加以判斷與做必要的協助。

㈣生活方式與生涯發展

　　包括生涯或生活型態資訊的獲得、有關職業與生涯諮商理論與實務等等，基本上是希望專業人員至少熟習：生涯發展理論與做決定的過程與模式，有關職業、嗜好、教育與就業市場等的資訊與電腦化的生涯輔導設計與發展運用，個人生涯發展的流程與執行方式，工作、家庭與其他角色間的互動關係與調適，以及擔任生涯輔導與諮商的過程、技巧與相關資源提供，還有對不同族群、不同需求及應注意事項的生涯輔導。現在的

生涯輔導不是針對狹隘的職業輔導而已，還就一個人一生的生活作規畫選擇，不只要了解一個人的性向、能力、興趣是什麼，職場的要求、適應與出路，如何「安置」自己、安身立命等等，都是重點工作。此外，有鑑於天生我才必有用的平等觀點，對於不同族群（男女、身心障礙與否、原住民或一般人等）的生涯輔導也納入其中。

(五)專業取向

此項目中包括有專業組織、倫理與法律、證照制度以及專業實際。諮商是助人的專業，就如同教師或律師一般，有其嚴格的訓練與資格檢定，加上服務的對象是大眾，因此必須受專業倫理的約束，才能讓此專業在公眾的眼裡有其可靠性與應得的尊敬。諮商治療的專業，因為服務對象是人，最重要的也是為當事人謀福利，因此與法律上的許多方面息息相關，尤其諮商倫理中有所謂的專業保密性、當事人的年紀等考量，但是如果保密的範圍或內容與法律相衝突、或有所牴觸，又應該做何處理？諮商員在執行自己的專業時，也要顧及法律上賦予的人權與保障。對於證照制度的實施，基本為的是要提升與維持專業水準、提供更好品質的服務而設定的一些標準，是許多專業人員認為極重要的一環，而國內的證照制也將付諸實行，對於心理治療專業形象的提升與維護，當有正面效果。

㈥團體動力、過程與諮商

這個項目包括團體型態、動力、過程，團體諮商理論與實務，細目方面可能有：團體過程與發展、團體諮商理論與實務運作、團體成員的角色與行為，團體領導人的特質、領導方式與風格，有關團體諮商的形成、成員篩選、進行、團體規範與成效之評量，不同團體的運用與執行、專業倫理上的考慮等等。個別諮商只是治療方式的一種，許多經濟有效的治療是朝向團體方式的，利用團體的力量來進行治療，其功效令人刮目相看！在團體之中，大家談論共同的經驗或困擾，很快會發現吾道不孤，然後可以聽聽別人在面對這個類似的問題時是如何應對的？在大家的支持鼓勵下，去嘗試新的行為方式與解決之道，也比較不怕失敗與挑戰，因此團體是個很好的學習情境。

Yalom（1985, pp.3-4）提出團體諮商的好處：

1.讓人覺得有希望（Installation hope）

原來還有其他人也有生命中的困擾，而且也找到了解決的方法，所以我的問題不是絕望的。

2.普遍性（Universality）

指的是當事人在團體中分享各自的問題或關心事項時，會發現自己的擔心可能也是別的成員的擔心，也就是說我的問題並不獨特，反而是與他人有許多相似性。

3.資訊的分享（Imparting of information）

　　大家集思廣益、來自不同的背景經驗，也有很多的消息資訊可以提供、分享，團體成員們可以在這些提供的消息中，學習到有用的知識或處理問題的方法。

4.利他性（Altruism）

　　指的是團體成員之間學會的互相幫助、支持的系統，在貢獻自己之中得到滿足與自我實現。

5.重建或重塑家庭系統（The corrective recapitulation of the primary family group）

　　團體就像一個家庭，不同的成員可能讓我們想起家中的人，許多個人的問題成因可能溯自家庭因素，正好可以藉由團體諮商的機會，來重新面對問題癥結、思考改進之方，而藉由成員們的協助，也許可以自另一個角度來重新思考與家人的關係。

6.社交技巧的發展（Development of socializing techniques）

　　有些人可能是因為個性的緣故，很害羞或孤僻、侵犯他人或無禮、不知道在團體之中如何自處。團體可以提供觀摩、練習的機會，改進當事人與他人相處的技巧與習慣，讓當事人在沒有外在大環境不友善的威脅情境下，練習自己的社交技巧、

獲取許多成功經驗之後，讓自己更有信心，進而把在團體中所學的運用在外面的大環境之中。

7.模仿行為（Imitative behavior）

團員在治療的情境中可以學習他人處理事情的方式，模仿一些行為，增進自己的能力。

8.人際學習（Interpersonal learning）

談的就是人與人之間的相互學習，這也是團體諮商很大的動力；個人可以經由在團體面前的表現，更客觀地了解自己的觀點，對於自己與他人之間複雜的行為，有更多的體會與認識，讓自己更有動力去作改變，而諮商師本身也可以是最佳典範（p.46）。

9.團體凝聚（Group cohesiveness）

許多人少有親密的團體經驗，而團體諮商正好提供個人一個很好機會，去成為團體的一份子、有所隸屬，被接受、發現自己與其他人的相似點，可以放心談及自己的深度經驗與感受，也較有可能在得到團體的支持下、採取一些改變現狀或處理問題的行動，這些都說明了團體本身的治療效果。

10.情緒宣洩（Catharsis）

把自己的困擾說出來，可以讓久積或壓抑的情緒得以抒發，精神上有鬆懈，這通常是治療過程的第一步，我們在日常

生活中也發現許多人只要有個人聽聽他／她說話、發洩一些情緒，情況就好轉許多，團體當然也有這個功能。

11.有關存在的因素 (Existential factors)

在團體情境中可以知道我們所遭遇的問題與困擾，別人也有，讓我們體會到人生過程本來就有這些煩擾的存在，生老病死苦也不再是那麼獨特與稀罕，大家都在同一條船上。此外團體有開始也有結束，反映了生命的現實，團員們也會覺知「生命」有限，要好好珍惜相聚的時間、也好好學習。

(七)研究與評量

裡面包括的項目有統計、研究方法與實際、有關研究法的理論等等；也就是說希望專業人員基本上可以知道不同數量與質化研究方法的運用與設計，如何使用電腦處理資料與統計分析，研究進行中需要考慮的重要問題、還有倫理上的考量。諮商師雖然做的是第一線的協助工作，但是也是第一線的研究人員，唯有在實際工作中才容易發現問題，而經過系統的研究過程，得到可行可信的結果與改進方向，然後運用在實際的協助工作上。因此基本上也要求準諮商師有作研究的基本知識與技能，同時也讓諮商師在閱讀相關研究時知道如何閱讀文獻、統整結果，甚至作進一步的改進。

㈧診斷與處置對策

　　這個項目主要包括有影響診斷或評估的因素、理論與實務，以及對於診斷的解釋；主要是提供諮商協助專業人員可以了解對於個人與團體問題的診斷與解釋，包含了對不同目的的心理測驗的編制方向、使用方法與限制，如何評量測驗的信度效度與其他相關項目，不同年齡層與文化背景的考量，以及在諮商情境中選擇測驗、施測、解釋與評量的技巧。諮商師在前幾次，甚至在第一次面晤當事人的短短期間內，可能就被要求要做診斷與治療對策（diagnosis & treatment plan），設立治療目標，甚至可能因為自己不是此專業、能力有限或當事人的情況嚴重，必須做轉介或其他處理，因此下正確的診斷是必要的，也是必備的知識之一。目前許多諮商訓練課程中都有「心理疾病診斷與統計手冊」（Diagnostic and Statistical Manual of Mental Disorders, DSM-IV）的學習，但還是需要有臨床的經驗才可能讓診斷不流於書面或不切實際，當然也切記診斷的協助處置功能，不要因為診斷而對當事人有不良的「標籤作用」。

五、積極參與不同的訓練課程

　　國內有許多協助專業徵求義工，並且也讓義工接受職前訓練，甚至有督導下的實習經驗，另外參與不同主題的「工作

坊」也是不錯的進修之道。

六、多參看各諮商學派的理論與技術

對於諮商學派的理論與技術，多參看各家的著作，要「不一而足」，尤其是對於自己心儀的學派，可以去找原創人或代表人物的代表作來看，如此最能深入堂奧、得到第一手的資料，何況許多代表作都是淺顯易懂、十分容易「入味」。尤其諮商是發源於美國，所能獲得的一手資料與新近研究訊息、充斥市面，也有許多管道可以取得，因此諮商人在語文方面的能力佳、又讓自己多了一個「加數」。

七、加入相關的輔導諮商學會

如果可能，加入相關的輔導諮商學會，國內外皆可，可以獲得最新近的相關資訊，有相關專業學者與臨床人員，會貢獻他們的實務與研究理論，讓同業的人學習、了解。由於諮商這一行，是隨著時代的腳步發展更新，因此也必須隨時作充電的工作，而不斷地閱讀相關專業研究與資訊，自己也作持續性的研究，是最不容易落後的途徑。

第四章

諮商的理論與技術
基礎——從何開始
(一)

　　也許很多人一聽：又是理論！就很不以為然。許多專業都是要有理論的基礎來支持，才會有憑有據、言之有物，行之有所依據，才可以更切實際、可以服人！當然，必須理論、研究與實際是紮實的三角鼎立、環環相扣的關係，理論才會日新又新、跟得上時代腳步，發揮其功能（Best & Kahn, 1989）；唯有研究的持續進行，才能驗證理論的可行性，做適當適時的修繕與改進；實際的運作是理論與研究的試金石，也是藉由在實際世界中的操作運用，更可以明白理論的真確和實用與否；當然，理論是想法轉為現實的一個重要步驟，其最終目的仍是要改善人的生活、讓許多行為有規可循。誠如 Baruth 和 Huber（1985）所言：「把研究的結果做最好利用的，就是運用在每天的治療工作上。」（p.347）。當然，要另外加一句的是：不單是運用在治療情境之中，也可以在日常生活中善加利用與練習。理論有許多都是我們平常生活可見的道理，只是一般人沒有花工夫去做系統的整理，剛好有心人就為我們做了系統的組織與整理工作、呈現在我們面前，讓我們享用。仔細看看這些理論，不要侷限在它們的專門術語上，而是用生活經驗去詮釋，可能會覺得更容易了解。

　　諮商理論大部分是自心理學而來，本章敘述的重點，除了補充在「人性觀」之外的各家論點，重點是放在一些主要觀念與技巧的應用上，而又由於初入門的諮商師是自「人本主義」著手，因此先介紹人本主義的理論與技術。

壹、人本主義學派

人本學派以 Abraham Maslow（1908-1970）與 Carl Rogers（1902-1987）為代表。諮商理論的發源與人本主義是有很大相關的，雖然這號稱為「第三勢力」（The third force）的心理學派似乎是繼精神分析與行為主義之後而來，卻是諮商助人專業的源頭，我願意把人本主義列為最優先來討論。

Maslow 相信人是朝向自我實現的目標邁進的，人具有解決問題、做決定的能力，諮商師相信自己是如此，別人也是如此。在諮商過程中，治療師與當事人之間的關係品質，是關乎治療成敗的最大關鍵，Rogers 不強調諮商技術，而把焦點放在與當事人的關係建立上。首先要了解與尊重當事人的觀點、與他／她看事情與世界的方式，不要太快或妄下定論，能夠愈完整自當事人的角度、立場來看問題，就愈能充分了解當事人與其需求；容忍與原諒每個人都可能有誤判、犯錯的經驗，這也提供了我們學習的機會。諮商師的接納、了解、支持與不批判的態度，可以允許當事人對於自己的了解更深刻、相信自己有能力來面對與解決問題情境、也願意再作嘗試和努力，因此人本主義的諮商，治療師的陪伴工夫是很具關鍵性的。

人本中心學派向來不以技術為先，由於不強調諮商技術，而把重點放在治療師與當事人的諮商關係上，所以人本主義治

療的許多措施，是與建立關係有密切相關的。除了前述的三大核心條件之外，強調積極的傾聽、情感反應與簡述語句、適當的自我剖白（self-confession），Hazler（1995）還提出了「立即性」（immediacy）與「諮商師個別化的行動」（personalized counselor or therapist actions）兩個方向（pp.252-255）。所謂的「立即性」就是諮商師把握與當事人在治療情境中的「此時此地」，可以在當下適當反應與當事人的關係，照顧到當事人的情緒、想法與行為，而且作適度的挑戰。雖然人本主義的諮商，給人的印象是比較溫和、漸進式的，但是並不表示治療師要苟同或迎合當事人的一切、不作任何挑戰；在當下的諮商關係，對於當事人的一舉一動、都看在眼裡的諮商師，會把握在適當的時機發出訊息，讓當事人可以檢視自己的感受、思想與舉止，也對當事人與治療師當下的治療關係，作坦誠開明的審視。諮商師也可以發揮自己的創意，對不同的當事人與問題情況作適切的處置，而不是囿於「人本主義少用治療技術」的原則，反而讓治療受限！

　　Corey（1991）認為人本主義諮商中，治療師所擔任的角色功能是在於與當事人共同「存有」（being）與對待當事人的態度上，諮商師以自己為促成改變的媒介工具，不受到角色的限制，以及造成有助於當事人改變的環境（p.210）。進一步的解析是：諮商師在治療過程中是作「自己」、不須偽裝、真誠呈現，要表現出是關心當事人利益、並且真心去了解，營造一個溫暖、支持與安全的環境，讓當事人沒有焦慮、有信心、願意加以改變或調整。

　　關係重不重要？即使其他學派不像Rogers那樣強調治療關係，但是沒有一個學派會否認其重要性！Rogers 後來研發的「會心團體」（encounter group），這個「會心」（encounter）指的就是人與人之間的接觸、互動與交會，只要「交會」自然產生影響！這也就是諮商有效、迷人之處！曾經有學生去實習，老是覺得自己在諮商情境中的努力，都沒有成果出現，於是十分沮喪，也擔心耽誤了當事人的進步，我請學生慢慢來，給自己、也給當事人時間來作改變；果然有一回，當事人竟然出現，對她說了感激的話，學生好生感動：哇！自己的努力終於有了成果！這就是所謂的「交會」產生的影響！因此，諮商師很看重與當事人的關係，也花了極大的心血在努力經營，Rogers 的「不著重技術」，就是「不侷限」於技巧，其實要努力的才多哩！

　　人本主義受批判的部分，除了沒有系統的諮商技術之外，還有諮商師彷彿是處於較為被動的地位，其治療型態也給人較為鬆散、沒有組織的感覺，還有它指出的三大核心條件的達成，都讓人產生許多疑慮。人本主義支持當事人的決定與能力的一貫作法，也讓人誤解為是不是根本就不向當事人作任何挑戰？也就是說，對於人本主義諮商師而言，他／她是以自己這個「人」來影響當事人，甚至作為諮商的「工具」（tool）的，因而諮商師本身的個性與修養，就是最重要的考量因素。但是這兒就又引起了另一個問題：到底要怎樣的人才夠格擔任人本主義的諮商師？目前除了我們所見的Rogers本人，在生活哲學與專業態度上，是徹頭徹尾、如假包換的人本主義大師之外，

要找出像他這樣劍及履及、百分百的人本諮商師，還真有點困難哩！不過，人本主義的基本精神是諮商治療的礎石，它的許多理念仍然有其根本的重要性，也是助人專業的當然開宗明義章！而最重要的是：Rogers 的「核心條件」在他的孜孜矻矻的努力執行，並作實際教學與治療上的印證之下，得到了許多的支持與效果。在調查受輔者對於諮商師的技巧與態度研究（撰寫中）裡，也發現的確是當事人認為很重要的關鍵條件。

　　有關諮商技術方面，人本學派提供了所謂的「積極傾聽」（attentive listening or active listening），Egan（1998）甚至發展了 SOLER 的五字訣來說明積極傾聽中「專注行為」的幾個要素（坦白面對當事人、開放的姿勢與心態、身體略往前微傾、適當的眼光接觸、以及輕鬆自在的動作與表現）。另外在同理心的表現方面，自「簡述語意」（paraphrase and summary，把當事人方才所陳述的內容，以諮商師自己的理解和話語簡單敘述一下，這個動作的目的有二：讓當事人知道諮商師仔細聽了、也試圖了解，萬一諮商師有誤解或不清楚的，也讓當事人有機會去釐清自己方才所說的）、「反映情緒」（把當事人所陳述內容中，明顯的與潛隱的情緒感受表達出來，這個通常是當事人會覺得被了解的一個關鍵步驟）、到「簡述語意＋反映情緒」＝同理心（在簡述語意的同時，情感反映應該是同時出現的，很少有會分開的情況；然而新手諮商師，在使用時可能會比較生澀，只要多加練習，慢慢就可以結合二者、運用自如）。我把同理心的這三個步驟用文學呈現的方式來形容：「簡述語意」就像「敘述文」，主要是呈現事實與當事人

認為的問題所在；「情感反映」就像「抒情文」，要把表面與深層的可能情緒傳達出來；而「簡述語意＋情感反映」就是「傳記文學」，不僅要描述事實、感受，也要進一步作客觀解析與釐清的工作。

關於「同理心」的部分，Cormier 與 Cormier（1998）整理、綜合了 Carkhuff 與 Pierce（1975）二氏的觀點，認為同理心可以有五個進階（5 levels, pp.37-38），它們是：(1) 在諮商過程中採用詢問、建議、否認或保證的方式，舉例來說：「不會啦，很多父母親都是這樣的！」「有沒有想過跟父母親好好溝通一下？」「我相信你的爸媽跟其他父母親是一樣的，不會說不幫你的忙的！」「妳的男友是不是提過分手的事？」「兩個人好好的，怎麼會沒什麼話說了呢？」(2) 諮商師對於當事人的反應，只限於認知層面上的，也就是內容或事實的部分，忽略掉了情緒反映的部分。例如：「你說自己從小到大，幾乎都是自己一個人，父母親很少能幫上什麼忙？」「妳跟男友之間，好像沒有什麼話題，兩個人見面的時間就因此慢慢減少了。」(3) 諮商師會對於當事人所提到的內容與語句中所表現出的明顯情緒作反應，但是沒有深入的感受猜測，也許諮商師只是對於當事人的所處情境與感受做初層的反應。例如：「你說自己自小時候開始，就習慣了一個人，也沒有什麼不好，反正就是孤孤單單的，而且父母親也不能協助你什麼，一切得靠自己解決。」「聽起來也是無奈，好像兩個人這麼走來，愈走愈遠。」(4) 諮商師的反映不僅僅是內容與感受的部分，讓當事人覺得被了解，也會提到當事人所害怕、不能的部分，也就是有

深層的感受與想法的反應。例如：「父母親因為自己的聽障問題，不太能在實際行為上幫助你什麼，所以你一向是自己動手、自己來，有時候會覺得自己好孤單、不像別人有很多的資源，甚至是感受到父母親的關愛，但是相對地也讓你自己學會了很多東西。」「妳覺得與男友之間的距離愈來愈遠，即使是碰了面，也很少可以聊得開的話題，所以有時候見面反而也成了負擔，妳很著急，因為這不是妳要的結果，但是又不知道怎麼辦才好？」⑸諮商師除了可以反應出深層的感受與想法，還加上了可以努力的方向與行動。例如：「你這一路走來，走得很辛苦，也不得不，有時候也希望可以依靠一下別人，但是也擔心給別人帶來負擔，所以常常有拿捏不定的感覺。有沒有試過，也許這次依賴別人的協助，下一回你可以反過來幫別人的忙？也許這種覺得欠別人的感覺就不會那麼強烈了？」「妳與男友的關係好像是遇到了瓶頸，但是因為兩個人沒有任何一方提到過解決問題的方法或採取行動，所以兩個人就僵在原地，很不舒服，有沒有想過妳想問的問題？妳希望兩個人可以發展到怎麼樣的程度？或者是妳認為問題可能出在哪裡？」。

　　另外有關「真誠一致」與「無條件的積極尊重」方面，其實傾聽工作做得好，這些真誠與尊重接納的態度，就會自然浮現！Comier 與 Comier （1998）提出諮商師要做到「真誠一致」，除了不是以威權的角色出現，讓當事人覺得平等而親切之外，諮商師對於自己的言行要一致、表裡如一、說到做到、不做虛以委蛇的承諾，可以很自然地作真實的自己、也表現自己，而且做適當的自我表白。在「積極尊重」方面，主要是要

表現出接納對方是一個人，有人的價值與尊嚴，而在實際的行為上，可以表達諮商師對於諮商治療關係所做的承諾行為，除了嚴守諮商的倫理、保護當事人的隱私與選擇權之外，還能準時出現、讓當事人覺得可靠、可預期，對當事人有興趣、也做有效的協助；努力去了解當事人與其問題，表現出溫暖寬容，不要有批判性的態度與行為。

貳、精神分析學派

Freud 相信人的早年經驗（childhood experience），尤其是人生的最初六年，影響人一生的人格形塑，而早期經驗是把個人在家庭中與他／她最重要的父母親（或養育人）的互動關係當成重點，就這點的堅持上，自我心理學派的 Adler 也有相似的看法，只不過 Adler 是把重點擺在與周遭人的互動經驗上，而 Freud 則是側重在性本能的衝動與發展上，而細看 Freud 的人格發展過程，也著重在人生的這段時期。Freud 的人格發展理論，認為人對於塑造我們人格的許多因素是不能控制的，也因為是以人的天生「性驅力」為中心，因此又被稱為「性心理發展階段」（psychosexual development）。

一、性心理發展階段

共分為五個階段，在此分述如下：

㈠「口腔期」（oral phase）——出生至十八個月

認為人對性慾的滿足集中在口腔附近的區域，一切以滿足口腹之慾為主，有濃厚的「生存」意味。看到嬰兒只要手抓了東西就往口裡塞，甚至有自發性的吸吮手指的行為，許多性慾的滿足在口腔區出現。如果有人的人格發展在這裡受到阻礙，可能是因為照顧嬰兒的人沒法子滿足嬰兒吃的欲求、甚至阻撓，就會有焦慮、受挫與不安等情緒，甚而產生了所謂的「固著」現象（fixation），也就是說嬰兒的發展在此有停滯的情況，影響了以後的成長。嬰兒可能在長大之後就表現出「轉化式」滿足口慾的行為，也就是說個人在此時期的缺憾，會終其一生努力做補償。有些人會大吃大喝來滿足未曾被滿足的需求，有些人可能會養成一些屬於口部的上癮行為，像吃糖、咬指甲、咬鉛筆、吸菸或喝酒成癮，還有轉而對別人不容情地批判或挑剔，也是所謂的口腔期固著現象的表現。口腔期也是所謂的「自我」萌芽期，而孩童在此時是純粹跟著本能的衝動與需求走的，這也是生存力表現得最明顯旺盛的時候。認知發展大師 Piaget 卻認為這是嬰兒智慧的萌芽，以兒童這種抓取物品、

放入口中的動作，當成是人類或個體用來探索周遭世界的原始方式或是認知結構——「基模」。

(二)「肛門期」（anal phase）——十八個月到三歲

本期其實與前一期是同時存在的，只是到後期逐漸突顯它的重要性，兒童在排泄的動作中獲得性的滿足。尤其是在這個階段，許多父母開始對孩子進行的大小便訓練，要求他們控制自己的便溺習慣，小孩子也在解放大小便的排泄物之中，得到紓解與滿足，但孩子的內在慾求也是第一次遭受到外在壓力的限制。孩子的表現如果得到父母的誇獎鼓勵，成長之後會表現出慷慨大方的性格，也就是說適當的訓練，會讓孩子覺得自己可以做適度的掌控、對自己有信心，也體會到「創造」或「生產」的價值；萬一沒有呢？如果父母在訓練過程中要求十分嚴厲，孩童可能會誤以為大小便是很珍貴的，對於自己的排泄物的珍惜，會表現在有潔癖、重視秩序、規則、固執、不知變通、自私、慳吝或有囤積習慣、生活邋遢，對於權威人物的不滿或與之衝突，還有自戀狂或虐待狂的性格也是此階段固著行為的表現。在此階段，我們看出了父母力量與外界要求的介入，也就是孩童也意識到了「外面」大環境對他／她的期待與限制，而他／她的「自我」於是漸漸產生、也開始發揮作用，學會了解「本我」欲求與社會要求間平衡點的取得。

㈢「**性器期**」（phallic phase）—— 三歲到五歲

　　性慾的滿足區轉移到性器的部分，在玩弄自己的性器官中獲得滿足。小孩子在此時是最會發問的，開始努力對外在世界進行探索的工作，也開始注意到男生與女生的差別。舉個例子來說，我記得弟弟三歲時，有一回在仔細看完父親爲小他一歲的妹妹「端尿」後，很困惑地站起來，搖頭自語道：「咦，還沒有長出來。」也就是他已經知道男女有些器官構造的不同，但是不明白爲什麼？在這個性器期，孩童也會對自己的身體進行探索，許多父母也在此期間一改與孩子共浴的習慣；當發現孩子去觸摸自己的性器官、感受那種刺激興奮之時，也會刻意阻止，甚至告訴孩子「不應該」，而這個「不應該」就是個體的「超我」（外在社會的規則與標準）的萌發。Freud 著墨在此期的也很多，包括男孩子的「戀母情結」（male Oedipus complex）、「閹割焦慮」（castration anxiety）與女孩子的「戀父情結」（female Oedipus complex or Electra complex）、「陽具欣羨」（penis envy）等；Freud 用男孩女孩想與異性父母親近、發生親密關係的想法來解釋我們現在所說的「性別角色模仿」，男孩子發現想要親近母親的慾望，因爲有父親的存在而受到阻撓，但是又害怕父親的權威與力量，不敢明顯表示反抗，也深怕遭受到被父親閹割的處罰。加上母親愛的人是父親，因此就採取了另一個對應之策——模仿父親，企圖來舒緩對父親的敵意，也希望有朝一日，可以取代父親的地位。而女

孩子的想法正好與男孩相反，認為自己沒有男性的陽具是因為作錯事了的懲罰，模仿母親的一切也是希望可以得到父親的青睞。對於自己已被閹割的事實，則是在後來發展成希望可以經由「生兒育女」來彌補遺憾。Freud 認為自己在學說上的最大貢獻之一就在「戀母情結」的發明，而且他認為此階段的發展成功與否，關係著一個人對性的態度、與他人之間的競爭情況、還有個人適應的能力（Carver & Scheier, 1996, p.221）。這個階段的固著現象，對男性而言，會表現在極端男性化的侵略行為或表現、重視事業上或工作上的成就，也可能會造成性生活與工作上的失敗或無能；對女性來說，可能會出現單方面的挑逗誘引行為。Freud 對於女性的「戀父情結」談得比男性的「戀母情結」多，而且認為所謂的戀父、戀母情結應該會在「超我」的成熟後消失，但是 Freud 對於女性的超我發展認為是比較遲緩且缺乏彈性的，這當然引起了後來研究者認為 Freud 的理論有許多是帶有「性別歧視」（sexism）的意味（Feist, 1994）。如果在這時期的這些努力沒有獲得想要的結果，可能的固著行為就是「同性戀」的發展（魏麗敏、黃德祥，民 88 年）。我們現在隨著科學研究的證明，還不能確定同性戀的生理或心理起因（Kitzinger, 1995），但是 Freud 的這個推論，就某個層面來說是有其依據的（私人對談：男同性戀者與父親的距離較遠、較疏離，也有類似的研究得到相似的結論）。

㈣「潛伏期」（latency phase）──六歲到青少年早期

此時正是兒童求學的階段，發現孩童把許多精力放在與同輩團體遊玩或學業表現的焦點上。表面上似乎看不出是有「性慾」的存在與作用，但是 Freud 認為這只是把慾力隱藏起來的階段，而且多半是因為社會禁忌的緣故，也就是把性的驅力的滿足，用社會或文化可以接受的方式來表現，比如性幻想或手淫，性慾只是被隱藏起來，而不是消失不見。「超我」的功能發揮到最大、來抑制性衝動的產生與表露，孩子們會用道德、罪惡感等來管制自己的性感受。

㈤「兩性期」（genital phase）──青少年晚期到成人期

兩性期是性慾的再度甦醒階段，此時期的青少年把隱藏已久的性慾力，轉到與伴侶可以共享性的愉悅，學會愛別人、與人分享美好的事物；如果沒有直接的對象，可能以手淫或自我刺激的方式來滿足性衝動。如果在這個階段，沒有得到良性發展，個人可能呈現出自戀、只為滿足一己之私，不能與他人共享性的一切，而所採用的滿足性慾的方法，也不是社會可以接受的。整個的人格發展除了是自然成熟的因素之外，個人還學會要如何面對、克服挫折，減少焦慮（Baruth & Robinson, 1987; Capuzzi & Gross, 1995; Feist, 1994; Hall, 1954）。

二、潛意識

Freud 強調人的許多行為是受「潛意識」（unconscious）的影響，也就是超出人可以了解或明白的層面的，這個「潛意識」就是行為主義論者所說的「黑箱子」（black box）——肉眼看不到的心理現象或想法，但是 Freud 的解釋是人與生俱來的許多直覺、驅力、慾求等等（「本我」或是生命原動力），都是藏在人的意識可以察覺的範圍之外。而潛意識又是怎麼被發現的呢？Freud 認為是藏在夢境裡、遺忘現象、不小心地說錯話、神經性的徵狀等等情況之中，也就是說是以間接的方式來發現它的確是存在的。Freud 更是相信所謂的夢境就是通往潛意識最直接、便捷的道路！Corte（1995）認為 Freud 用「夢」與「潛意識」來解釋他所謂的「生物決定論」（p.122），夢中所呈現的景象與暗示，是與人的基本原始需求（特別是性、最原始的求生本能）有極大相關的；而人的許多行為表徵或表現，事實上與潛在的慾求或動機有關，只不過是常常以假面具掩飾出現，就如同我們說肚子痛可能是不想參加社交場合，而產生的徵狀，這也是我們所熟悉的身心症的一種。

在意識狀態下，潛意識是以偽裝或扭曲的形式出現的，為的是防止潛意識中不被接受的慾望或驅力衝出意識層，而引起個人極大的慌亂或焦慮。Freud 認為潛意識是佔了我們心理層面的絕大部分，而意識層就如冰山浮上水面之一角，與潛意識相

形之下是微乎其微的，也就是說明了，人的許多行為動機是潛隱在潛意識層面、不為人所知的。而把住潛意識與意識之間的關卡，不讓潛意識的衝動隨喚隨出的，又是誰呢？就是「自我」！因此本我的「想要獲得滿足」與超我的「要符合社會規範」兩者之間的衝突就顯而易見，引起個體的焦躁不安，而個人為了要減少這種焦慮的情況，就發展了許多「防衛機轉」（defense mechanism），來對抗這種焦慮狀態而企圖達成協調「本我」與「超我」間的平衡。接下來我們就把焦點放在「防衛機轉」上。

三、防衛機轉

㈠壓抑（repression）

這是 Freud 研究最多的。壓抑是否認既存事實的一種表現，把許多的情緒（尤其是負面的、認為不應該有的）強行壓抑到潛意識底下，以為就沒有這種情緒了，事實上適得其反，這些因為否認或被強行壓制的感受，只是被壓在潛意識的倉底，但依然堅強地存在著，萬一有朝一日倉庫滿了，這些累積的情緒，就會一下子以雷霆萬鈞之勢，突然傾瀉而出，讓當事人與周遭的人猝不及防！我們偶而會遭遇到一位原本溫馴和氣的人，突然爆發出火山般的脾氣，可能是因為平日積累、壓抑的

結果，而因為「倉儲」已滿，再也盛裝不下了，才有這麼突兀的表現！在臨床上，碰到曾經在童年時期遭受到性虐待的當事人，把所有痛苦困惑的記憶，壓抑到潛意識底下，結果造成她記憶中的一個段落是空白的（臨床上謂之「壓抑的記憶」，repressed memories）。近年來許多性虐待案件的「成人存活者」（adult survivor），也經由治療或催眠的過程，回憶起當時的痛苦情景，把失去的記憶找回來，也發現了Freud所謂的「壓抑」的自我防衛機轉的例證。雖然對於催眠治療可能把「記憶植入」（implanted memories）或經暗示而造成的記憶恢復，很多法院已經存有懷疑態度，但是重創受害者的「壓抑記憶」，卻也是很明顯的人類經驗。

㈡退化（regression）

行為退回到以前年幼時，也可以說是「固著」的現象，像有人遇到挫折會大吵大鬧或吸吮手指，甚至有些已是學齡的兒童，在遭遇生活中的困頓，且沒有適當的解決之方時，兒時的一些行為，比如尿床，也會出現。這些都是年幼時對付焦慮的動作，即使現在以同樣的方式已不能讓問題獲得適當的解決了，當事人卻依然採用。舉例來說，在美國碰到的一個八歲小男孩，本來是活潑可愛又多話的，然而卻在目睹自己的親生父親性侵害四個月大的妹妹之後，突然之間許多行為都退回過去，連語言能力好像都喪失了！他常常會有蜷縮身體（類似在母親子宮時的姿勢）、吸吮手指的動作，十分自我封閉，讓人

看了都覺得難過！有人在碰到問題時，就發脾氣、跺腳、甚至「祭出」以前使用過的耍賴方式，這也可以視為「退化」的反應。

㈢反向行為（reaction formation）

指的是做出完全與心裡所想相反的行為。明明很氣這個人，但是看到此人，卻一反心裡的怨恨，對此人必恭必敬、好得可以！比如說某人的行為讓你很痛恨，但是因為他是你上司，你不敢得罪，因此就強行壓抑了自己對此人真正的感受，於是你對此人表現出來的行為，正好與自己內心所想的相反——你對他表現得極為尊敬，甚至到拍馬屁的地步！有時我們在日常生活上會看到，對於自己心儀的人，反而不會表現和善，而是用不在乎，甚至討厭的方式對待。有人說中國人為了禮貌，也常出現反向行為，比如有人邀約吃飯，還要表現不好意思，或是有其他事要忙，其實心裡想的正好相反！

㈣投射（projection）

投射是我們日常生活中較為常見的，就是把自己不贊成或不被允許的個人特質，轉而放在對他人的攻擊上，變成是他人的錯。最常聽到的例子就是：自己不喜歡的缺點，自己不會說出來，反而是看到別人也犯這個毛病，卻努力鞭笞與攻擊。舉個例子，有位朋友有三個兒子，老大與這位朋友就像同一個模

子出來的，很沈靜、斯文、也體貼，但是這位朋友表現出來卻讓人覺得他比較寵老二，因爲老二很活潑、具創意、很有人緣，許多人會爲老大抱不平，朋友的說法卻是：「老大的個性太懦弱了，不像男孩子，他應該像老二，表現出野心才好。」我們在平常日子裡，是不是也會碰到類似的情況？苛求他人的人，卻批評別人太挑剔？逃避責任的人，卻指責他人沒有良心、迴避應盡的義務？自己錢花得兇，卻罵別人不懂節約之道？這也呈現了一種「雙重標準」的情況。

㈤內射（interjection）

　　就是把他人的價值觀、信仰、態度等等，內化（internalize）爲自己的，也可以說是一種類似「認同」的過程，只是這個「內射」通常是源自父母的價值觀，而且沒有經過個人的價值批判過程，就一股腦兒的接收下來，可以說是很「表面」的認同行爲。在我們學習的過程當中，「內射」的工作是常常在進行的，最先是受父母的影響，也就是經過這個過程，慢慢架構我們的人生觀或價值觀。這個觀念可以與 Piaget 的「調適」（accommodation）觀點來相對照，就是說本身基模所沒有的，就要把外在環境中新的認知架構放進來，來充實原本的基模。比方說，本來對於同性戀是極不能接受的，認爲是違反自然的表現，因爲自己接受的價值觀就是如此，並沒有經過自己的價值批判；但是當接受了更多的資訊，知道同性戀的可能原因、同性戀者目前的處境、還有對於人權意識的覺醒與支持，慢慢

可以接受同性戀者的生活方式，甚至進而為這些少數族群爭取生存空間與權益，這就由「內射」階段變成了「認同」。

㈥取代（displacement）

是把衝動作焦點轉移的一種表現，也是很常見的，通常面對的是權威的人、事、物。像老師不公，卻無法直接對老師發洩情緒，因為可能影響重大，所以回到家後，正好妹妹過來問要不要陪她玩，你就莫名其妙、聲厲氣粗地大罵她一通。為什麼我們會做這樣的事？以這個例子來說，可以反抗或對老師回嘴，但老師處於優勢，自己處於劣勢，何況老師還掌控著分數的生殺大權，你不想拿自己的前途開玩笑，轉而把怒氣出在妹妹身上，因為妹妹這個目標較為「安全」、不會反駁，當然也不會影響到你目前的地位，頂多是遭到父母責備而已！把不被接受的衝動行為，以社會可以接受的方式表現，至少是比壓抑下來要健康多了，因為情緒得到宣洩。

㈦昇華（sublimation）

也是一種衝動轉移，只不過是把自己不為社會認同或接受的慾望，轉化成社會可以接受的形式出現。比如有許多精力要發洩，但是不能用來攻擊或傷害他人，於是就利用打球、運動的方式來舒緩過剩的精力。前陣子發生在美國加州的「天堂門」（Heaven's Gate）教派集體自殺事件，領導人是男同性戀

者 Applewhite，他認為當時自己的性傾向不能為社會大眾接受，他自己也不能接受，於是就傾全力投注於宗教狂熱之中，自創「天堂門」、自詡為上帝派遣來的使者，由於有特殊任務，所以才把他造成同性戀者來到人間。這個案件後來造成了三十八人的集體自殺，雖然有人解釋作由於 Applewhite 的精神疾病，才釀成這麼大的悲劇，但是就精神分析學的角度來說，對 Applewhite 行為的解釋可以說是「昇華」的一種表現——把自己不為社會普遍接受的性傾向，轉而成上帝特別恩寵的使者，來地球完成特別的任務，變成一種宗教信仰的皈依。「昇華」在一般生活中也可以看見，比如知道自己有暴力傾向的人，也許去學拳擊或武術，把這種不為社會接受的衝動，轉化成正向、可以被接納的行為。「昇華」與「過度補償」（over-compensation）不同，後者是把自己認為的短處，用更多的力氣與努力，把原本的「劣勢」轉為「優勢」，比如有人結巴，就加緊練習成為一個演說者，有人體力孱弱，卻在後來練就一身好體魄，也就是不把自己不及人的地方視為永遠的弱點，而是把它當成挑戰，我們的生活中常常有這方面的實例。

㈧否認（denial）

對於已存在的事實不予承認，甚至抑制對某特殊事件的自然反應，這是當我們發現自己無法承擔、或無法應付面臨的現況時，所表現出來的「抗拒進入意識」的行為。比如不能接受親人死亡的事實，在家中的作息，仍把此人當成原來生活的一

部分而列入，像擺上此人的座椅、屬於他／她的餐具，宛如此
人依然健在。「否認」的表現，常常出現在個人發生重大生命
事件或遭受重大創傷之後的最初反應，遭受大自然的災害、親
人死亡即為一例。「否認」的反應當然是抗拒焦慮，擔心承認
之後，不能應付隨之而來的情緒，因此有了這種對抗。舉個平
常例子，說謊，是為了維護自己，擔心如果承認了，會失去許
多，包括別人對我的信任，我在別人眼中的形象會受到嚴重影
響，這是擔心萬一發生情況是我不能控制的，因此才會以說謊
的方式來否認事實。

㈨合理化（rationalization）

　　就是為自己的行為找理由，而這個理由絕對不是真正的理
由，所謂的「吃不到葡萄說葡萄酸」就是。舉個例子，這回公
司的升職名單沒有我，就推說是上面的負責人不公；學生考試
考糟了，不說自己不夠努力，而是責怪老師出題太難！我們會
試圖找一個自己也可以接受、相信的理由，用來說服自己，或
企圖說服他人。

　　「取代」與「昇華」兩種防衛機轉是 Freud 認為比較健康
的（Carver & Scheier, 1996; Roediger III, Rushton, Capaldi, & Par-
is, 1985; Todd & Bohart, 1999），然而總括來說，適當彈性地使
用防衛機轉，可以讓焦慮暫時獲得紓解，只要不影響正常生活
功能或身心健康，防衛機轉有其一定的功效與價值。Anna Freud

整理出十種防衛機轉（Corte, 1995, p.123; Young-Bruehl, 1988, p.
209），除了以上所列的之外，還加上了「孤離」（isola-
tion）、「反抗自我」（turning against self）、「倒轉」（re-
versal）與「解除」（undoing）。所謂的「孤離」與「解除」
是與「壓抑」同等的（Feist, 1994），也常常被拿來相提並論，
當個體對於一個不能接受的不愉快事情，就有一個「思想濾
網」、自動把這個事件壓在潛意識底下，表現出來的行為好像
是從未發生或存在過，或者是把它當成特殊、單一、沒有關聯
的事件來處理，也就是企圖把事件與相關情緒分開、隔離，以
便於當事人的「控制」，然而這個想法卻常常在腦袋裡出現，
形成了一個不能控制與揮之不去的陰影，就是我們一般所說的
「強迫性想法」（obsession）。例如，有人要刻意抑制自己的
性衝動，一有這個性衝動的想法，就當作沒有發生，由於觸摸
行為可能是與性有關的，所以可能導致此人最後都不喜歡被觸
摸，甚至認為被觸摸是很不潔的禁忌。而「解除」是對於已經
過去的事嘗試做彌補、消去的動作，也就是做第二件事企圖去
「取消」前一個行動的效果（黃正鵠，民73）。就像車子不小
心壓過小動物，心裡覺得愧疚，趕緊去燒香禮佛，在佛祖面前
希望得到寬恕，這是我們一般會做的，然而有些人卻把這種
「事後消除、企圖補償」的行為變成一種規定重複的儀式動
作，形成了所謂的「強迫性行為」（compulsion）。看過莎士
比亞的戲劇「馬克白」，劇裡面的後母在自丈夫身上拔出刀子
之後，卻養成一直洗手的習慣，覺得自己沒能把血跡洗乾淨，
這就是一種強迫性行為。而「反抗自我」，就是把侵犯的傷害

力量轉向自己，做出自戕或自虐的行為。「倒轉」是把原來行為的次序反過來做，就是怕自己的慾望不為社會大眾或文化所接受，於是就把這個想法做一些轉換，例如，對年幼的孩童有性的渴望，但是不為社會所接受，於是說是自己不得小孩緣。Anna Freud 對於心理學的貢獻在於她把 Freud 的防衛機轉解釋為「自我」的防衛，是正常發展的一部分，而不是潛意識的期待或以「本我」為主的一種抗拒焦慮的方式（Young-Bruehl, 1988, p.210）。

　　每個人都會有焦慮衝突，也會適時使用防衛機轉藉以消除一些焦慮狀況，所以適當地使用防衛機轉並無可厚非，也是人之常情，只是如果過度使用，或只固定運用其中的幾種，不知變通（所謂的「僵化」），那麼就很容易造成焦慮情形沒有減少，反而增加，甚至影響了正常的生活運作與功能，這時防衛機轉就是一種阻礙。比如小時候碰到自己能力不能解決的問題，也許回頭找母親出頭就可以獲得圓滿結果，但是年紀漸長，自己慢慢有處理事情的經驗與能力，倘若碰到問題，還是想找人來「罩」，在許多情況下就變得不可能了！

四、「社會心理發展」階段

　　另外，我們之前提到 Erikson 的「社會心理發展」階段（可以對照 Freud 的發展五期來看看），一共有八期，可以讓我們對於人一生各個階段，有更清楚的概念，這八期或有重疊，不

是截然劃分的階段：

㈠**嬰兒期**（一歲以前，與 Freud 的「口腔期」重疊）

　　主要任務是「基本信任與不信任」：根據 Erikson 的說法，嬰兒在此期是對感官經驗開放、並學習信任外在的世界，如果適應良好，會讓嬰兒對外面的世界予以信任、也感到安全，讓他覺得有「希望」；相反的，可能就會覺得外面世界不可測，而心生疑懼。我們常常會談到嬰兒與主要照顧他／她的人（primary care-taker，多半是母親）的「依附」關係（attachment），也就是說嬰兒的生存主要是仰賴照顧他／她的人，母親如果可以適當且正確地反應、滿足嬰兒的需求，嬰兒會覺得母親可靠，而母親所代表的外面世界是安全的，但是如果母親不能適時且適當回應嬰兒的需求，也許會造成嬰兒的焦慮與不安全感，自然也影響到嬰兒日後的成長。

㈡**童年早期**（兩歲到三歲，對應 Freud 的「肛門期」）

　　自主與羞愧疑慮：Erikson 認為此時的兒童不僅是要對自己腸胃與肌肉做適度的控制，也是對其他的身體功能與動作做熟練掌控的練習；除此之外，孩童還學習著對於人與人之間的關係做了解與適應，也是對自己控制能力的認識與評估。因此對於孩童自身的「自主」行為有相當大的影響力，他／她認為自己有能力、可以自主獨立，萬一常常遭受挫敗，就會對自己感

到丟臉、懷疑，而孩童的「意志力」（will），通常可以協助他／她克服一些困難，也學習到一些能力。「自主」是衍生自前一期的「信任」，孩子正在學著表達自我，也學習開發自己的能力，父母如果對孩子的行為覺得可恥，無形中也會灌輸了孩子對自我的懷疑，讓他／她很擔心暴露自己，或犯錯被逮到。

㈢遊戲期（三歲到五歲，對應 Freud 的「性器期」）

先發與罪惡感：兒童的行為變得有「目的性」，也就是隨著孩童的活動能力增加。他們參與許多遊戲的活動，而遊戲是可以讓他們呈現「先發」、創新與領導能力的，或者是發揮想像力的空間。他們也會研發不同的遊戲方式，來證明他們的能力與被接受的程度。如果過於創新又沒有規約限制，可能會造成混亂、不可收拾；然而過於約束、或受道德規範太緊，孩子會覺得做什麼都擔心會做錯，而有嚴重的罪惡感。

㈣學齡期（六歲至十二、三歲，對應 Freud 的「潛伏期」）

努力與不如人：學齡期的兒童最主要的是課業上的適應，而他們的社交圈子也自家庭、鄰居擴展到學校師長與同儕團體，文化的影響與要求也很明顯了，兒童也要在學業上發揮學習能力與表現，加上有競爭的壓力，因此努力有成當然是很好的結果，否則就會讓孩童覺得自己不如人。「能力」是這個時期的基本發展力量，也就是說孩童把他們的精力轉移到學習方

面。

(五)青少年期（青春期到成年前期，是 Freud 的「兩性期」開始）

自我認同與迷惑：Erikson認為這一時期是青少年學習進入成人世界的關鍵，必須要學會他／她將要扮演的成人角色、擔當社會的責任，因此知道自己是誰、自己的信仰或價值系統又為何，是很重要的。他們介於成人與同輩團體的壓力之間，要接受或摒棄哪一方的價值觀點，的確是很難的立場與抉擇。除了面對社會與周遭環境的壓力，個體還要對自己本身的感受與選擇負責任，性的覺醒與需求、理想中的自我、將來所要從事的工作等等，角色雖然不同，卻都是自我的一部分，也就是需要做統整的工夫。如果個體在統合方面有問題，可能會產生退縮、缺乏自信，或者是叛逆、反抗權威。「忠誠」是個體忠於自己、表現出裡外一致的統整力量。

(六)成年前期（十九到三十歲）

親密與疏離：發展出與所愛的人之間的互信、較為長久的親密關係，可以共享性的滿足與共營生活。Feist（1994）把親密關係解釋為「有能力與另一個個體融合，而不必擔心失去自我」（pp.98-99），強調只有在確定自己是誰之後（「自我」穩定成熟了），才會有這個能力與另外一個個體分享親密與信

賴。親密的相反是疏離，雖然說成熟的愛是需要有適度的孤獨、自我的空間的，然而不能與他人發展真正的親密與親近，靈魂與心靈上仍然是孤單的，也因此在此時期的發展力量是在「愛」上；能愛自己，可以與人分享愛，愛讓人有信心希望，也是成長的源泉。

㈦成年後期（三十一歲到六十歲）

延續與停滯：這個時期是發展最長的時期，也就是個人在延續後代、穩定事業、發展家庭的主要時期，除了成熟的親密關係，最重要的是還要負起養育後代的社會責任。如果沒有創意的「延續」，而是專注在自我身上，忘了去關懷周遭的人事物，可能會造成一種「停滯」現象。「關懷」是這個時期的發展力量，關懷不只是因為後代是自我所從出，**還有對這個生存社會的進一步貢獻**，有關愛有付出就**會覺得**自己的生命有意義、有目的；沒有愛，除了自己誰也不關心，生活是孤單、無援的，沒有與人的互動與溫暖，生命也就沒有了光亮。

㈧老年期（六十歲到生命終了）

統整與絕望、厭惡：老年不是沒有貢獻或生產力了，老年期也是人生發展的一個階段，老年人用他們的經驗與智慧，照顧年輕一代，也對社會有另一番貢獻。老年期是可以做一生回顧（life review）的階段，把過去與現在的生活得失，做個檢討

與統整的工夫，雖然在體能與一些智能表現上不若年輕時的靈活敏銳，但是也可以有不同的調適。所謂的統整，是認為自己這一生過得充實而完整，能夠在一些生活的困挫中掙扎出來、過得有尊嚴。當然隨著年紀的增長，老年人也失去了許多（像體能、記憶、親友、獨立、對社會的貢獻能力等等），失去可以帶來生命現實的體驗與領悟，肯定生命的意義與任務，也有機會重新檢視自己的一生，適時做一些彌補的動作。如果認為自己活了這麼一大把年紀，有許多失望與不滿，生命也隨年老而喪失其意義，那麼表現出來的可能是憂鬱、無趣、行屍走肉。「希望」是因為生命有了傳承、新的生命將再繼起，而這一代也可以安心交棒；而「智慧」是這個階段的發展力量，面對死亡的智慧，如何給自己的生命下個漂亮的註解與句點，需要智慧，而重新檢視生命、自不同的角度來看自己走過的這一生，也需要智慧。

五、精神分析學派使用的技術

精神分析學派的治療師，基本上需要具有醫師執照，然後參與精神分析學派的嚴格訓練。由於在治療過程中，精神分析是「隱身」在當事人的背後，也會「催化」當事人的「移情」（transference）現象，讓當事人更能深度開發自己潛意識裡的內心世界，而治療師的主要工作也是作移情的解析（Corte, 1995）。Corey（1991）認為Freud的治療目標主要是讓潛意識

浮凸到意識層面，也要加強當事人的「自我」（ego）功能，也就是多以現實情況為考量，少受本能衝動之控制。關於精神分析學派的使用技術方面，大家比較耳熟能詳的是：

(一)維持分析的架構（maintaining the analytic framework）

除了治療師是以「匿名」、「隱身」的方式出現之外，準時開始、準時結束治療，每週固定面談時間等等，這種一致性的例行公事，是讓當事人覺得安全、可預測，好像是固定餵食嬰兒一樣，本身就具有治療的效果（Corey, 1991, p.120）。在一般做諮商時，治療師不太輕易更動與當事人固定見面的時間，這可能也是源自Freud，使得當事人知道有個關心他／她生命情境的人，會一直守在那兒，予他／她適度適時的支持與協助。這個技巧運用在現在的諮商情境，就是所謂的「場面構成」（structuring），讓當事人明瞭諮商的作用與限制、約定晤談的次數、諮商師與當事人的責任等等，當事人可以善加利用諮商，也因為已定契約的規定，按時來見治療師，會覺得安心、不孤單。

(二)夢的解析（dream analysis）

Freud認為夢乃是「通向潛意識的道路」，藉由夢中所顯示的「顯性」（manifest content）與「隱性」（latent content）內容來分析當事人的內在潛隱慾求，具有威脅性的、比較不為人

所接受的慾求（像性與侵犯），多半是以「隱性」狀況出現，而所謂的「夢的工作」（dream work），就是協助當事人把潛隱的夢轉換成較為不具威脅性的顯夢內容（Corey, 1991）。在夢的工作中，夢還有一些作用，包括了：「凝縮」（condensation）——把許多因素「濃縮」成一個意念或想法，來替代許多的壓抑慾望，例如送母親火爐，是象徵著與手足之間的競爭，還有自己比父親更高一等的想法。「取代」（displacement）——就是以較不具威脅的物品或事件來取代原先的慾望，像以恐怖黑色面紗取代對女性的恐懼。「象徵性意義」（symbolism）——在看過 Freud 的《夢的解析》這本書後，相信讀者們也會發現，突出豎立的物品是表示男性生殖器，風景樹木是女性生殖器的代表，大地或自然景物是母親，國王是父親等等。戲劇化（dramatization）——把隱夢內容轉化為具體可見的顯夢內容，害怕死亡的人可能夢見自己參與他人的葬禮，卻又責怪悲傷的人悲慟太過。修飾（secondary elaboration）——把夢的內容變得比較邏輯合理化（黃正鵠，民 73），例如夢見自己在走平衡木，兩邊的觀眾一直叫囂，當事人是作了在陰陽界限之中的夢，不同世界的人在簇擁說服當事人作選擇。在作夢的解析時，治療師常用的方式就是要求當事人作「自由聯想」、去發掘與夢相關的材料。

㈢自由聯想（free association）

自由聯想可以協助開啟當事人的潛意識之門，當事人可能

在剛開始時，有擔心潛意識中的念頭或慾望會浮凸而作的「抗拒」表現，說一些無關主旨的東西。然而隨著治療過程的開展，當事人慢慢就會說出一些有密切相關的資訊，而治療師就可以指出當事人「鎖在」潛意識底下的重要消息（Corey, 1991）。我們在諮商關係開展之初，也會讓當事人在覺得「準備好了」的時候，才開始進行治療，有時當事人會提一些似乎不相關的事情，而慢慢地當治療關係建立之後，也許就會明白這些不相關資訊的可能連結，將其認定、也指出來，可以協助當事人獲得一些「頓悟」、而作改變的行動。

　　在使用「自由聯想」技術時，有不少治療師是重視其「投射」的功能，在臨床工作上，作者常用一些投射技巧，主要是因為使用這些中性的工具，對當事人來說較不具威脅性，而且也相信當事人會把自己的一些情緒與想法「投射」在這些材料上。對於不善於口語表達、或是抗拒意味較濃的當事人，有時只是要當事人完成句子或故事接龍、畫畫、聽音樂說說想法，讓當事人在他／她自己的「掌控」下，比較容易吐露一些訊息，然後根據這些來做猜測。

㈣詮釋（interpretation）

　　詮釋的範疇很廣，對於當事人的移情現象、夢的內容、抗拒行為、自由聯想與治療關係等等，作進一步的詮釋解析，其主要功能是讓當事人自己慢慢整合這些由潛意識釋出的新資料，加速掀開潛意識面紗的過程（Corey, 1991, p.121）。治療

師在聽取當事人的敘述之時，不會著重在所敘述內容的表面意義上，而是把焦點放在底下可能蘊含的意義，最後決定內容意義的，仍然是當事人本身。

參、自我心理學派

也有人將此學派歸屬於新佛洛依德學派的一門，如前章所言，Adler 的自我心理學派對人性的看法是趨向「成長模式」（growth model），認為人有自己做決定並克服「自卑感覺」（inferiority）（「不如人」的想法，可能來自生理上的，也可以是來自心理上、自己察覺到的）的能力，人由自己的角度來看周遭世界、也做選擇。要了解當事人的問題所在，必須自當事人的觀點（subjective perspective）或立場來看問題——這也就是人本主義的Rogers後來提出「同理心」的重要依據（所謂的「現象學觀點」）；另外 Adler 還提到要了解一個人，是必須把一個人當「整體」（whole）來看，而不是分析或分開成若干部分來做研究（比如分成心理、生理或認知、情緒與行動）。

作為心理諮商人員，要先從當事人的立場來了解他／她的問題所在，把自己放在他／她所置身的情境中，去充分明白他／她的想法、感受與行為，然後把這些感受、想法與行為反映給當事人知道，這就是「同理心」。舉個最好的同理心的例

子：我們看演員演戲，甚至可以與他們同喜同悲，因為演員把自己假想在那個角色上，演活了那個人，使得我們這些觀眾也容易投射在這個角色上，去感受劇中人的感受。為什麼一定要先從當事人的立場來了解呢？就是 Adler 所謂的「私人邏輯」，也就是每個人從自身的角度來看事物，因為個人不同的背景、立場、經驗等等的影響，當然會有不同的看法與解釋（Sweeney, 1989），而這些看法或解釋，可能有其邏輯上的謬誤存在，但是也只有站在當事人的角度來觀看，才容易了解當事人，也才容易找出事情的線索與明白其來龍去脈，這樣進一步的協助工作才有可能！

另外，Adler 認為人的行為是有其目的性的（purposive），雖然人在行為當時不一定明白自己為什麼這麼做？但是這些行為的動機有跡可尋，而且與人的生命目標息息相關；Adler 的弟子 Dreikurs 與 Walton 等人（Dreikurs & Soltz, 1964; Walton & Powers, 1974; Walton, 1980）就把孩童「不適應行為」背後的動機分為：獲得注意（attention-getting）、權力鬥爭（power struggling）、報復（revenge），與「我不行」（inadequacy），青少年的部分又多加了「刺激」（excitement）這個動機（Walton, 1980）。阿德勒學派所說的「生命型態」（life style）是指「個體獨特、潛意識底下的一幅認知地圖，引領個體朝向生命目標」（Sweeney, 1995, p.181）；Mosak（1971）還列舉了常見的一些生命型態：

攫取利益者（getters）—— 喜歡剝奪或操縱他人生活；
野心勃勃者（drivers）—— 有許多目標與心願要完成，而

且全力以赴；

掌控者（controllers）——隨時確認自己是生命的主人，而
　　不為生命掌控；

高人一等者（need to be right and hence feel superior）——
　　喜歡貶低他人，藉以提升自己地位；

討好者（want to please everyone）——把對自己的信心擺
　　在別人的手中；

道德高尚者（feel morally superior）——有崇高道德標準，
　　並藉此有別於他人；

永遠的反對派（aginners）——只為反對而反對，也不知道
　　自己在做什麼；

受害者（victims）——以自己的悲劇遭遇來贏得他人同
　　情；

殉道者（martyrs）——為某些不公而受苦受難；

可愛寶貝（babies）——以自己的魅力來剝削他人；

能力不足者（inadequate）——行為笨拙、老需要別人幫
　　忙；

超理智者（rationalizers）——避免涉入感覺或直覺、以理
　　智為衡量標準；以及

刺激追求者（excitement seekers）——不喜歡例行公事、
　　追求新鮮的感官刺激（Dinkmeyer, Dinkmeyer, & Sper-
　　ry, 1987, p.113）。

當 Freud 提出人生三大事（玩樂、愛與工作）之後，Adler

也有很近似的說法，認為應該把「友誼」或「社區感」附加上去（Sweeney, 1995），主張人是社會的動物，健康成熟的人格是與個人的「社會興趣」（social interest）有密切相關的，一個人如果知道如何在他／她所生存的社會之中、贏得一席之地，也對社會有貢獻，那麼，就是一個適應良好的健康人。人的行為幾乎是社會因素所促動的，比如想要贏得他人的認可、受人歡迎，所以會努力力爭上游！也許我們看到不同的人，對自己的人生有不同的期許或成就，求名、獲利、成就某事、讓人看見等等，都脫離不了周遭的人或社會，相對地也受周遭人與環境的影響。這個「社會興趣」的觀念，就是後來我們談「隸屬需求」（belongingness），或人際關係與個人健康所持的論點。

　　自我心理學派的諮商目標，依 Dinkmeyer 等人（1987）的看法有：與當事人建立同理關係、讓當事人覺得被了解與接受；協助當事人明白其信念、感受、動機與目標，這些都是形塑其生命型態的決定因素；協助當事人明瞭其錯誤目標與自我挫敗的行為；以及協助當事人考量其他變通方式來解決問題、或促成改變（p. 65）。

自我心理學派的諮商技巧

(一)家庭氣氛分析（family atmosphere analysis）

有三個外在環境因素影響個人人格發展，分別是家庭氣氛、家庭星座與教育的方式（Dreikurs & Soltz, 1964）。個人的許多價值觀與道德觀念都是來自原生家庭，孩子在家庭中是很具觀察力的，也會學習到家人互相對待的方式，而觀察父母親的互動，也是未來個體面對其他人際關係的基礎。因此阿德勒學派會運用家庭氣氛的檢核表，來推斷當事人的家庭關係。比如父親或母親是怎樣的人？認為自己與父母親的哪一個較為相像、或較為不像？父母親的關係在當事人看來是如何？在家中誰與誰最親近，誰與誰又較為疏離？為什麼？父母親對當事人的期待為何？當事人在家中做些什麼工作？家中誰貢獻最多、誰最少等等。

(二)家庭星座分析（family constellation）

家庭是人所接觸的第一個團體，個人對於自己在家中所受到的待遇與地位，對其後來的人生觀有關鍵性的影響，而治療師也可以自這個角度來看當事人的生命型態與一些堅持。每一個孩子都會為自己在家庭這個團體中找到一個「位子」，而這

個「位子」就是個體認為的自己的地位。雖然自我心理學派的
Adler 歸納出了五個不同出生序可能的性格，但是實際的「排
行」並不是決定個人性格與人生態度的唯一指標；重要的是
「心理社會」的因素，也就是說家人對待個體的方式、個體覺
知自己在家中的地位，以及與家人的實際互動情形來決定，這
當然也包括了孩子的性別因素。因此排行老大的，也許較為保
守、固執、追求完美、負責任，與成人關係較佳，然而如果老
二是男孩、或是表現更為強勢，加上父母親的對待有差別，可
能老大的性格就不是那麼典型了，甚至會退居為「老二」的地
位。以此類推，除了考慮當事人的排行序之外，也要考慮他／
她的整個家庭的氣氛與家人相處模式。自我心理學派學者整理
出了一套表格，可以參考使用（詳見 Sweeney, 1989; Dinkmeyer
et al., 1987）。

㈢早期記憶分析 （early recollections）

　　Adler相信我們的早期記憶是與目前的生活態度一致的，也
就是我們會記得與我們現在的生活態度有密切相關的記憶（Ad-
ler, 1958, cited in Dinkmeyer, et al., 1987）。諮商師可以根據當
事人在十歲或之前印象深刻的記憶中，去搜尋當事人可能有的
人生態度。諮商師的經驗與解說是很重要的，而這項技巧是一
種「猜測」工夫，這也是自我心理學派的 Adler 常常喜歡用的
技巧，用猜測的方式也是給當事人一個可能的思考方向，對於
諮商治療的合作關係隱含了「平等」的意味。舉例來說，當事

人提到三件兒時記憶：兩歲多一些時，才學會走路不久，自己就走到離家有一段距離的大河邊，後來發現環境陌生，於是放聲大哭，叔叔騎車經過，竟然沒有帶她回家，後來是爸爸把她接回去。當事人的感覺是很害怕、擔心、氣憤、失望，後來才有了放心的感覺。第二件事發生在八歲左右，一家人去逛街，爸爸推著腳踏車，車上能坐能站的位子都滿了，還有人是步行，爸爸指著大家看櫥窗大樓，感覺很溫馨、幸福。最後一件事是在九歲多、小三的時候，被媽媽追著打，就逃到家後面的稻草田裡，又黑又冷又孤單，後來爸爸找來，喊著自己的名字，覺得原先的害怕都消失了。從這三件記憶中，諮商師發現爸爸在三個記憶中都出現，可見是與父親感情極為緊密，猜測當事人喜歡一家和樂的感覺、也會追求這種幸福的感受，也喜歡探險，但是知道探險所要付出的代價，而對於自己的獨處並沒有太大的恐懼。

㈣濡湯以沫（spitting in the client's soup）

前三項著重在諮商初期的評量工作，Sweeney（1995）也提到在作當事人的問題評估方面，還可以詢及當事人崇仰的英雄人物、記憶深刻的童話故事、閱讀的讀物、或是目前喜歡作的消遣活動等等，來獲得更多資訊。接下來就一些較為特殊的技巧加以說明。首先是「濡湯以沫」，主要是藉由改變當事人對問題賦予的意義或看法，促使當事人的行為改變。例如，當事人說：「我就是太忙了，主要是因為我的職責所在，不是因

爲我自己想要的。」諮商師：「爲了讓你繼續擔任這麼重要的職務、貢獻你的能力，你當然必須要犧牲生活中的許多樂趣，甚至是與你關係密切的人。」也就是指出當事人有權利持續目前的行爲，但是諮商師也指出了此行爲繼續下去可能遭受的限制，等於是在當事人沾沾自喜之餘，又得考慮他／她可能的損失，讓當事人再度去思考行爲改變的可能性。

㈤矛盾意向法（paradoxical intention）

　　主要是鼓勵當事人去表現、凸顯，甚或發展一些「癥狀」（symptom），目的是讓當事人去實際地體驗學習，進一步會覺察到現實情況，與當事人必須負起的責任（Dinkmeyer et al., 1987）。我們通常會抗拒改變，而矛盾意向法卻是「維持」不改變、甚至誇大，讓當事人去覺察自己「不改變」所要付出的代價。曾經有個案例是孩子尿床，讓父母親很頭疼，經過協商之後，諮商師鼓勵孩子繼續尿床，但是也要父母親在孩子尿床之後的固定時間帶孩子去上廁所，並且爲孩子換乾淨的床單與衣物，後來孩子尿床情形銳減。但是使用矛盾意向通常有其限制，而且只是實驗性質，持續的時間不會太長，也要顧慮到使用的危險性，例如有暴力傾向的，總不能鼓勵當事人繼續使用暴力。

㈥「表現就像……」（acting as if）

讓當事人「假裝」自己像「想要成為的人」，試一試後果如何？許多事在還沒有試過之前，總是有許多擔心與害怕，也許經由這種行為的改變，也可以修正或改變當事人原先一些錯誤的假設。這個技巧與理情行為學派 Ellis 所提出的「羞辱攻擊」（shame-attacking）有異曲同工之妙！當事人在還沒有真正嘗試新行為之前，自然有許多顧慮與擔心，讓當事人假想自己想要達成的目標或偶像，感受就有很大的不同，這也是行為學派喜歡使用的「連續漸進法」（successive approximation），就是說先說服當事人踏出第一步，看看當事人對於新的改變的看法如何，然後再決定接下來要不要繼續。常常讓當事人去模仿某個他／她欣賞的人物，就像演戲一樣，讓當事人身歷其境「嘗嘗」個中滋味，對於當事人的信心建立很有說服效果。

㈦「逮到自己」（catching oneself）

在諮商師對當事人做過一些生命目標的解釋之後，當事人比較了解自己的許多行為其實是與背後想要的動機有關，但是往往在行為做出之後才察覺到，然而隨著練習與自我覺察的加強，當事人可以「預期」自己的一些行為與想法，那個感覺就好像「逮到自己」，當事人接著可以避免類似情況的發生，或是做一些建設性的改變。這個技術可以對照行為學派的「行為

改變技術」裡的基準線建立來看，由於當事人知道自己要改變的行為是什麼，間接地也比較會注意自己這個行為，通常這個「覺察」就已經造成了若干行為的改變！

(八)避免走入陷阱（avoiding tar baby）

即使當事人知道自己的看法或處理事情的方式不妥，但是不免仍然會持續使用，因為在當事人眼裡，這仍然是最佳方法！因此諮商師要明白當事人的邏輯與目的，小心不要誤入當事人的陷阱之中。舉例來說，當事人說：「我就像你所說的每天花一點時間給自己，但是效果不是很好，這一陣子又是社團又是考試，忙得幾乎沒有時間去做這個作業。」諮商師知道當事人總是有理由推託、不買他的帳：「我知道要找個五分鐘給你自己，的確不是件容易的事，不過我們就來談談你目前已經做到的……。」

(九)鼓勵

前面曾經提到過影響個人人格發展因素之一的「教育方式」，這之中 Adler 就強調「鼓勵」在教養孩子中的重要性（Dreikurs, 1964, p.36）。Adler 常常「促動」個體去作改變，他認為許多心理疾病患者其實是「不受到鼓勵」（discouraged）的人，因此他要治療師善用鼓勵的技術。鼓勵是持續的過程，主要目的是讓當事人覺得有自尊、成就感。鼓勵的原則

包括強調「做了什麼」與努力、目前的行為、所學得的是什
麼、鼓勵此「行為」而不是此人、著重在已經做好而不是做錯
的部分，以及激發內在的動力（Sweeney, 1995）。Adler 也常常
自不同觀點來看當事人，而這也是他使用的鼓勵方式之一，例
如，當事人說：「我不在乎別人怎麼看我，我只是認為自己盡
力最重要，大家認為我怪，就任由他們說好了！」諮商師的詮
釋是：「你有自己的標準，而且還有堅持的勇氣。」曾經有位
六歲小男孩因為常常攪局，讓老師極為頭疼，來到諮商室之
時，小男孩自動表明自己是壞孩子，諮商師以男孩也能接受的
幽默口吻道：「你很有辦法把老師搞得團團轉，是不是？」而
不去「強調」他自認為的「壞小孩」的看法，而且把他認為的
「不好」的，轉成「較為正向」的，接下來就是猜測當事人行
為背後的可能動機，然後與他合作，想出其他有建設性、又能
達到相同目的的方式來做。

(十)按鈕技巧（push button）

　　要當事人去想像兩種不同的情境（例如愉快與生氣），
「按鈕」的動作就是讓當事人做「轉換」，轉換情境的同時，
也去體會不同的心情與想法，其目的是要讓當事人知道：他／
她可以主動創發出自己想要的情緒，有主動的能力，而不是如
當事人所預想的那麼被動、沒有自主權、沒有力量。

肆、行為學派與社會學習論

　　行為主義學派的學者認為，人的行為主要是受學習因素與社會文化的影響，他們認為學習基本上是經由「制約」（conditioning）的作用，而行為學派的諮商是以具體、周全的評估著名，在諮商初期就對當事人在行為各方面的功能做了很完整的評量，以為諮商目標的擬定與達成的依據。另外，因為強調「行為」，所以行為學派的諮商員基本上相信：改變不適應的行為才是諮商最主要的目標，行為一旦改善，相對地也會讓感覺與想法有所改變；因此諮商的重點就放在改善當事人的不適應行為上。社會學習論則是加入行為學習的其他可行之道，除了行為主義原本立論的制約之外，還加入了觀察、示範、練習與模仿，把學習環境的範圍也擴大了，甚至走出諮商室外。Arnold Lazarus（1932-present ）是目前行為學派的代表人物，他自創的 BASIC ID（即 Behavior, Affect, Sensation, Imagery, Cognition, Interpersonal relationships, and Drugs/biology），結合了人多方面的機體功能，作了一個很完善的評估與解析工作，然後看看這些項目之間的相互影響關係，接著檢驗當事人想要改變或達成的目標是什麼？應如何進行？這種「多模式」（multimodal orientation）的處置方向，使用的諮商技術是折衷的，結合各學派的方法，而主要是運用認知─社會學習理論的技術（Lazarus, 1992, p. 103）。

　　行為主義學派諮商的發展趨向，除了強調與當事人的合作關係、顧及認知層面之外，較之其他學派不同的是：對於目標行為的描述極為具體、可評量，注重進行中的形成與持續性（formative and continuing）的評估與修正。

行為主義學派的技巧

　　行為主義學派的許多技巧，被諮商治療界廣泛使用、效果也不錯，簡單介紹幾個常用技術包括：

(一)增強（reinforcement）

　　在建立新的行為時，「增強」是一般人常用的，尤其是用連續的「立即增強」（immediate reinforcement）、接著用「間歇性增強」（interval reinforcement），對於行為的快速建立效果不錯。增強除了前面所舉的兩個之外，還有其他不同的方式，包括一般的「固定比率增強」（fixed ratio reinforcement）——像做完幾個仰臥起坐，就可以休息五分鐘：「不固定比率增強」（varied ratio reinforcement）——像媽媽規定寫完五行字就可以看電視，有時是要寫完十行才可以有看電視的特權；「定期增強」（fixed interval reinforcement）——像發薪水；「不定期增強」（varied interval reinforcement）——像賭博中

獎;「部分增強」(partial reinforcement)——像小孩發脾氣要糖吃,父母本來想嚴守原則不給,後來看孩子可憐就軟化了,結果讓孩子以爲發脾氣到最後父母會妥協,這也許是現代父母管教子女的痛。增強物分「原級增強物」(primary reinforcer)——像食物、水或糖果;「次級增強物」(secondary reinforcer)——像金錢、禮物或代幣(token);可以替代或換取原級增強物的,也可以是指所謂的「社會性增強物」(social reinforcer)——就是人與人互動中的一些溫暖關心的舉止,也許是誇獎、一個溫暖鼓勵的眼神、拍肩、擁抱等等,可以讓人覺得自己受到關愛與重視;當然,教育或管教的最後,都希望孩子能夠不藉外力或外物酬賞的肯定,而能自己促動自己、自動自發、肯定自己,就是所謂的「自我增強」(self-reinforcement),像許多人會主動去幫助他人、從事自己喜愛的嗜好,是因爲自己想做,而且也在活動中覺得「自我酬賞」(self-rewarding)。

㈡系統減敏法(systematic desensilization)

基本上是相信人不可能同時緊張又輕鬆,亦即有衝突性的情緒與行爲。這是 Jacobson (1938)開創、經由 Wolpe (1958)所繼續研發出來的(張厚粲,民86年),根據古典制約(classical conditioning)的原理所研發的治療法,認爲行爲是經由制約學習而獲得,也可以根據反制約的方式讓學習解除。讓焦慮的當事人,先學會嫻熟放鬆(relaxation)的動作,

然後要當事人把會引起焦慮的情境或事件，依焦慮程度的高低作適當排列（例如從零焦慮——自己在房間唱歌，到百分之百焦慮——在可以三百人面前作表演），最後就要當事人在每次治療時，先進行放鬆動作，然後照諮商師指示，依焦慮最低的情境加以想像，如果中途有焦慮情緒產生，當事人可以表示並立即停止，這是配合當事人的個人情況與步調而循序進行的，所以一般說來，「系統減敏法」是需要比較長的時間。

㊂形塑（shaping）

是對於達成目標行為的「逐漸形成」的一連串動作的設計。舉例來說，初進小學一年級的小朋友，可能不太懂得教室常規，要他們乖乖坐下來聽課，對於老師來說是一項挑戰。老師們常常使用的方法是：小朋友在教室內跑累了，靠近自己座位時，就給與獎勵，小朋友可能慢慢學會多「靠近」自己座位幾次，然後再把標準拉高，等小朋友坐下來時才給與獎勵，接著就要小朋友坐在位子上的時間慢慢加長，最後目標是坐下來專心聽課。這個一連串的動作，就是所謂的形塑。

㊃行為改變技術（behavior modification）

行為改變技術是結合了「增強」的運用，在具體明確的行為目標之下，研擬適當可行的改變行為的策略（增強次數、增強物、可能的阻礙、可用資源的考慮等等），然後一步步執

行。特別要注意的是，增強物的設計與使用，要吻合當事人的「動機」與「喜愛」（不是吸引當事人的增強物，根本不能引起行動的動力，而同一增強物用久了，可能也讓當事人失去興趣），而要小心增強物不要成了下一個需要改變的行為目標（例如使用喜愛的香雞排作增強物，改變了自己做作業拖沓的習慣，卻發現後來體重增加太多，要減肥了）。行為改變技術的另一型態是可以和當事人擬定一契約，由當事人自己去執行、評量、也作紀錄，然後由諮商師與當事人一起討論進行的情形、遭遇的困難，與思考解決的方式，這也叫做「自我管理」（self-management）方案。

㈤模仿與預演（imitation and rehearsal）

　　觀察、模仿可以說是最簡單的學習方式，諮商師的示範、或是典範人物的演出、甚至是利用錄影帶呈現的方式，讓當事人可觀察、依循，也可以慢慢學會一些渴望的行為。而「預演」則是諮商師在當事人運用在諮商情境中所學的技巧知識於實際的生活中之前，可以讓當事人與諮商師在治療時間先作一些練習，使當事人熟悉即將使用的技巧，預防可能出現的問題與解決之道，也是減少當事人在接觸實際世界，以及真正行動時的失敗機會。

㈥代幣制（token system）

「代幣制」是學校系統很喜歡運用的行為主義的技巧之一，像「乖寶寶」貼紙，同學們集滿多少張可以獲得一個「特權」或「禮物」，是一種象徵性的東西。現在許多商店為了鼓勵顧客光臨，也用「蓋章」或「集點」的方式，可以在蓋滿或集滿之後換得折扣或贈品。我們的生活中也有許多代幣制的延伸，像發獎狀、考績獎金、休假等等制度的運用。

伍、認知與理情行為治療學派

基本上這個學派是認為：人的想法會影響到我們的感受與行為，誠如「理情行為學派」（Rational-Emotive-Behavioral-Therapy）的立論就是——影響我們的不是發生的事件本身，而是我們對此一事件的看法與解釋。舉個例來說，一位我熟識的朋友迎面走來，卻沒有向我打招呼，我自然覺得不舒服，但是我會因此而生氣嗎？不一定。也許我前些天同他吵了一架，知道他還在氣頭上，不理我是可以理解的；也許我知道他近視度數深，又常常為了好看而不戴眼鏡，今天可能沒有看到我；也許是他有心事，沒有注意到周遭的人事；也許日前他向我借錢，我沒有答應他，他覺得見到我有點尷尬，因此避免與我有

正面衝突。一個很中性的事件，爲什麼會有這麼多不同的解釋？我們在這個例子中也看見了，我們的解釋方式與我們和此人的關係有密切關聯。只是一個沒有打招呼的行爲，但卻可以衍生許多可能的解釋，那麼，我們可以說：一個刺激或行爲，對於不同的人，可能會有不同的反應出現。這就說明了：影響我們感受與行爲的，不一定是事件本身，而我們對這件事情的看法與觀點，才是決定的主要因素！

　　理情行爲治療學派認爲人的思考方式會朝向「理性」與「非理性」兩個方向。人有情緒，因此人的思考在許多時候會受情緒與周遭環境的影響，而變成不理性；而人也很容易因爲單一事件的影響，讓自己誤信一些理念，並緊緊抓住不放。在眞實生活中，我們也發現：人的「負面」思考的確比「正面」思考容易多了。要不然你可以試試，拿出一張紙，分隔成兩邊，針對自己的特性作正負向的描述，看看哪邊多？有沒有發現負面的評語好像較多？可見人是很容易貶低自己、作負向的思考的。而 Ellis 也認爲人的非理性想法中，很重要的是「一定」（oughts）、「必須」（musts）、「應該」（shoulds），也因此會產生所謂的「糟糕化」（awfulizing）、「自責」（self-damnation）與「我不能忍受」（I-can't-stand-it-it is）的情況與後果（Livneh & Wright, 1995, p.330）；因此談到理情行爲學派的諮商目標，根本上是鎖定讓當事人有更爲理性的思考方式，察覺也抨擊非理性的想法，讓生活更理性、自在；所使用的方法叫做「認知上的重建」（cognitive restructuring）（Corey, 1996, p.7）。Meichenbaum（1986）也屬於認知學

派，他所提出的方法是用「正向的陳述」替代「負向的陳述」作為治療的根本。基本上認知學派的學者相信認知、行為與情緒三者是緊密相關而且相互影響的（McDermott & Wright, 1992, p.63）。

一、認知行為學派的代表人物

認知行為學派的代表人物有許多，本書只就其中幾位作敘述。

(一) Aaron Beck

Aaron Beck （1976）認為人的情緒反應是對特殊事件的「特別」詮釋而產生的（p.54），而這個解釋其實可以達到個人想要達成的目的，因此是「有意識」的決定。這些「解釋」在個人刻意重複使用的情況下，變成「自動化思考」（automatic thoughts）。在治療與研究許多憂鬱症病人的經驗中，Beck發現這些病人行為上所呈現的無力、易倦怠或易怒等等情況，都起因於他們的「負向思考」（negative cognition）。造成當事人憂鬱的是：認知三角（cognitive triad，指的是當事人對目前所處的世界、自己與未來的悲觀看法）、基模（schemas，特殊情境下的資訊處理方式），以及認知上的謬誤（cognitive errors，錯誤的資訊處理）（McDermott & Wright, 1992）。

㈡ Donald Meichenbaum

　　Meichenbaum 的「自我指導訓練」（Self-instructional Tra-
ining）類似 Ellis 的改變自我陳述（self-statement）（Corey,
1991, p.351），基本上也是一種「認知重建」的工作。他要當
事人追蹤自己的自我陳述並作紀錄，然後以較爲適應的陳述
（adaptive statement）取代之，而這些改變後的自我陳述基本上
是以符合當事人的說話方式而作調整的（Kalodner, 1995）。另
外，Meichenbaum 還發明了所謂的「壓力免疫訓練」（Stress
Inoculation Training, SIT），基本上是結合了教導、討論、認知
重建、問題解決與鬆弛訓練、行爲與想像預演、自我監督與自
我增強、改變環境等等方式（Meichenbaum, 1985, cited in Kal-
odner, 1995, p.371-372）。SIT 包括三個階段：觀念教導（建立
治療關係，也讓當事人明白壓力來源與對生活的影響）、技術
獲得與演習（實際問題解決技巧之練習），以及運用與追蹤
（除了讓當事人在實際日常生活中操演，也作一些困難預防的
工作）（Corey, 1991; Kalodner, 1995）。

㈢ Albert Ellis

　　Albert Ellis 的理論受到 Adler 強調個人哲學、價值與目標
的影響，加上 Karen Horney 所提的人許多神經質的自我要求，
以及所謂的「應該霸權」（tyranny of shoulds），還有行爲主義

學派所做的許多「實況」（in vivo）實驗的影響，發展出一套自己的理論（Yankura & Dryden, 1994, p.26）。人本身具有理性與非理性思考的能力，許多的情緒困擾起因於人的非理性思考，而這些非理性思考常常是自己「灌輸」給自己的（self-indoctrination）。

Ellis（1992）認為人的生命目標（目的、價值觀、標準、希望等等）可以是與生俱來、學習、或練習成為習慣而來，而追求生命目標就包含了認知、情感、行為與生理等要素；也由於人類有使用語言符號的能力、又會自我對話，因此基本上會在意識或無意識中使用認知的能力。我們習慣在認知上有「絕對」（absolutist）與「必要」（necessitous）的想法，情感上的「一定、必須」（musts）帶來了許多困擾，而行為上則是因為「必須」而變得僵固不化。理情行為學派的治療目標就是希望能協助當事人改變「哲學觀」，尤其是把人習慣上的僵硬不變的「必須」（musturbatory），轉變成其他可行「喜歡」的想法（preferential thinking）。

Ellis 最著名的就是他所謂的「ABC 理論」，A（Activating event）指的是「發生事件」，B（Beliefs）是一個人的「信念」，C（emotive and behavioral Consequences）是指「結果」，D（Disputing）是指「辯論」，E（new Effect or Effective new philosophy）是產生了「新的效果」，以及 F（new Feelings）是產生新的感受。Ellis 常用舉證幽默說服的方式，與當事人「辯論」，企圖說服當事人接受治療師的想法；而在辯論過程之中，除了希望說服當事人在理智上了解自己可能使用

的非理性想法之外，他還運用了一些情感性的技巧，像是想像，以及行為上的作業，讓當事人去實際經歷體驗（Ellis, 1992）。Ellis 相信基本上是人自己選擇一些讓自己煩惱的理念，並且刻意去維持這些理念，除非經過努力與練習，才有可能改變（Yankura & Dryden, 1994）。

二、認知行為學派常用的技術

認知行為學派，顧名思義，其在技術的運用上也會有「認知」與「行為」兩大項目，當然還有「情緒」的部分，以下就若干常用技巧來做說明（Corey, 1991; Livneh & Wright, 1995; Yankura & Dryden, 1994）。

㈠認知技巧

1.辯駁非理性想法

要當事人檢視自己的觀點與「自我陳述」下產生的一些非理性想法，以舉證批駁的幽默方式與當事人作對話，並且重新以合理的陳述來取代。例如：「糟糕！我忘了去接我姊姊，我死定了！」諮商師反應：「告訴我，沒去接妳姊姊之後，妳是怎麼死的？還是妳姊姊會在那兒呆呆站到妳死？」

2.記錄自己的內心對話

　　請當事人記錄自己的內心對話（非理性與其他可以替代的自我陳述），檢視自己在行為之時，會不由自主告訴自己什麼？有哪些非理性的想法？可以替代的理性想法又為何？甚至檢視自己說的話隱藏著可能的非理性想法又如何？可以藉由教導當事人的方式，先明白所謂的理性與非理性想法是什麼？又有哪些可以替代、可行的其他想法？比如前例中，當事人對自己的陳述可以改為：「我沒去接姊姊回來，會造成姊姊的不方便，這是我沒有遵守我的承諾，也提醒我自己下回若有類似事件發生，要注意時間與自己能力的配合，而且我得跟姊姊說抱歉。」我們常在許多行為發生之後，自己心裡會自然浮現一些想法，這些有可能是非理性的，可以檢視一下，例如：「我竟然把飯燒焦了！我真笨！」說話的人如果是家庭主婦，那麼這句陳述的後面可能是：「連飯都燒不好，怎麼配作一個家庭主婦？」或是：「既然身為一個家庭主婦，不能把飯煮好，是我最大的羞辱！」同樣的，沒能考一百分就認為自己是個失敗者，背後的可能陳述是什麼呢？可不可以也試著其他的「可行說法」（alternative statements）？

3.改變語言

　　包括使用「停止思考」（thought stopping）或一些阻斷非理性思考的方式，把當事人的負向說法轉變成樂觀正向的陳述（reframing），把「必須」、「一定」轉成「較喜歡」或其他

可能的陳述（presentation of alternative choices），例如：「我非考一百分不可！不然我就是個失敗者！」改變成：「能考個滿分當然很好，但是也有一些情況不是我能全然掌控的。我很喜歡一百分，不是我非得要一百分，而且不考滿分並不表示我就是個失敗者。」。

4.提供當事人問題解決方式與技巧

　　包括把抽象的想法轉而用具體、可以理解的故事或比方來呈現，尤其是教導當事人所謂的理性與非理性想法的區別時。曾經有一次，當事人道：「我已經失敗這麼多次了，不可能起死回生。」諮商師說：「可不可以請你把我的筆撿起來？」接過當事人遞過來的筆時，諮商師道：「謝謝你，你有能力撿起筆、幫了我這個忙，相信你一定還有其他更大的能力，說說看。」接著就由當事人口述，把他的能力一一列出來，也寫下來，然後由這裡開始。

　　Young 與 Beck（1982）則把認知技巧分為四個過程：引出自動化思考、測試自動化思考、認定非適應行為背後的可能假設、以及分析這些假設的有效性（validity）如何。使用的認知方法有：「演繹詰問法」（inductive questioning）、角色扮演、想像法、檢視情緒等（Young & Beck, 1982）。

㈡行爲技巧

1.「羞恥攻擊法」（shame-attacking）

Ellis 用「羞恥攻擊法」，讓當事人以親身經歷或實驗的方式去「印證」自己的「非理性想法」的失敗，然後願意修正用較爲合理的想法來取代。舉個例說，如果當事人認爲麻煩別人是很丟臉的事、最要不得，連帶地也讓自己沒面子、在別人面前抬不起頭來，治療師就要求當事人完成一項作業：去十家超商兌換零錢，看看事情的結果如何？也許不如當事人當初所想的那麼「丟臉」或「無地自容」，當事人也經由這個試驗，體認到自己思考的「誇張」、不合理。

2.「停在那裡」（stay in there）

讓當事人去實際經歷一些讓他／她不舒服的情境，眞正去體會那些感受，然後去應證是否眞如其想像的一樣。

3.「反拖延」（anti-procrastination）

許多焦慮、不安是來自當事人的逃避或拖延，因此理情行爲學派的家庭作業，可能就會要求當事人立刻去完成他／她刻意拖沓的工作或行爲，看看結果是不是如當事人預期的那樣？也是應證非理性想法的一個方式。

另外幾個常用的行爲技術像角色扮演、示範、適當使用幽

默、說服、想像等等。認知行為學派的行為技巧有：分配工作行程（activities scheduling，讓當事人可以一一檢視自己工作的進度、避免拖沓）、熟練與樂趣記錄（mastery and pleasure，以百分比方式記下自己一天的工作成效與樂趣）、漸進式作業（graded task assignment，依當事人能力規定可以完成、有成就感的工作）、認知預習（cognitive rehearsal，用想像的方式來先作實際行為前的準備與演練），與分心技巧（distraction techniques，主要是協助當事人不因情緒的影響，而阻撓了工作效率與能力）（Young & Beck, 1982）。

㈢情緒技巧

1. 練習 ABC 的使用與 D（辯論）技巧的熟習
2. 「冒險行動」（risk-taking activities）讓當事人直接去面對自己害怕的情境與行為，去體會焦慮、害怕或是被拒絕等等的情緒與經驗。
3. 閱讀治療（biblotherapy）要當事人閱讀有關資料或書籍、觀看錄影帶或聽錄音帶，增強當事人的理性思考訓練。

　　另外其他有關行為學派的「系統減敏法」、「操作制約」、「肯定訓練」（assertiveness training）、「鬆弛訓練」、技術學習等都是在運用之列。

　　其實細看這些技巧，會發現「行為」、「認知」與「情感」三項幾乎不可分，這也符合了 Ellis 所言：感官、思考、感覺、行動都是互有關聯，而且是互相影響的（cited in Livneh &

Wright, 1995)。

有關其他學派的基本理念與技術,將在下一個章節中呈
現。

第五章

諮商的理論與技術
基礎——從何開始
(二)

陸、完形學派

　　完形學派的發展在 Perls 特殊個人風格的發揚光大之下，曾經盛極一時。此派的基本觀點是人有責任在自己的人生中找到定位，並為自己的行為負責任。Perls 特別強調協助當事人充分察覺自己的行為、感受與想法，不為自己的過去找理由，而是徹頭徹尾、活在當下！完形治療的焦點有兩個，一個是當事「人」本身、一個是當事人與環境之間的互動；治療目標是一體兩面：覺察個人經驗，然後在當事人有意識的選擇情況下，可以讓他／她的自我支持系統再度活絡起來，與自己的生命經驗作更好的接觸；而在治療過程中，一般會經歷幾個階段：表達（expression）──把許多內在經驗「外顯化」，讓當事人可以站在更客觀的立場來看這件事，也促成了與治療師之間互動的可能；分辨（differentiation）──我們的許多焦慮、迷惑、困擾都阻止我們與自己、與經驗作第一類接觸，因此在此階段治療師會讓當事人作許多實驗性的體會工作，主要目標是釐清這些阻礙與困惑；肯定（affirmation）──治療師鼓勵當事人去接受自己的不同面向，即使是之前自己因為某些原因而逃避、否認的部分，經由「肯定」的動作，當事人才會認同與接受自己的「全部」，而真實的「接觸」才可能，「接觸」是指個人內在與人際，以及與周遭世界的真實體驗；調適與選擇（accommodation and choice）──在此階段，當事人要把自己新接受、體會的部分作一個統整，剛開始可能會出現笨拙、不自在的現象，然而這個過程會過去，而當事人也會為自己面臨的問題做出決定，並願意擔負起完全的責任（Korb, Gorrell, & Van De Riet, 1989），也因此，在整個諮商過程中，諮商師會盡量把經驗重現在當事人之前，鼓勵當事人坦然接受挑戰、不再逃避，去看清楚自己，以及與周遭環境間的接觸，也因為這樣，完形學派的諮商是相當具挑戰性與實驗性的，這與Perls的個人風格很有關係（Wheeler, 1991），然而現在的完形學派則不若Perls這麼具個人色彩。

完形學派使用的技術

(一)誇張練習（the exaggeration exercise）

讓當事人去誇大自己一些可能是不經意的動作，藉由誇張、彰顯、重複的行為，去真正意識到自己在做什麼，而不能逃避，比如說發現當事人有抖腳的動作，就要求她更誇張地抖動，目的是要當事人意識到自己的動作，進而去了解這個身體語言所表示的意義。我們一般對於自己一些習慣性的小動作，沒有太多的覺察，很容易就忽略過去，而真實的接觸就是需要時時、刻意地察覺，讓當事人「知道」自己在做什麼。

⇔停在那個感覺上（staying with the feeling）

一般人對於焦慮、害怕、不愉快的感覺的直接反應是逃離或否認，完形治療學派的諮商師會要求當事人「停留」在那個感受上，並且作更深入的探索與了解。唯有經由這些實際感受與接觸，個體才會獲得成長。在對許多有創痛經驗的當事人作治療工作時，諮商師都會協助當事人「重新溫習」或「重新經歷」那段痛苦的經驗或事件；不是要讓當事人有二度傷害，而是我們深信：只有把原先的感覺找出來、去體會，才可以在裡面找出繼續生存奮鬥的契機與希望。當然，此次的「再經歷」已經不像當時，因為有諮商師的陪伴，當事人會更有勇氣「走出來」！

⇔面質技巧（confrontation）

不是每位諮商師都像Perls那樣會使用凌厲、快速的面質方式，在諮商關係尚未穩定建立之前，「面質技巧」的使用都是要十分留意謹慎的。面質主要是指出當事人的「不一致」（inconsistency），讓當事人去反省思考。

⇔反轉技巧（reversal technique）

讓當事人嘗試扮演相對、相反的角色，以這種方式要當事

人去承認、接受自己不喜歡或否認的部分，作一種更真實的接觸與統合。若一個人常常會逃避爭執吵架的場面，可以讓當事人暫時去充當一個喜歡挑剔、爭論的人，也許發現當事人對自己的這個「負面」不太能接受，因此在現實生活中就表現出厭惡。

㈤空椅法（或「雙椅法」）（empty chair or two-chair technique）

「空椅法」的技巧是許多人耳熟能詳的，我們在要作一些重要決定時，常常會在內心「互相商量」，可能會有相反立場的兩方（top-dog and under-dog）互相辯論爭執，而要看看是不是有一方會「獲勝」？在實際生活中，也常碰到類似的情況，比如學生認為老師給分不公、會抱怨自己所處的情況，這時不妨讓當事人去分別扮演老師與學生這兩個角色，站在各自的立場去思考，可以讓當事人試著自不同角度觀照、體會事情，也學會為對方著想，然後自己去整合這些資訊、作一個較好的決定。

㈥夢的工作（dream work）

Perls（1966）認為「夢」是個人的投射，也反映了個人的生活片段（cited in Maples, 1995），因此在治療當中，會要求當事人把夢重新在治療現場「演」一次，其目的就是要當事人

可以「直接接觸」自己的經驗，與夢中出現的自己互動。Perls
要當事人把夢的內容、角色、情境、感受都作詳細的描述，並
且由當事人一一扮演、「重現現場」，而這些不同的角色都是
個人的一部分，當事人在扮演之中，試圖承認自己的這些部
分、並加以整合；另外夢也表示了「未竟事業」，也都反映著
當事人目前生活的掙扎與存在的情形（Corey, 1991, p.253）。

㈦對話練習（the dialogue exercise）

　　對話是指「勝利者」（top dog）與「失敗者」（under
dog）之間的對話，我們在面臨抉擇或兩難之境時，常常內心裡
會有兩個我之間的對話與商量，一個可能就是贊成，另一個則
是反對。在實際生活中也會碰到類似的情形，比如在職場上不
如意，自己是屬下，對於上司可能有許多不滿與抱怨，也可以
來個利用椅子的「對話練習」，讓當事人扮演自己，接著扮演
老闆，看看在不同的立場會有什麼不同的思考與作法，這也讓
當事人可以為他人設身處地。完形學派認為個人的這個相反、
對立的兩部分，常常是根源於小時自父母方面所接受的價值觀
（所謂的「內射」）與後來個人本身發展出來的價值觀的對
立，而「空椅法」就是讓當事人把這些隱藏著的內射「外顯」
或「外在化」出來，接受自己的這些「相對」的部分，而不再
逃離，因此也就減少了當事人對自己的折磨。

㈧家庭作業

　　家庭作業的主要目的是希望當事人可以在治療時間之外，也延續治療的工作與效果，另外可以讓當事人在實際行動配合之中，表現出他／她對治療的承諾與努力。由於完形學派強調當事人對自己行為負責任，也要當事人去真實「接觸」自己的經驗，因此所規定的家庭作業中，多半是極具「實驗性」、「體驗性」與反省性的，家庭作業的確可以在當事人的能力範圍之內，達成預期的效果。

柒、溝通分析學派

　　溝通分析（TA）講的是人與人之間的互動模式，強調的是人的社會性、自覺的能力與負責任，因此也含有人文學派與存在主義的意味。TA 的治療是針對迅速有效的結果而研發，認為要讓當事人發揮生活功能，就是找回自主權，過著自動自發、有創意、享受親密關係的生活（Ohlsson, Bjork, & Johnsson, 1996, p.23,黃珮瑛譯）。TA 學派提出的「PAC」三種「自我狀態」（ego state），是大家最耳熟能詳的。指的是一個人思想、感覺與行為呈現的一個系統，P（父母），是個人早期依自己的主觀角度吸納父母或是周遭重要人物的感受、想法與行為，特

別是父母雙方互動的一些紀錄；A（成人），是對於現實所處環境的處理方式，早在個體幾個月大時就出現，只是當時的「成人」力量較小，其功能就像分析資料的電腦；C（兒童），是個人童年時期所留下的一整套感覺想法與行為，主要是個人對於當時自己所聽、所聞、所看的反應，而最多的是「我不好」的感覺（Berne, 1963; Harris, 1970, 洪志美譯）；而這三個自我狀態都出現在「此時此地」的情境中，自我狀態容易互相「污染」（contamination，使得三種自我狀態不純粹）或「排除」（exclusion，某種自我狀態被忽視、不常或不被使用）；健康的個體是能讓這三種自我狀態都清楚呈現、能彈性且適當發揮功能。

　　我們的「生命腳本」，受到父母、小時環境、還有個人主觀覺知的影響而成型，而個人就根據著這個腳本，在日常生活中努力去找尋「撫慰」（strokes，用來肯定認可個人的存在，可以對照 Adler 的「認可」來看），以滿足個體生、心理與社會上的需求；「溝通」是不同自我狀態相互交換訊息的動作，常常與個人所希望得到的撫慰有關，人們可藉此得到撫慰，然而卻也常常在溝通中玩一些遊戲，也就是常常使用了「隱藏溝通」（ulterior transaction，具有表面與潛在兩層意義）。在治療過程中，除了治療師與當事人之間訂有「成人」（自我狀態）的契約之外，著重在治療師與當事人之間的真實接觸與關係，「澄清」當事人的自我狀態、溝通方式與「癥結」（impasse）所在，協助當事人增強其「成人」的力量、適當協調「成人」與「兒童」部分，以及協助當事人「回溯」（regression）到腳

本初形成的早期經驗階段、了解「扭曲感覺」（racket feelings，自父母那兒學來的不舒服的感受）的來源與持續的原因、重新定義關係、重新作新的決定（Ohlsson et al., 1996, 黃珮瑛譯）。在技巧的運用上，TA治療師除了使用溝通分析、遊戲分析、腳本分析、儀式與消遣分析（rituals and pastimes analysis）、遊戲與扭曲感覺分析之外，還折衷運用了其他學派的方法，包括「空（雙）椅法」讓當事人「重回現場」（或「回溯」）、面質，以及澄清技術，在團體治療中還可以運用「家庭模式」（family modeling）的重建等等（Corey, 1991; Ohlsson et al., 1996, 黃珮瑛譯; Poidevant & Lewis, 1995）。

捌、現實治療

　　與完形學派很相似的，現實學派也不考慮過去，而是針對當事人目前的行為。諮商的目的是協助當事人檢視自己目前的行為是否「有效」，也就是說當事人所採用的方式是否可以滿足其需求與目的？想要的改變是什麼？要怎麼做？現實治療學派創始人 William Glasser（1965），認為他的理論與傳統諮商學派不同的地方是「參與」（involvement）程度的區別：他不接受心理疾病的看法，而是認為人不肯為自己的行為負責任、不肯參與，人的行為不是受外在環境的影響，而是經過腦內的思考與分析所接收的資訊之後，所做的選擇而產生的（Glasser,

1992）；著眼在當下、展望未來，不把焦點放在過去的歷史；
與當事人是以治療師本身的身分來對待，而不是如精神分析學
派的所謂「移情人格」來呈現；不探討所謂潛意識的衝突或原
因，也就是不給當事人任何逃避的藉口；強調行為的對與錯的
標準與道德層面；其治療目的是協助當事人找到較為有效的方
式來滿足其需求（p.54）。

　　Glasser 在現實治療的諮商中強調 3R，它們是現實情境（re-
ality）、責任（responsibility）和對錯（right & wrong），要當
事人可以面對現實環境、檢驗自己行為的有效程度，為自己的
每個行為負起責任，也顧及所採取的行動是否符合道德指標。
現實治療法主要是以人類腦部功能中的「控制系統理論」（con-
trol system theory）或「控制理論」（control theory）而來的，
認為人類的腦部會自動調整其行為、配合環境的現況或資源，
以滿足需求；而我們的所有行為也就是為了要滿足需求、控制
我們的生活而來（Glasser, 1984）。採取什麼「行為」，是我們
自己「有意識」的選擇。每個行為都有其目的，最根本可能是
為了生存，然而隨著科技的進步與現實環境的改變，人的行為
就慢慢以「認同」（identity）需求為目的了（Wubbolding,
1995）。

　　治療過程基本上包括：揭露、探討當事人的「想望」
（wants）、「需求」（needs）與觀點（perception）是什麼？
這是一直持續的過程；接著，把焦點放在當事人目前的行為
上，協助當事人作更好、更能滿足其需求的選擇；讓當事人自
己去評估他／她的行為，有沒有達成當事人所要的？結果是不

是滿意而有效？有沒有其他的可行之方？最後是要當事人願意
承諾作改變、訂出計畫，並切實履行（Corey, 1991, p. 379-
382）。Wubbolding（1995）提到行為改變的幾個步驟，他稱
之為 WDEP 系統：

W：與當事人討論他／她需要什麼？要的是什麼？以及他
／她的看法又如何？檢視當事人想要的是什麼？而有沒有得到
他／她所要的？有必要的話，諮商師可以與當事人分享一些自
己的經驗，但是主要目的是協助當事人，另外要得到當事人的
承諾，有了承諾、改變才有可能。

D：探討當事人的行為是朝向什麼方向？當事人現在的行
為是引領他／她到什麼地方？而這是當事人想要的嗎？現在當
事人所作的，對他／她所要的又發生什麼作用和影響？重點在
「此時此地」、焦點放在當事人身上，常常用「現在進行式」
（present tense, or "ing"）的語句詢問、進行。

E：協助當事人「評估」自己的行為、方向、觀感、新的
行為方向與計畫，現實治療法的信服者認為，只有當事人的內
在自我評量進行之後，才有接下來的行動計畫產生。

P：籌備計畫之進行，基本上是要遵循簡單、可達成、可評
量、愈快有行動愈好、諮商師的參與、由當事人自己控制、當
事人履行承諾、行動一致且持續的原則（pp.406-412）。

在實際的諮商技術運用上，Glasser 並沒有提出特別的方
法，但是他堅持只有改變行動（actions）與想法（thoughts）─
─這些是我們唯一能改變的──才能改變當事人的「行為」
（Glasser, 1992, p.272）。Glasser 基本上認可人是不太願意改變

現狀的，即使這個現狀讓當事人很不舒服、挫敗感很大。諮商師的工作是：與當事人建立信任合作的專業關係，接著可以說服當事人在改變之後會更好，而改變行為的主權也在於當事人本身。

　　由於Glasser把他的理論應用在學校或青少年中途之家的效果奇佳，讓他十分有信心，陸續還推出了「控制理論」在諮商上的運用，協助當事人有效地控制、管理他／她能力所能及的，而不是有超乎自己能力的妄想而大感挫敗。我們可以看出現實理論使用在青少年至青年這個階段，主要是與此階段的發展特徵息息相關，青少年時期是極富夢想、樂觀、又很有正義感的時期，然而也可能理想太高、不切實際，出現了所謂眼高手低的情形。現實主義治療是許多學校諮商員喜歡採行使用的，在許多情況下說理或同理無用，最好的方法就是把事實擺上檯面，讓當事人自己去看！我在俄亥俄州擔任中學輔導老師時，碰到一些中輟又回鍋的學生，其中一位是墨西哥裔的十四歲青少年，因為家中食指浩繁，又只有母親一人工作養家，所以他就常常私下違法打工，也因此常常累得在課堂上打瞌睡。惡性循環的結果，書沒唸好、身體狀況也差，他說他只圖趕快畢業就去工作、協助家計。他的母親當然希望孩子可以求得較高的學位，不要像她只能做些粗工，但是孩子似乎有其他的想法。請這位學生來，該說的也說了，他仍然不想改變想法與作法；於是有一回，我在他面前擺了兩張紙，同他一起完成兩項工作，一張紙上是他自己獨立所需的一週花費（包括三餐、衣物、零用、貸款或房租），另一張則列下他如果現在國中輟

學，可以找到的工作與週薪。一項項列出後，再把國中畢業、高中畢業、職校修士、大學畢業的工作項目與週薪所得放在一邊給他做比較，然後我問他：你現在做的，是不是你想要的？十年之後，你又在哪裡？而這是不是你想要的？隔週他就來告訴我，決定先把打工時間減少，增加自習念書的時間，接著我才再詢問他在課業上所需的協助。這是我第一次深切感受到現實治療法的功力！

　　後來另一位十六歲在念國二的當事人，身體已經長得像大人，但舉止粗暴，常常因為擾亂班上秩序，被老師要求去見校長，也因此剝奪了許多學習的機會。導師告訴我學生的母親逃家，父親因販毒或偷竊常出入監獄，學生目前與祖母同住，但祖母無法管束他。當事人來見我，不合作是我所預期，他除了表現出「好男不與女鬥」的傳統男性尊嚴外，對於我這個外國人也有因不了解而有的偏見。後來是自協助他的數學作業開始，他發現我的解說他可以理解，就問我一些問題，然後慢慢可以與我做對談。他告訴我他要去搶銀行，我雖然有點吃驚，是後來轉念一想：他本來就是生長在一個犯罪家庭，價值觀念的差訛是有可能的，因此就很鎮定繼續聽他說；他說要搶一千萬美金，逃到澳大利亞的森林去，躲掉警察的追捕；問他何以維生？他說打獵。後來我想起道：「除了買槍及子彈，你其他的錢要怎麼花？」他才恍然道：「我忘記了！」搶了錢卻不能隨心所欲地花，這也是他沒有想過的問題啊！結果很戲劇性地，他後來願意多花時間上課，不像以前要我在課堂上把他拉出來作談話了！

玖、存在主義與治療

　　Victor Frankl（1905-present）以自身在集中營的經歷，爲現代的存在主義治療下了一個新的註腳，他認爲人生有其目的與意義，人的一生是要爲生命創造其獨特意義，即使是受苦也有其意義。Frankl 在集中營裡看到許多人間慘劇，他發現許多在正常世界極爲強悍的人，卻不一定可以通過集中營的考驗，反而是一些可以爲現存環境詮釋新定義的人，表現了更多的生命韌力。「死亡」是一個變動的常態，沒有人知道自己下一刻是否活著？焦慮是一定的，每個人有不同的因應方法。Frankl 後來自創了「意義治療法」（logotherapy），認爲協助當事人明白焦慮是來自人有死亡，而生命之意義也就是因爲人有死亡而產生——這句話看似矛盾，但解析之後就容易懂了！因爲生命有限，人們才會在此「有限」的逼迫下，去努力創造、詮釋生命意義！如果一個人知道自己生命無限，就不會那麼急迫想要明白活著的意義，更甭提好好利用當下。而 Frankl 認爲生命的意義，一般說來可以有：創造性價值（藝術、服務或培育人才）、經驗性價值（體會生命中的眞善美，給生命不同的意義），與態度性價值（在生命過程中可以有不同的領悟與參透，甚至是受苦也有其意義）（Frankl, 1986；金樹人，民 87年）。

Rollo May （1909-1993）把歐洲的存在主義帶入美國國土，不同於歐洲存在主義者所持的悲觀論調，他注入了新的美國精神在裡面，雖然他也談焦慮，而他本身也一直深受病痛所擾（焦慮來源之一），但他在這之中體悟了意志（will）與勇氣（courage），存在主義在他手中成為諮商治療學派之一，後來經過 Irvin Yalom （1931-present）的發揚、闡述，得到了更多注意。雖然有許多人批評存在主義治療稱不上是治療，因為它有太多哲學上的東西與理念，但是這並不減它的影響力。

諮商的目的是要了解當事人的生命觀，以及生活態度，讓當事人經由這些審視過程，可以更了解自己的內心世界，並進而得到新的看法或頓悟。諮商技術方面，是存在主義學派最被攻擊的部分，也因此有人說它的哲學意味多過實際的諮商治療。Frankl（1995）提到存在治療的改變過程是希望能從覺察焦慮到達自由（an awakening from anxiety to freedom）（p. 223），而整個改變過程是：當事人願意接受諮商治療、面對人是孤單的現實、體驗個人化的經驗（experience individuality）、與所生活的環境產生連結接觸，以及發展出自我內在的力量來因應困境（May, 1953, cited in Frank, 1995）。諮商師除了應該先去了解當事人的生活歷史之外，可以與當事人分享當下的存在經驗、協助當事人作深度接觸的覺察工夫、擔負起自己應負的責任、面質存在焦慮（特別是死亡），以及夢的工作。存在主義學派認為夢是一種提供個人內心反思的的途徑，其中意義必須由當事人自己去發掘（Frank, 1995）；而治療師的重頭工作項目就是：以「在關係網絡中的自我」（self-in-relation）呈現在當事人面前，協助其有意識地聚焦在自己目前面臨的生活經驗、挑戰、衝突與焦慮，利用與諮商師的面對面「交會」（encounter）機會，去發現、開發自己在種種關係經驗中的態度與想法（Spinelli, 1996）。

　　雖然說「存在主義治療」在心理學界常被人評為哲學意味太濃、缺乏實際心理治療的功用，但是作者在這些年來的臨床經驗中發現，我們最終還是要觸碰到這個問題。不單單是對於臨終病人、或是遭受人生大變動的當事人而已，常常在諮商進行到相當的程度，這些基本存在的問題就會自然而然浮出檯面，諮商員與當事人都要面對。諮商治療中的許多問題或主題，像價值、信仰、做決定這些也都涉及到人的生存與生命意義，不能截然與實際生活分開，這也是提醒了諮商師隨時要注意到的問題，當然另一方面也可以說：存在主義的確是貫穿其他學派，是基本的人生哲學關懷的主張。

拾、家族治療

　　家族治療因為囊括的對象不同，又分為親密伴侶治療、婚姻治療、家庭治療，或更擴大範圍就是家族治療（把一些相關的大家庭成員都放進來，像祖父母、叔姪輩）。家族治療基本上是把家庭當作一個系統（system）來看待，而每個人是這整個大系統的一部分，如同引擎的構造、牽一髮而動全身，當然

這個大系統之下，仍有不同的「次系統」（subsystems）的存在，包括了夫妻之間、手足之間、母子或父女之間，這些都是所謂的「次系統」，會相互影響（Thompson & Rudolph, 1992; Todd & Bohart, 1999）；如果一個家庭中出現了問題小孩，或有功能失常（dysfunction）的情況，整個家庭系統都要加以檢視。家庭治療學派認為：一個家庭成員的行為產生問題，只能把此人視為「被認定的病人」（identified patient，以下簡稱 IP），可以說是家庭問題的「代罪羔羊」（scapegoat）而已，把這個「病人」治好，並沒有把真正的問題解決了，在許多情況下還會讓這個家庭的功能更惡化！這又怎麼說呢？因為一般的系統是會「抗拒」改變的，光是當事人的改變，並不能扭轉乾坤。家庭治療的共同特色除了前述把整個家庭當成一個系統來看待之外，基本上還⑴關心家庭系統運作的「平衡」（equilibrium or homeostatic）問題，⑵一個問題孩子或家庭問題的產生，反應了家庭功能運作的失常，以及⑶許多家庭治療學派是採用多家學派的諮商技術，所以較為折衷（Thompson & Rudolph, 1992; Todd & Bohart, 1999）。

　　一般說來比較風行的三大學派，應該是 Minuchin 的「家庭建構學派」（Family Structural Therapy）、Haley 的「家庭策略學派」（Family Strategic Therapy）與 Satir 的「家庭系統學派」（Family Systemic Therapy）。

一、家庭建構學派

相信要知道一個人必須在他／她所處的社會環境中（social context）來進行了解，家庭問題之所以發生是因爲家庭「結構」出了問題。認爲一個家庭的構成是有高低階層（hierarchy）的組織，也有其家規與價值系統。著重家庭成員間「界限」（boundary）的問題，也就是說成熟健康的家人關係是：個人有自我，也可以與家人維繫健康開放的關係；換句話說，就是家庭次系統（像父母、手足）都有「適當」的界限，不會因爲關係疏離（disengaged）造成家人間的「沒有聯繫」，或過於融合（enmeshed），而喪失了自我。Minuchin（1991）對於家庭治療的重大貢獻是，他在治療中扮演的積極主動角色，除了觀察家人的互動情形之外，還參與在家庭治療中成爲其中一員、熟悉學習這個家庭的特殊語言與互動關係，並在其中做積極的行爲改變策略。他也強調治療師加入這個家庭系統之後，必須留意兩件事：一是調適自己進入這個家庭系統，但是仍保有其領導的地位；二是有足夠能力促成改變，並作治療處置的自由（Munichin, 1974）。此學派的治療除了認爲了解一個人得把此人所置身的環境列入考量之外，還相信只要改變一個家庭的初始結構，就可以讓家庭系統內的成員行爲與內在都獲得改變，而治療師的主動參與、加入此家庭並進入系統中去做改變，讓新的系統可以引導家庭成員的改變（p.9）。

㈠治療步驟

在治療過程中，一般會採用幾個步驟：

1.加入與調適（joining and accommodating）

家庭本身經過這麼多年，已經有其一套平衡系統，抗拒外來的衝擊或改變。治療師的加入，除了對原來系統的挑戰之外、也帶來新的契機；治療師除了去了解與尊重家中成員不同的看法之外，也進一步觀察此家庭的運作組織與結構。

2.互動工作（working with interaction）

家庭的動力結構（dynamics）是在行動中展現，治療師經由適當的詢問、觀察，可以知道家庭的階層結構如何？成員之間的界限又如何？也開始對界限的實際作介入的處理。

3.診斷（diagnosing）

不把問題擺在IP身上，而是放在整個家庭系統之中，把焦點自過去拉回現在，猜測此家庭的可能結構問題所在，並擬定治療方向，使得治療師的角色更為主動。

4.指出並修正互動方式
（highlighting and modifying interaction）

家庭互動一旦開始，其問題就會凸顯出來，互動過程重於

內容。治療師指出並強調家人互動的模式，並且以強勢（for-cing with intensity）方式來運作、操弄，治療師是站在積極主導的地位，而「塑造能力」（shaping competence）的技巧，也協助了成員肯定、利用自己的能力與資源，使得彼此之間的溝通更有效果。

5. 設定界限（boundary making）

過於融合與疏離的界限都不是健康的，治療師在這方面下了很大的工夫，協助成員釐清自己、次系統的關係，讓父父、母母、子子、女女，各司其位各掌其職。治療師並且強調家人之間的互補關係，也要求家人互相協助彼此的改變。

6. 造成不平衡（unbalancing）

治療師利用成員間的不平衡，造成次系統內的改變，如果夫妻之間不溝通已經成習慣，治療師就要介入，「刻意」破壞這個已存之久遠的「平衡」（或是沈寂）狀態。

7. 挑戰家人的假設
（challenging the family's assumptions）

挑戰成員對於現實世界的假設，改變成員之間的關係，相對地也會造成成員改變他們對現實世界的看法，讓成員學會自別人的角度來看的，也是真實存在的（Nichols & Schwartz, 1995, p.228）。

㈡治療技巧

在技巧使用上，Minuchin（1974）使用「家庭重塑」
（family restructuring）的方法，治療師參與其中，成為家庭中
的一員去催化促成改變之外，Minuchin 堅信只有經過「家庭重
塑」的動作與安排，改變才有可能；而在運作「家庭重塑」過
程中，至少包含了幾個步驟：

1.讓家庭溝通模式實際化
（actualizing family transactional patterns）

不是聽家人描述而已，而且進一步讓家人在諮商情境中演
出來，目的是讓家庭成員可以覺察到自己與家人的實際溝通模
式。治療師擔任的是導演的工作，也為成員開闢新的溝通管
道、重新安置成員之間的實際距離。

2.界限安排（marking boundaries）

家庭成員有自己的活動空間與界限，也保有與家中其他
「次系統」間的溝通與互相依賴的關係，這才是健全的家庭功
能；也因此治療師要協助家庭成員在「自主」（autonomy）與
「相互依賴」（interdependency）之間取得適當的平衡。除了
確定每個人都有他／她的自主權之外，也讓各個次系統在家庭
中有其立場與地位，不管治療師是對個人、次系統，或家庭其
他系統進行治療，治療師的腦海中都一直存有這整個家族的

「地圖」，也就是依個別特殊家庭的情況來作統整治療。

3.誇大壓力（escalating stress）

Minuchin 認為來求助的家族通常都是在遭遇壓力情境時，發展出了非功能性的溝通模式。因此治療師的任務之一是阻斷這個無效的溝通模式，讓每個成員都可以與他人不同，但也能貢獻他們的能力與意見。治療師讓潛隱的衝突浮出檯面，運用「加入」（alliance or coalition）或「疏離」的策略，協助溝通模式的改變，讓這個家族重新考量解決當前問題的其他可能性。

4.分配作業（assigning tasks）

可以在治療情境中進行或規定家庭作業，其目的是提供新且可行的溝通模式，讓家族成員去嘗試，最後促使其改變。

5.利用徵狀（utilizing symptoms）

家庭中有 IP 的產生就是表明了家庭情境出現問題（a contextual problem），治療師正好利用 IP 的這個徵狀，來探討徵狀在這個家族系統中的功用，然後用來改變家庭溝通模式。

6.操控情緒（manipulating mood）

許多家庭會出現有限或特殊的幾種情緒反應，治療師可以據此為線索，來探討此家族系統中所「容許表現出來」的情緒背後的癥結，看看此系統逃避的是什麼、需要改變的方向為

何？

7. **支持**（supporting）、**教育**（educating）**與引導**（gui-
   ding）

　　支持的力量可以維繫一個個體的自主與家族系統的完整，
治療師還要擔任引導溝通、教育成員系統運作與界限等等資訊
（pp.140-157）。

　　另外，Minuchin 還以個案實例展示了「是啊，可是……」
（yes, but）以及「是的，而且……」（yes, and）的使用技巧，
有興趣的讀者可以參看 Minuchin（1974）的這本經典名著
《Families and family therapy》。

二、家庭策略學派

　　代表人物 Jay Haley 與其妻 Cloe Madanes，認為治療師的職
責就是要擬定適當策略，來改善或解決家庭問題，Haley 稱其
治療模式為「事先計畫治療」（plan-ahead therapy, cited in Ni-
chols & Schwartz, 1995, p.414）。Haley 師承 Milton Erickson，
認為治療的評估與目的，主要是改善家庭的階層組織結構（hie-
rarchy）與界限問題，而在實際治療當中也運用了許多創新獨特
的方法。Madanes（1990）更歸納了家庭問題起源於「愛與暴
力」的兩難情境，基本上歸類為四項：「掌控與操弄」（to
dominate and control）、「被愛」（to be loved）、「愛與保

護」（to love and protect others），以及「悔恨與原諒」（to re-pent and forgive）（cited in Nichols & Schwartz, 1995）。這個學派基本上認為，家庭成員的行為必須要放在「情境」（con-text）之中來看，才能夠有真實的了解，而家中成員的行為是持續且會重複的，其問題行為有其「功能」或「作用」，而且每個行為都是「溝通」的一部分，問題不消除，基本上就是說明了這個家庭的解決問題方式不是十分有效果。

在實際運作的技巧上，策略學派被譽為最具技術導向的家族治療學派，以針對解決目前出現的問題為主，而Haley的「行為」導向十分明顯，Madanes（1990）的治療目標近來也有超乎「問題中心」（problem-focused）的一貫模式，而朝向「成長導向」（growth-oriented）（Nichols & Schwartz, 1995）。Haley的治療過程，通常會自訪談家中所有成員開始，基本上有四個步驟：社交階段（social stage）——協助成員輕鬆下來，與他們交換一些寒暄，並觀察成員的行為與互動；問題階段（problem stage）——會詢問家中每位成員對於問題的看法，也開始了治療動作；互動階段（interaction stage）——要求成員們間互相對話，並觀察家中人誰與誰是一夥的、或是敵對的，父母的反應又如何？目標設立階段（goal-setting stage）——擬定這個治療想要達成的目標是什麼？而治療師心中也已經有「譜」（所謂的「治療策略」）了。

Haley的技巧有許多，而且還針對不同情境作其他研發，他曾經使用過「假裝技術」（pretend techniques）——要家庭成員之一假裝有某個症狀，並且要其他成員作必要的協助，不僅

改善了原來 IP 的症狀，也重新定位了父母與孩子間的階層組織；「苦難治療」（ordeal therapy）——主要是用來「重建」家庭組織，利用一件不容易、麻煩的作業，讓相關成員加入合作，目的是讓當事人所呈現的「徵狀」更難過，結果會使徵狀消失，家人之間的關係獲得改善。

三、家庭系統學派

　　Satir 認為家庭問題出在溝通上，每個人在自己原生家庭之中有許多的「不成文」家規或價值觀（unspoken assumptions），而這些會隨著個人成長，帶到成人的（尤其是家庭）生活之中繼續運作。而治療師的工作就是讓這個家庭的成員，可以學會清楚而直接的溝通方式，而不是在玩猜謎遊戲。Satir 溝通的重點不是擺在溝通內容而已，而是放在「感受」上，因此良性的溝通會讓個人的意圖與情緒都適當表現出來，讓對方明白不同的溝通互動方式。大家比較熟悉的可能是 Satir 所使用的「家庭塑造」（family sculpture）中家庭裡的五個不同角色：和事佬（placater，為了討好他人，做了許多犧牲）、譴責者（blamer，吹毛求疵、自居權威或裁判、對自己沒有自信）、超理智者（superreasonable computer，鎮靜、不表現出情緒、對自己或他人的需求加以否認）、無關緊要者（irrelevant distractor，企圖扮演類似小丑的角色，主要目的是希望能讓他人分心，不去注意所關心的事項）以及一致者（congruent leveler），「一致者」就是治療希望達成的目標──可以做坦承開放的溝通，而且表裡、言行一致。

Satir 不把焦點放在「問題」上，而是鼓勵當事人去開發、聚焦在自己的內心世界與經驗，她把經驗分作六個層次（levels），它們是：渴望（yearnings，人渴望被接受、被肯定、被愛與愛人）、期待（expectations，人們的渴望會以期待形式出現，包括希望與人親近、完整、親密、自由、興奮經驗與創意發揮）、覺知（perceptions，指價值觀、信仰、態度，這些都與我們對自己的看法有關）、感受（feelings，感受是以過去經驗為基礎的，最普遍的有受傷、害怕與憤怒）、應對（coping，所謂的防衛或生存機轉，在壓力情境時的作用是保護），以及行為（behavior，指的是對應方式的呈現與個體內在世界的外顯化），而這六個層次的經驗是同時發生的。

在治療技巧應用上，Satir 較著名的除了前項提到的「家庭塑造」（或是「家庭重塑」，要求家人扮演不同的角色，也可以要求家中成員之一，分派給家人適當的角色，並就現況或某個關鍵事件「重新」演練一次，把經驗的六個層次都作了檢視，認定需要改變的部分，然後展示改變之後帶來的新的可能性）之外，還有所謂的「部分派對」（parts party），目的是希望能整合每個人的所有內在「部分」，把每一部分都以名人為角色，像愛因斯坦是表示「智慧」的部分、瑪丹娜代表著性感，而撒旦是邪惡的代表等等，而想要改變的部分叫做「主持人」（host），然後治療師（或稱 guide，「嚮導」）就像導演一樣，引領各部分的角色作互動，也可以讓其中若干角色暫時

「凍結」（freeze）起來，甚至安排衝突出現，並要求演出他們
的感受（Satir, Banmen, Gerber, & Gomori, 1991）。整個的「部
分派對」就是經驗、學習與整合的過程。

比如一個家庭中夫妻感情不睦，常常有口角，也許家中的
一個孩子就會常常出狀況，也許是生病、不願上學，在學校成
爲令人頭痛的人物，父母親會覺得很煩，也許又互相怪罪；但
是站在孩子的立場，他認爲只要把父母親互相爭吵的注意力移
開──比如轉移到自己身上，也許父母雙方就可以和平相處，
少了許多紛擾爭執！有人說父母不和，孩子會變壞，這其實是
很不公平的說法；孩子是家庭中的一員，他也認爲對這個家負
有責任，所以他會用自己認爲可行的方法來解決，雖然這個方
法不一定奏效。

家庭中任何一位成員出現問題，都應該把整個系統作個檢
視，家庭治療學派以爲：一個家庭都會以它獨特的方式來運
作、維持系統的平衡，所以有個「三角平衡」（triangulation）
關係的說法；例如，如果在一個家庭中母親是弱勢，爲了與丈
夫抗衡，她會比較親近兒子（或女兒），藉由兒子（女兒）的
力量，讓這個家庭系統較爲平衡。然而 Satir 認爲三人不成關
係，關係是兩人之間的，所以她的治療方向也是讓當事人可以
直接面對面，作直接有效的溝通，而不需要把不相關的人扯進
來，模糊了問題焦點。

家庭又因其系統的開放程度不同，有不同的規則在運轉，
造成這個家庭在處理一些危機事件時，有資源多寡的情形，間
接也會影響問題的解決。舉個例子來說吧！有家庭暴力發生的

家庭，它的家庭系統一般是較為封閉的，也就是說以丈夫掌控為主，妻子與孩子是附屬、比較沒有權力的，也因此這個家庭的運作及一切規則，可能都是丈夫一手包辦，妻子與孩子的社交圈也受到許多限制，自然而然會讓這個家呈現較為孤離的狀態；加上丈夫的暴力傾向，妻子與兒女在一家之主的威脅下，更擔心家醜外揚，所以就把這個暴力的事實變成了家庭的祕密，不敢對外宣揚！倘若孩子也被波及，孩子們也會說謊來遮掩事實，做妻子的更不用說了！除非暴力已超出家人身體與心理可以忍受的極限，甚至出了事讓外面人發覺了，否則家庭暴力的案子是不會輕易露出馬腳的。

　　家庭暴力通常持續很長的一段時間，其受害者也因此承受了長期的虐待與壓力，這種「暴力循環」（violence cycle）——施暴、加害人乞求受害人的原諒、受害人原諒加害者、加害者表現出體貼和善有意悔改的一面、暴力事件又起——沒有經過一番大整頓是不能解決根本的問題的！因此家庭治療師會設法把家人都召集起來，加入治療過程，仔細檢討系統哪兒出了差錯，要作怎樣的改變與修正，治療師把自己當成這個家庭系統的一份子，也是改變系統的促動者（agent），他／她會陪著這個家庭走過整個治療的全程，並且主動造成改變！

　　家庭治療中有個「家庭劇」，是曾經風行一時，也是廣為諮商師所使用的，把家中人的角色分成幾類，以演劇方式呈現並探討，不僅可以演出實際情況，還可以藉由戲劇方式表現出當事人與相關人物內心的感受與想法，讓彼此可以更了解、達成解決問題的共識。有關這方面的資訊，國內有許多工作坊或

書籍可以參考，在書肆中很容易找到，有興趣的同好可以從中知道更多，並窺其堂奧！

家族治療基本上其技術部分是綜合採用其他學派，沒有太多自己發明的技巧。不過可以一提的是「家族譜」（genogram）的使用。「家族譜」是要求當事人口述家庭中成員的基本資訊，以及成員之間的關係而做成的，可以作為治療師對於家人互動與相關資料的理解。由於「家族譜」運用一些特殊的符號來代表特殊意義，所以把自當事人口中得來的資料，用簡明扼要的圖表表示出來，很容易就一目了然！當然，使用「家族譜」的技術耗時很長，沒有必要對每個當事人的情況都採用，有時甚至可以教當事人自己繪製家族譜，讓當事人對於自己原生或目前家庭的了解更深入。

有時在治療過程中，無法花這麼多時間在「家族譜」的敘述上，諮商師可以自己研發類似方式，來取代繁瑣的正統家族譜，作者偶而會要求當事人繪一張「全家福」的相片，只要花五分鐘左右的時間，就可以大略猜測家人互動的關係，然後由此開始，進一步探索當事人所要明白或解決的問題。當然，家庭治療並不止於這三大學派而已，前面所述的不同學派，也針對不同族群與當事人的需要，發展出它們獨特的治療方式與重點，像可以有精神分析或個人中心遊戲治療、理情行為短期治療、自我心理學派的家庭治療等等，因此諮商人在熟習不同學派的基本立論與技術的同時，也不要忽略了因應不同當事人、問題或需要，而多多去學習、開發不同的諮商實際與運用。

拾壹、女性主義治療（Feminist therapy）

　　心理治療的許多理論是以男性為中心的，甚至 Freud 都曾經認為女性較多心理疾病，有些「特定」的心理疾病還是「專屬」於女性的（像「歇斯底里」）。即使是現代的精神心理學界，有些人還相信某些心理疾病似乎有「性別」之分（像「邊際性人格違常」是女性較多，「反社會人格」男性較多），這些論點可能就是忘了把當事人所處的「社會情境」考慮在內。誠如 Carol Gilligan（1982）所言：對男性來說，「分離」（separation）與「個人化」（individuation）對於性別認同（gender identity）是很關鍵的一環，也是他們脫離母親、發展「男性化」的主要理由；而所謂的「女性化」就是同「依附」行為（attachment）連結在一起，因此當「分離」威脅到女性的性別認同的同時，「親密」就威脅到了男性的性別認同（p. 8）。而在心理健康的定義上，設定獨立、自主、分離與個人化為成熟及心理健康的象徵，就是以男性的觀點來作唯一標準的獨斷霸道表現，否定了對女性的特質考量，是很不公平的。所謂女性的「關係或表達導向」與男性的「工具或目的導向」，應該要把整個社會情境列入考慮。女性主義本來是因為政治因素而生，主要是為婦女爭取政治地位與社會權利、地位，後來運用在心理治療上，是因為發現許多婦女在長期「父權社會」

的期待、壓力與要求之下，對於自己的性別與地位有許多的不肯定與自卑，而這些「被制約」的觀念與想法，只有經過「再教育」與「模範」的作用，才可能讓婦女或其他弱勢族群，可以有發聲、說出自己意見的機會，並且發展、實現自己的生命型態，不必受制於刻板的社會期待與要求。

女性主義治療師並不一定是女性，認為人無論男女、都享有平權的治療師都可以為之。基本上女性主義的治療是以「平等」（egalitarian approach）的諮商關係為出發點，去察覺整個大社會環境中的「性別歧視」，而這也影響到了女性的情緒福祉（emotional welfare），母女關係（尤其是童年經驗）對於女性成長的間接影響，都是治療中會觸碰的要點（McLeod, 1994）；也就是女性主義治療，除了意識到社會的壓力之外，在實際治療過程中也特別留意到諮商師與當事人間的「權力」（power）問題（Brabeck & Brown, 1997），只有在治療情境中的「平權」關係，才有可能讓當事人有「力量」（empowering）、活得更有生氣。因此女性主義治療的目標一般歸納為：加強女性對自己的社會地位與現況的意識（conscious）與覺察，以及重新改寫自我認同、自尊與生命腳本，並為此負起自己的責任（張鈺佩，87；劉惠琴，民85）。

女性主義治療過程中強調的是：需要重新檢視早期經由父母內射（interjection）過程而得來的價值觀及對自我的看法，並探討人際關係中的「權力」因素；探索當事人目前人際關係中的「權力」關係，以及對自我情緒福祉的影響；最後是肯定當事人的能力與權利去創造自己的生活，也負起應負的責任

（McLeod, 1994, p.89）。也就是在認為性別角色的彈性化、性別間的平權、以及讓女性重新恢復力量是治療重點之外，特別著重女性內心經驗與外在社會與環境間的互動關係（Sieber & Cairns, 1991）。根據許多的臨床經驗，McLeod（1994）認為一般來尋求女性主義治療的女性，主要是一些覺得受到太多挫折與壓力、感受到社會的不平等、社會階層的壓力，以及缺乏其他可用資源的人。在接受過女性主義治療之後，當事人普遍發現：自己有了表達的自由，並且滿足了自己情緒上的需要，不再被視為二等公民，有被關心照顧，而且有勇氣扭轉、對抗社會對於女性的負面看法（pp.116-124）。而綜觀女性主義治療的目標是：讓當事人明白自己在社會化過程中的性別角色、知道自己內化的性別角色訊息與信念、以更具積極的「自我語言」來替代刻板化的角色信念、可以不必拘泥刻板的角色而自由選擇更多面化的行為、評估社會力量對於個人經驗的影響、了解社會是如何壓抑女性、明白女性的個別經驗其實是普遍存在於所有女性的、找出在社會現實中對女性有負面或壓迫影響的因素、獲取必要的技巧以改善環境、重建許多機轉中的歧視行為與規定，以及發展個人與社會力量的意識（Taylor, 1996, p. 212）。

　　女性主義治療學派所使用的諮商技巧是折衷各家，但是一般說來，比較常用完形學派的一些分析技術（例如夢的分析與空椅法）、身體工作（body work，像按摩）、想像法、暗喻（metaphor）、相片治療、催眠、日記撰寫等等（Laidlaw & Malmo, 1991）。在實際作女性治療的臨床經驗中，發現肯定女

性個人經驗與貢獻，並且經由「重新架構」（reframing）的方式來定義女性自身獨特的經驗意義，讓女性參與同為女性的成長團體、互相支持，選擇與提供適當的角色模範（或者諮商師本身亦為一可能典範），要當事人學會照顧自己，施以「肯定訓練」（assertiveness training），運用認知行為治療的改變「內在語言」等等技巧，效果極佳。鼓勵女性參與團體模式的治療，基本上有下列的優點：(1)打破孤離感。明白社會或政治因素可能是造成女性面臨的問題，提供女性間的互相支持與學習的機會。(2)沒有男性成員在內的團體，女性就無須防衛、或戴上假面具，不必表現刻板的角色行為，也更能珍視自己、信任自己與其他女性成員。(3)可以在團體中練習、養成溝通與領導技巧。自其他成員身上看到不被自己接受的部分，進而了解與接納。另外(4)團體模式較具經濟效益，也較能為女性所接受（Laidlaw & Malmo, 1991, p.396）。

Enns（1993）在整理女性主義治療的相關文獻中提到對於男性當事人的諮商，主要的議題包括：學會整合「關係」（relationship）與「成就」（achievement）的需求、增強親密關係的能力、情感表達、自我揭露、合作關係的建立、學習非強制性的問題解決方式、創造「雙贏」等等（p.38）；或是運用「性別角色覺察治療」（gender aware therapy），只要是把性別、社會因素列入為治療過程的一部分，主動去改善因為性別而造成不公平的情況，強調治療關係中的平等與合作，以及尊重當事人的選擇（Good, Gilbert, & Scher, 1990, p.377）。而在男性的治療師方面，特別呼籲治療師：要去挑戰性別歧視的行為；重

新根據價值觀來定義所謂的男性化，而不是依據權力、地位或特權；也主動支持女性尋求正義公平的待遇；另外還要積極阻撓男性貶低女性的行為、挑戰男性的掌控行為，協助兩性可以建立更為平權的關係（Enns, 1993）。

拾貳、遊戲治療

　　Anna Freud 利用遊戲方式與兒童建立關係，雖然她承其父親 Freud 的精神分析角度，來進行治療工作（Young-Bruehl, 1988）。遊戲是兒童用來表達自己的主要方式，他們可以經由遊戲來表達他們的情緒與問題。遊戲治療可以是非指導性的，也可以是指導性的（Axline, 1947），端賴治療師本身的信仰與理論方向。非指導性的遊戲治療，以當事人為主軸，主要是提供一個最有利發展的環境，讓當事人可以去「經驗成長」（Axline, 1947, p.16）。藉由遊戲方式是最容易與兒童建立諮商關係的，因為兒童在遊戲中，最不覺得拘束、最容易透露他們所思所想，加上兒童在語言表達能力上的限制，遊戲其實就是他們生活的主要部分。Landreth （1991）認為遊戲可以說是兒童使用的「象徵性語言」，透過遊戲他們可以表達自己所經歷的、對經歷的反應與感受，還有他的需求期待與對自己的看法（高淑貞譯, 1994, p.13）。而在實際擔任治療工作中，利用遊戲方式，也可以打破與抗拒較強當事人之間的僵局。

　　遊戲治療本來是因為要了解語言表達能力較差的兒童族群，而發展出來的另類治療法，另外一個主要原因是：遊戲原本就是兒童生活的重要部分，因此他們在遊戲中可以表達的也超乎一般人的想像。近年來，遊戲治療的使用對象已不只限於兒童或有語言障礙的當事人，也遍及到各個不同族群，包括成人，甚至是親子治療上。在遊戲中，人們可以比較放鬆、有創意、較沒有世俗的顧忌，可以充分表現出真實自我，更何況 Freud 與 Adler 也很強調「遊樂」（play）在人生中的重要性，想想人如果只是工作，沒有嗜好或休閒娛樂，活著也是很難過。

　　遊戲治療中，諮商師的觀察技巧十分重要，另外布置一個安全、沒有威脅性的環境，讓當事人可以在其中自由發揮創意、玩得盡興，也是要注意的。

拾參、理論與技術怎麼運用

　　新手諮商師對於理論的消化較為生澀，比較容易固守一些既定原則，無形中在使用技巧時，就會呈現僵硬不自在的現象，這是很自然的。就如同我們在做同理心技巧訓練時，容易以步驟一二三的方式進行，初運用時，也有詰屈聱牙的不順，但是只要肯練習，熟能生巧，許多的技巧就可以「運用於無形」了！可以與同儕（同業）多多做角色扮演，也可以身體力

行，用在與其他人的溝通與建議上。例如，在學了投射技巧後，就會把新學的東西使用在個案身上，本來是以小學學童爲對象，後來發現在成人身上也好用，而且不一定要用現有的投射測驗工具，自己慢慢也可以創新研發，甚至是使用他人設計的活動，加以變化更新，也可能有不同的詮釋！技巧不是一成不變的，而理論也會經由我們自己實際運用之後，產生頓悟與發明！其實，技巧是理論的一種實現，沒有必要把它們劃分得太清楚，或者是偏重一面，而忽略了其他部分。

　　在上諮商理論與技術的課程時，同學原先大部分都有個誤解：以爲技術「只」適用於治療場合，但是當他們發現許多諮商理論其實在日常生活中都可以發現、印證，技巧的部分更是耳熟能詳，就十分驚訝。唯一的差異在於在日常生活中我們常常是「知而不行」，而在課堂老師的要求下，不得不去「知之行之」，只有同學把所知道的理論與技術，在日常生活中去實踐履行，當碰到眞正的諮商情境時，才更能應付裕如！一般說來，可以朝以下分述的幾個方向來作理論與技術部分的增強與補足：

一、接觸第一手資料

　　許多初學諮商或心理治療的人，大部分是在一般民間服務機構或是學校裡第一次接觸到理論，往往會發現只是一般的概論或粗淺介紹，而且在極短的時間內（比如三到六個月，或是

一學期的課），不能深入各家理論的肌理，因此往往也是只有
浮淺的一些觀念，如果還要加上技術部分，時間太短真的是很
大的問題。不過，有心從事這一行或以心理諮商為職志的人，
不會是被動的學習者，而能夠自己主動去找相關書籍來看；只
是一般市面上的有關出版物，還是不能概括所有學派，而且許
多是經由作者詮釋、或是翻譯過來的，難免因為文字或文化的
因素，不能窺其全貌，所以還是建議有心人，如果可以對於基
本學派重要人物的代表出版物有所涉獵、研讀，常常就可以更
快進入情況，也省下許多時間。當然，由於諮商是在美國發
芽、滋長，使用的傳達文字以英文居多，然而創始者為了讓自
己的想法得到更多人的接受與了解，使用的文字都不會太艱
澀。在看過了一般的論述介紹之後，可以至少把每一學派代表
人物的一本代表著作看完，通常就會對其觀點與使用方式更為
明白！這雖然看起來是條很漫長的路，但是也是最便捷的途
徑。我個人的經驗是，把這些所謂的「經典名著」一看再看，
就像閱讀一般書籍一樣，每讀一次，都有不同的領會與了解；
因此如果再去看看其他專業人引伸、說明的書籍文章，就更能
知道其中奧妙，甚至修正自己一些誤解或迷思。讀書是愈讀愈
有味的，看這些理念與運用的書籍也是一樣。另外，我覺得很
有幫助的是：看一些治療師的個案處理方式，或是逐字稿，
Rogers、Perls、Ellis、Berne，或是一些家庭治療學派的諮商
師，都有或多或少的真實案例呈現，除了可以知道治療師對於
不同個案的處置方向、問題釐清與診斷之外，還可以明白為什
麼要使用某些特殊的技巧，更何況這些故事還真好讀，也容易

理解。

二、在課堂上與講師作角色扮演與直接交流

可以在課堂上發問，把不明瞭的地方做釐清與了解，這是一般上課的好處，「學問」就是學著要問。光是單向的講授，有時並不能把學派的重要觀念弄清楚，學習者自字面上所理解的，可能會有差異，因此可以在課堂上與講師作雙向溝通、有問有答，對於學習效果是最佳的。接著在課堂上老師會播放錄影帶、或是做現場示範演練、甚至要求同學們作角色扮演，這都是很直接學習的經驗。然而也礙於課堂上修課的人很多，老師不能一一作演示或督導，有心的同學不妨自己私下來練習，或者在課堂之外的時間找老師私下請益。

三、與專業或同業人員作互動

與同學、同業之間的交流互動，常常可以學到很多，尤其大家的學習背景相似，有許多疑問可能就是共同的，因此促使大家更有動力學習，何況同儕間相互作角色扮演，不像在課堂上與老師的演練，比較沒有壓力，因此學習氣氛可以輕鬆自在。在學同學可以在參加類似的專業研習或會議時，多去認識一些專業的前輩，討教或針對若干有興趣的議題互相交流。在

教授諮商理論與技術的課程中，除了要同學去參觀訪問一些輔導諮商機構，與眞正接觸過實際業務的專業人員晤談，也常常要求同學去擔任求助者、或去接受諮商，這也不失爲接觸理論與應用的方法，不少同學慢慢了解諮商師使用的是什麼技巧、出自於某學派，也會對諮商師的一些處置作評估。總而言之，不要畫地自限是最重要的，多伸出觸角去探詢、發掘，收穫自然更多。

四、把理論觀點運用在日常生活之中

找在上諮商理論介紹的課程時，往往會要求同學們把自己唸到、學到的觀念，在日常生活中去求證或運用。其實許多觀念我們在一般生活中都有機會碰到，比如 Freud 的「自我防衛機轉」、發展五期的特徵；行爲主義的「制約」、「增強」、代幣系統、形塑、模仿學習；Adler 的「手足出生序」、「早期記憶」；溝通交流分析的「認可」或「撫慰」、PAC；家庭治療的「家族譜」、「三角關係」等等，都很容易在日常生活中發現與執行，只是不知道有這些特殊名詞而已。就如同我在前言裡面提到的：諮商應該是一種生活哲學的實踐，而事實也正是如此。

五、大量去汲取所想要的資訊或研究文獻

　　課堂上老師要求的口頭報告或學期報告，是同學最能專注於某一有興趣的主題，並作深入探討與了解的。經過仔細的資料蒐集、研讀文獻、分析比較之後，整理出來一份有系統的報告，不只很有成就感，也讓自己有深入學習的機會。另外，閱讀近期的專業期刊，明白現在熱門與研究的趨勢是什麼，有不少是針對現存的理論或技術作驗證與修正，甚至提出新的理論與關切議題，這些都有助於我們讓自己的專業知識更豐富、鮮活，與當代專業脈動同步！當然，也可以在這些閱讀研究的工作中，發現一些尚未被重視或遺漏的部分，可以刺激自己作研究。

六、參加國際性或是全國性、地方性的專業相關活動

　　坊間對於諮商與心理治療的興趣，表現在近年來出版刊物與工作坊上，也有不少相關門診、治療行業的出現，因此要參加一些地方或全國性的心理諮商工作坊或是會議，有許多可運用的資源，雖然有時費用部分稍嫌太高。不過許多學校單位也配合政府推動心理健康的政策，幾乎也有常態性的教師輔導知

能研習的業務,這些活動有時也會開放給一般民眾或是學生參加,因此諮商人可以就個人興趣所及,去真正參與、體驗,通常都不會敗興而返!有時候碰到某大師級的人物,正好又拜讀過他/她的大作,當然可以與之交換意見,我還碰過作者知道我看過她的舊作,急急忙送我簽名的新書,而對於許多有趣的研究論題,也提供寶貴建議!許多專業人員的研究主題,經由他/她本人的親口闡述、與面對面的交流互動之後,更容易理解、也獲益良多!

七、作觀念性的個案處理 (case conceptualization)

　　這個方式一般在授課的老師也會使用,一般學生有接觸實際個案的限制,也就是說不太能與真正當事人有實際的接觸與診療。因此,假設一些當事人的狀況,讓學生可以依自己所學,來對這個個案作診斷、釐定問題的癥結、接下來的治療目標與處置方式。由於班上同學有不同的角度與看法,這種案例觀念化的練習,不僅可以讓學生進一步去思考當事人的情況與治療方向與步驟,還可以聽聽別人自不同角度切入的看法與考慮,真是一舉兩得!當然「個案觀念化」的活動與實際個案還是有差距,但是至少可以補足課堂理論與實際的一些距離,也不失為一個可以採用來「熟習」、或作「準備」的方法!我記得有些同學在實際進行治療工作之後,反應說:「以前讓我們

在課堂上『模擬』的個案，後來真的讓我碰到了，因為曾經聽過同學們的不同處理方式，所以心裡比較有底，面對個案時，也不會太慌張。」這也算是另一種形式的「想像預演」（image rehearsal）吧！

八、尋求不同的實習、觀摩機會，甚至是可以花時間擔任義務工作

有心，就有動力，何況諮商是「走出去」的工作。許多在一般服務性質的場合，認識不少「非專業出身」的義工（lay person），他們雖非科班出身，但是擁有喜於助人的熱情、認為自己「有所不足」的自省，非常積極尋求進修機會，而且在接觸與細心觀察之中，也可以在時機成熟之時，依樣畫葫蘆，慢慢作實務接案與練習。經驗累積的結果，也沒有讓他們在「科班」出身的人面前相形見絀，反而是在他們身上真正看到了理論與生活的實踐！尋找不同的機構、族群去實習，可以在實際接觸中，了解機構的運作、流程、資源、工作重點，以及不同族群的需要與挑戰，當然更可以淬鍊、圓熟自己的的專業助人能力。

第六章

理論、研究與
運用——我們
的專業

在這一章中，會就諮商理論的再思考、研究能力與知識，以及理論與實際的落差等，進行論述與說明。最後會輔以實際案例的呈現，來說明不同學派的可能諮商方式。

壹、理論的再思考

理論是前人的理念架構，代表的是研究或觀察的結果，可以作爲思考的指引，但是並非唯一權威；何況在現實世界中，總是有千變萬化的因素交錯著，也會對於旣定的理論產生考驗，所以有許多臨床治療師或學者，就以自己的實際經驗爲依據，把理論加以修正或推翻，讓它更切合實際。然而許多社會科學的理論，因爲研究的對象是人，而人是一個變數，所以理論通常只能說明部分的事實，就像有人服膺不同學派的理論，但是並不以此爲唯一信仰。對於相信過去兒時經驗會影響一個人未來的人，有時也要考慮到人在長大後，因爲能力的增加與見聞的擴展，可以把命運作個扭轉；認爲人的思考會對感受與行爲產生莫大影響的人，也許發現若干情況下，不能單以此原則爲執行標準，比如認知發展不若一般人的，這些「信仰」主導行爲後果或感受的理念，可能不容易被了解，甚至是智力程度極高、認爲自己很理智的人，可能會批評與攻擊這個立論，而不予採信。對於急著想要讓問題獲得解決的當事人，諮商師利用同理與接納的技術來慢慢建立治療關係，也可能緩不濟

急，當然正面對危機的人，同他／她談死亡焦慮、人生意義的創造，根本可能是隔靴搔癢、沒抓到重點。所謂最好的治療，就是符合當事人需求的治療，讓當事人可以早日恢復生活功能，有更好的能力去面對生命中的挑戰，過更滿意的生活。

有經驗的諮商員，在經過許多臨床實務的洗禮之後，會發現理論不是唯一的「聖經」，而也會相對地根據不同當事人、需求、問題與情境，作適當的修正與創新。當然，治療師除了要追求專業知識與技術上的日新又新之外，也要有冒險與作實驗的準備，因爲許多新的處置方式會紛紛出籠，一味執守舊法或舊知識，沒有跟隨時代的脈動與變化，治療效果可能就會打折扣，而儘管如此，當事人的福祉自然還是最重要的考量，不能因爲嘗試新法而忘了顧慮到對當事人的可能影響！

一、理論與實際

雖然說理論是自日常生活的觀察或臨床的實際歷練而來，然而就如同各家理論對於人性觀抱持的看法一樣，有不同的出發點，因此這些理論可能因爲所站角度的不同，得出的結論也至多可以說是「提供了某一向度的眞相」；了解不同觀點所探知的「眞相」，也許就可以拼湊出比較完整的事實，這也是爲什麼一般初入門的諮商人希望對於現存理論作個統觀了解的主因；再則，人是最大的變數，心理學研究的目的之一固然是解釋、了解或預測人的行爲，然而歸結到本書最初所言——終我

們一生又可以參透多少？而諮商治療所做的，除了了解、預測、還希望可以做到「控制」的部分，也就是可以進一步作改善或改變。

許多研究臨床學者（Corey, 1991; Corte, Hazler, Sweeney et al., 1995）對於九大諮商學派的批評，也可以作為理論與實際的限制和挑戰的參考：

(一)精神分析學派

只著重生理與直覺上的因素，忽略了社會、文化與人際關係的可能影響。而治療的時間與花費，沒有考量到不同社經階級與文化背景的當事人。在強調「移情」現象的治療中，也可能不適合「自我強度」不夠的當事人。培訓人才方面要求嚴厲，也讓有興趣的人望之卻步。

(二)自我心理學派

出於「一般看法」者多；在理論與運用上缺少科學驗證的支持；也可能過度簡化了人類遭遇的問題；多見於此學派服膺者在生活哲學上的教導，比較少著眼在實際功能失常個體的治療。

㈢存在主義學派

最受爭議的是基本立論的定義不明，致使在臨床應用上的缺乏具體與困難；而且由於當事人的需求不同，存在主義治療不適合所有的當事人；對於生活功能較低，或是需要危機處理的當事人的適用性也有限。此治療學派著重在口語方面的溝通模式，以及人際關係上的探討，對於口語表達能力較差、或是害怕與人有親密接觸的當事人而言，存在主義治療可能是具破壞、侵犯性的。此外，存在主義相信人的潛能這一點，有時難免會讓人覺得膚淺、不切實際。

㈣人本中心學派

理論通常被評為太過簡單，但是真正執行起來卻不容易；著重於治療師本身的專業與人文素養頗多，一般新手諮商師容易流為「膚淺」治療。有些處於危機中的當事人，或是需要治療師「指點迷津」或建議，人本中心的諮商師就顯得被動、不積極，沒有辦法符合當事人的需求。

㈤完形學派

被評為是「雜燴式」的理論，因為多多少少採用了其他學派的理念匯聚而成；許多人對於完形學派的看法可能是忽略理

論部分，而聚焦在 Perls 個人意味濃厚的治療色彩上。所謂的「完形」寓意深遠，但是在目前許多學門朝向分科精細的趨勢來看，「完形」的觀念也可能會導致治療「不周全」、「不徹底」。Perls強調「此時此地」的「專注治療法」可能會限制了當事人對於問題的全面披露與探索。缺乏想像力的當事人可能比較不適合這種治療趨向，而且此學派強調情緒的表達，如果不是所有的情緒得到宣洩或表露、又沒有認知的動作跟隨，也許會造成當事人覺得治療「沒有完結」的感受。

㈥溝通交流分析學派

在實徵研究上沒有許多證據顯示此理論的有效性，而其治療內容也較偏於認知層面、忽略了情緒的需求，再加上許多專門術語與解釋、立論觀點多而複雜，不免容易讓人有模糊焦點的看法。

㈦行為學派

著重在行為的改變，忽略了感受與認知的部分，對於行為的歷史、起因有時是有必要加以理解的，這些批評在後來的行為主義學者都作了一些修正與改良，最大的缺陷仍在於行為學派所標榜的「評估」，由於環境中的變項太多，許多行為的變化不一定是客觀的評量可以作得到的。

㈧理情與認知行為學派

最大的批評來自於治療師的「權力」問題，彷彿是給了諮商師太多的決定權與力量，讓當事人處於較為被動的情勢；而因為此派也運用了行為學派的方法，傾向於使用外在力量來形塑當事人的行為（像是「代幣制」），更讓當事人的主動性受到質疑。雖然目前的認知行為學派已經注意到當事人「情緒感受」的部分，然而其針對「認知」改變的治療方式，並不一定會帶動情感上的認同或改變，對於治療效果自然有差異。對當事人的信念的攻擊與挑戰，有時會遭受到許多的抗拒、甚至是嚇跑當事人，而治療師本身的「理性思考」又如何作「唯一」標準？這也涉及到治療師是否強加其價值觀在當事人身上的危險。另外，太簡化人類經驗、忽略潛意識與可能的非理性環境因素等，也是遭受批判的重點。

㈨現實治療學派

其治療目標是以「有效」為依歸，容易誘引治療師的操控與主導；忽略了問題發生的歷史與情感因素，而一以「行為」的改變為先的治療方式，沒有先把過去糾結的衝突釐清、解決，也許只是當下的行為改變，不是根本問題的清除，而對於當事人呈現的複雜問題可能沒有根本解決之道。此外，把焦點放在行為的改善，有時會牽涉到當事人「意願」改變的癥結，

也就是說，忽略其他情感、認知部分，不足以讓當事人「動起來」。

二、理論與個人信仰

　　前面說過：理論與其對人性的看法有密切相關，對於人性觀的不同定義，可能衍生出來的治療方向與方式就會有差異。諮商人對於每個學派所提的主要觀念是否信服，可能就會影響到自己採信與跟隨的學派，當然這之中牽扯到最多的可能是諮商人的經驗、生活背景，這些也揉合成為個人信仰體系的一部分。私下訪問過同業人員，他們對於自己相信的理論自何而來？基本上與他們對人性的看法有關，而這些人性觀是與生活經驗一致的。例如 Frankl 的集中營經驗，讓他去省思生命的根本意義，而 May 的身體一向孱弱，加上生命中經歷的諸多重大事件、有過婚姻失敗的經驗，他的專注存在主義也是有跡可循；有位朋友認為過去的經驗、早期父母的互動與對待以及他自己現在的生命態度是有脈絡可循的，比較傾向於精神分析學派。另一位同事認為自己的成長過程中，受到性別不同而有差別待遇的影響很大，所以她也為了要擺脫這些刻板印象，而努力奮鬥，她的諮商理論中，就有濃厚的女性主義意味。從小耳濡目染祖母的待人方式，深深受寬容與愛的呵護，也讓另一位心理師朝人本主義的路子走。而因為身為兩個兄弟中的老二，許多情況下與哥哥競爭，造就一位老師往與兄長不同的生涯發

展，因此 Adler 的自我心理學派就深得其心。我在成長路上，看到父祖在困阨環境中，仍然保持樂觀、愉快的生活態度，讓我相信人的想法可以對其感受、行為產生莫大影響。

三、理論的純粹性

我們在先前幾個章節中談到：自我心理學派的 Adler，有許多想法影響了後進學派的發展；精神分析學派的信徒不滿 Freud 的生物決定論狹隘，加入了社會文化因素，而自成另一學派——新佛洛依德學派；對於精神分析只專注於心理的「黑箱子」，不符合科學精神，於是有行為學派的誕生，而極端的行為學派後來又經過修正，不是一以環境為決定因素；在大家一窩蜂湊行為主義的熱潮時，又有反對聲浪起來，認為應該回歸到以人為本的人性治療，而不把人歸為被動、受環境操控的個體，因而有「第三勢力」人本主義學派的產生；而當大家孜孜矻矻於開發人性潛能、導引個體發展的同時，又有人提出在行為、情感之外的「認知」向度，認為人的感受與行為受制於「想法」的空間很大，認知行為學派於焉誕生；接著，就開始有一些「統整」的趨勢出現，把知、情、意、行囊括在內的折衷派代之而起，當然我們也不能忽略之中陸續引發學界思考與衝激的「非顯學」，譬如人際關係學派、客體關係學派、發展學派、家庭治療學派等等的貢獻。

綜而言之，許多較早期的治療學派，還能保持其理論的

「純度」，也就是「各持一說」。然而隨著時代的進步與變化，這些理論在臨床的運用上，也接受了必要的修正與補強。而另外若干理論，似乎在嚴格的檢視下，也摻雜著一些其他學派的觀點，不是那麼「純粹」了；然而這也無損於理論在專業上的重要性，反而是呈現了「百家爭鳴」的熱鬧場面，這也是時勢所趨，而有興趣的治療專業人員也是「各取所需」而已！

四、折衷與統合

現在的許多專業協助人員或學者，常常好像是在參與諮商理論的「buffet」（自助餐），想「吃」什麼、就「吃」什麼，但是也有「比較喜歡吃」的食物，或者是偶而變換一下口味，所以是走折衷理論的路線較多。初學諮商的人，會有諮商理論概念的課，簡單知道有幾大「顯學」，尤其是精神分析學派、行為學派與人本主義學派，而在實際教學上想要強調其他派別，也有其限制，而且還受到授課老師的喜愛或專修派別的影響（影響到強調的學派）。現在國內的許多相關系所，以一般折衷學派的居多，沒有特別以某學派為號召，也許也是時勢所趨吧。

對於初入門的諮商人，其實不必急急「鎖定」自己的理論取向，許多人因為「熟悉」的緣故，認為自己好像比較「偏好」某學派觀點，然而在更深入接觸、了解不同學派精髓之後，也許就讓自己有更多的選擇。而如果真正心儀某個或若干

學派，始終如一是一種堅持，但也不能限制諮商師就以此為滿足。不少諮商同業會在生命過程進行中，或者是目睹實際臨床經驗後，吸收、檢視不同學派觀點，甚至開始嶄新的學習，而以自己的進度與方式，整合了屬於自己的獨特諮商理論或型態，我們會在下個章節詳細敘述。

五、挑戰既存理論

曾經有位同業在閒聊之間，突然說：「我覺得 Maslow 的需求層次不一定適用於每個人，比如我們去思考一下遭受到家庭暴力的婦女，也許低層次的『安全』需求並不重要，而是企求『歸屬』的需求比較強烈！因此可能就以安全來換取隸屬。」於是我們就針對這個論點作正、反兩面的思考與駁斥，對於需求層次論的觀點，有了新的發現！

也曾經在課堂上挑戰老師的「存在的責任」，老師認為一個人最終仍然逃不過自己的「責任」，我卻認為「責任」除了法律、社會的意義之外，其實是很「自由心證」的——也就是說得看個體本身的認知與承擔，如果他／她不以為意、不認為自己「應該」擔負起某些責任，他人又能奈他／她何？然而，也有不少人願意擔負許多個人之外的責任，可能也不一定覺得受苦，套句 Frankl 的話：受苦也有其意義。而對於「苦」的定義，就不一而足了！當時老師還一直作些假設，要說服我「存在的責任」是沒有人可以避免的，我們展開激烈的辯論，後來

還移師到辦公室繼續。我最後還提出「墮胎」的例子，因為基本上一般人認為是女方的決定與責任，而男方責任又何在？老師後來說他要好好去思考。也許存在主義是站在宇宙宏觀的角度來看「責任」，然而當事人是不是就可以意會到這個看法？這種爭論，不是要爭個你死我活、決出勝負，而是彼此作一些理論對焦、想法交換的動作。

　　Elisabeth Kubler-Ross 的死亡五階段：否認（denial）、憤怒（anger）、討價還價（bargain）、沮喪（depression）、接受（acceptance），不是每個臨終病人都會經歷，也不一定描述了瀕死病人的真正感受與情緒變化（成大趙可式博士第一屆大專生死學課程研討會）。這也說明了：理論是要接受挑戰與考驗的，不是僵固不變；經不起考驗的理論，其實用、有效性當然就值得懷疑。也因為有時時挑戰理論，閱讀相關研究與報導、自己也作臨床研究，才可能讓理論與時俱進、日新又新！

貳、研究能力與知識

　　研究是結合了知識（knowledge）與行動（action），任何一門學問，除了理論的架構之外，還得靠研究的工作來讓理論落實、更完整，「知識」加上「行動」的研究工作，就不能少了！Hadley 與 Mitchell（1995）認為諮商師本身也從事研究工作，可以有下列幾項獲得：可以在諮商情境中，採用更為有效

的治療方式；經由實際的臨床治療經驗，可以更確實了解當事
人所需，而激發更多需要加以研究的想法；可以讓諮商師與目
前的專業現況結合、不落伍；諮商師可以把研究結果立刻應用
在實際的臨床工作上；從事研究工作可以鼓勵諮商師有更活絡
創新的想法，不僅讓治療工作更有新意、富挑戰性，也可以嘉
惠當事人。研究工作可以讓諮商師做更好、更正確的決定，也
就是說可以明白目前的專業知識是不是不敷使用？需要改進與
繼續努力的方向為何？研究與出版，提供了與同業和讀者的雙
向溝通管道，讓這個專業領域因為有更多的人參與、有更多樣
且更有效的貢獻；另外，研究本身就是發掘新的知識，而探索
新知本身，就是極為令人振奮且有趣的工作！此外，發現、拓
展新的知識領域本身，就是很棒的經驗與收穫。而 Kottler 與
Hazler（1994）還強調研究工作可以提供諮商師判斷其治療工
作與效果的依據；很重要的是：諮商師本身除了臨床工作之
外，也做持續的研究，可以貢獻新的想法與技巧在這個專業
上，也增進了社會對諮商這個行業的評價與尊重。

　　諮商師在臨床工作上，在運用前人的研究結果的同時，也
會發現到一些問題、或產生一些新的想法，這些都可以做進一
步的研究與探討，而研究的結果，不管成效如何，都是為研究
領域貢獻了一份心力！理論、實務與研究是一體三面，缺一不
可（Baruth & Robinson, 1987）！當然諮商師也許是著重在實務
方面的工作較多，有些諮商師是把大部分心力放在教學與研究
上，雖然是各有偏重，但是如果都可以三者得兼、齊頭並進，
自然是最為理想。

但是一般而言，許多諮商員養成的學術機構，對於準諮商師的研究能力的努力，仍有許多欠缺！許多祇是為了讓諮商師可以順利通過論文、獲得學位，而沒有真正針對養成諮商師的研究能力作有系統地規畫，甚至沒有鼓勵諮商師在步出校門之後，繼續從事相關的研究工作，使得在專業領域上，有一種「斷層」的現象。諮商師在完成學位之後投入職場，可能礙於工作性質或是要求，比較沒有辦法挪出時間來作研究，除非是諮商師自己想在此專業領域上獲得晉升、認可，或是爭取計畫獎金、影響決策單位，要不然是很少有機會主動作研究的（Hadley & Mitchell, 1995）。

在作研究工作的時候，有些人可能會懷疑：許多諮商治療是臨床上的，其研究可能只「限於」質的研究，而「質的研究」在「量化研究」充斥、主導的情況下，受到重視的程度不高。然而，要有「量化」的數據，治療臨床界者也拿得出來，何況儘管「量」、「質」研究方法沒有所謂高下之別，只是對研究者來說，研究目的與過程，才是真正應該著眼的地方，不需要妄自菲薄，而研究的品質與專業的提升，都得靠同業人員的繼續努力。

專業守則中，對於諮商治療的研究也有規定。研究工作可能會涉及以人為研究對象（human subject），或者是可能對受試者有危險，這些情況都應該讓受試者知道、甚至取得書面同意書，才可以進行研究（曾有研究是看被剝奪睡眠的人會有什麼反應，方式是盡量擾亂受試者的睡眠，看剝奪後的極限是什麼？結果有不少受試者棄權，而唯一堅持留下來的受試者，後

來表現有幻覺狂亂的精神狀況）；如果要有「控制組」與「實驗組」作比較的話，刻意對某一組不進行治療，是否會影響到這些人的權益或身心健康？如果擔心因為受試者知道，而影響到研究結果，因此採用了欺瞞的手法，又可能有什麼後果？（像是偷偷拍攝治療情況或當事人的行為反應）如果研究者對於所研究的對象或是族群不熟悉，也應該要就教於相關的同業或專家，不要因為不熟悉而無意或有意地傷害到受試者（Corey, Corey, & Callanan, 1998; Herlihy & Corey, 1996）。在告知、公布或發表研究結果時，很重要的是受試者的匿名性，不要因為這個研究的公諸於世，也影響到了受試者的隱私與福祉，也是基本的倫理考量。有些研究者為了贏得受試者的合作，也可以讓當事人在研究完成後，知道研究的成果。有關更詳細的研究進行應注意事項，讀者可以參照相關書籍。

雖然曾有研究指出，諮商師認為研究結果對於實際的治療好像沒有多大的影響，主要是因為研究忽略了諮商關係中的許多細微與複雜之處（Cohen, Sargent, & Sechrest, 1986; Elliott, 1986; cited in McLeod, 1997），但是這並不表示研究沒有價值。常常看到一些研究生在擔心自己論文的結果「顯著」或「不顯著」，彷彿把數字的意義放在實際研究的價值之上，雖然如果研究可以證實我們先前的假設，表示研究朝我們想要的方向進行，是一件可喜可賀之事！然而倘若沒有證實我們的假設，由於這個研究經過仔細縝密的設計與執行，結果未達顯著水準，卻不表示研究就無用，可能在進行之中有些變項沒有操控好、或是忽略其他可能的影響因素，也至少讓後來的研究者有個方

向可以依循或改進，算是功德一件，在這個專業有其貢獻。

參、理論與實際的落差

　　在前面的篇幅提過，諮商應是理論與實際的結合，二者不宜偏廢，之所以需要研究工作，就是因為在執行起來時，二者之間會有落差存在，只有靠進一步的探索與研究，才能讓理論與實際有相輔相成、相得益彰的最佳功效！因此理論、實務與研究，是一體的三面，偏一不可。

　　諮商理論是源於西方文化的美國，把諮商的理論與實際運用在我們自己國人身上，許多觀點不一定就適合人文與國情，這是要特別注意的，所以為什麼會要求準諮商人在實習時要多多留意理論技術的「可行性」或「實用性」（applicability），不能圓鑿方柄、硬生生套用，可能就因此造成對當事人的傷害。舉個作者親身的經歷來說明：曾經有位墨裔美國人，因為身體殘障之故，不能再繼續工作，但是在家中又常常被自己母親叨唸，罵他不獨立、吃軟飯，可是當事人如果出門自己去辦事，母親又會說他不關心、太自私，當事人的家庭是關係親密、互相仰賴很深的墨西哥家庭，這種母親對孩子的「雙重要求」其實極為常見；然而在約見當事人六次之後，我認為他「可以」試試過較為獨立的生活，也適時釐清與母親之間的「界限」，所以要當事人做一份家庭作業──向母親說

「不」，當事人作業做得很成功、我也嘉許他的成就，但是忘了去進一步「檢視」他的感受（因為他會覺得自己好像對不起母親、沒有盡到孝子之責），因此我走過去拍拍他的肩膀，沒有想到這個舉動讓他覺得威脅，好像是「刻意」要他離開母親（這是當事人後來的說法），此後他就不來了。後來我檢討這件個案，發現自己的「文化敏銳度」不夠，只用西方諮商理論鼓勵「個體」（individualism）與「獨立」（autonomy）的原則為依歸，忘了當事人本身的原生文化與可能價值觀。

心理治療或諮商，因為面對的是人，因此其所謂的「臨床」事實上就是實驗或驗證的意味濃厚，這並不是說把當事人當成「實驗品」，而是諮商師在面對每一位當事人時，都是以學術訓練與實際治療經驗為背景，先做試探性的診斷與假設，然而因為「人」是最大的變數，不能以單一的理論或假設來「限定」或「規畫」，這也相對地留給治療師極大的「應證」所知與「開發」未知的空間。

理論與實際之間的落差是必然的，危險的是不顧慮現實狀況與當事人的個別情形，而硬生生地套用書本上的理論與技術，可能就危及到當事人的福祉！

肆、理論與技術的實際運用

接下來就以一個個案的呈現，來簡略介紹幾個不同學派可

能的處理方向。

個案舉例示範

㈠呈現資料

　　李芝是個三十五歲的未婚女性，她是因為家人轉介過來的。李芝的外觀看起來纖弱、但不單薄，身材雖然較為瘦小，可是精神看來仍佳。李芝曾動過頸部息肉手術，之後也沒有什麼副作用產生，她說她的家族有輕微糖尿病與心臟病的遺傳，曾祖父與祖父都曾經有糖尿病發症狀，但都不嚴重，而且兩位老人家都活到八十五歲以上。祖母較為早逝，因為血癌，不到七十就撒手人寰。家人之中除了母親之外沒有企圖自殺的案例，鄰近人家猜測母親也只是「做做樣子而已」，但是李芝說家族中好像有憂鬱症的遺傳。

　　李芝大學畢業，成績優異，目前擔任教學工作，也獲頒優良教師獎項。李芝有三位手足，大姊三年多前旅居國外、是個優秀人才，二哥在國內工作、生活平平，李芝排行老三，下面還有一個妹妹、在貿易公司擔任重要職位。李芝大學畢業後，曾經在一家進出口貿易公司工作，由於老闆苛刻、薪水較一同畢業的同學少了一半以上，而她又身兼公司多職，因此工作四個多月後，因為南部一家私立學校的邀請，而轉任教師工作。

　　李芝穿著得體地出現在心理中心，她不會主動說話，只有

在治療師詢問時，才會考慮一下，然後回答，讓人覺得她很謹慎。她回答的速度緩慢，很少用贅詞，但是對於治療師不太明白的部分，也不會多加解釋，彷彿是回答完了就是了。李芝說她現在好多了，曾有過自殺的想法，但是現在不會這麼想、也認為是很愚蠢的事。她的睡眠情況有改善些，只是都會在半夜起來上個廁所，她會讓燈亮著睡覺，這樣才安心，要不然很怕作惡夢，是以前認識的一位同校學長的鬼魅，不過最近好久沒有作類似的夢了。

諮商慢慢進行之中，李芝的話也漸漸有增加，雖然不是很多，對於諮商師詢問的解釋，也有較為周全的回答。

童年經驗與家庭

李芝在家中四個孩子中排行老三，上有一姐一兄、下有一妹，每個孩子都差兩歲左右。李芝十一歲時，母親棄家出走，留下祖父、父親與四個孩子共營生活。父祖都是公務人員，祖父在母親出走後，儼然成了孩子們的替代母親，只是一切得從頭學起。父親很少露出悲傷的情緒，還是像往常一樣溫和、愛孩子、盡責任，但是李芝發現父親在她漸漸成長之後，也有了轉變，這點讓她極為困惑也害怕。李芝說祖父是個正直、可愛，卻不珍惜妻子的人，她覺得他越老越可愛，也許是因為有更多接觸之故。她認為父親在他們小時候是可憐、體貼、膽小、守成的人，成年之後她卻認為父親不能記取教訓、有性別歧視。李芝說她被母親背叛兩次，一次是十一歲時母親的出走，另外一次是成年後被母親利用親情騙了一百萬，以及要負

責償還母親積欠的累累債款。李芝不願意提太多母親的事，她說母親是個聰明、自私、好賭，但是會為自己打算的人。

李芝提到家中三個年幼的小孩，尤其以老大馬首是瞻，對老大是又愛又恨。老大管功課、管家事分配、也有懲處的權力，雖然有極大的威嚴，但是也是多作少說。對於母親的離開，孩子們沒有互相提過，父祖自然更不必說。李芝只記得住在鄰近的親友與鄰居，常常會找名目來欺侮他們一家，祖父都叫大家要忍耐，父親要孩子們堅強，只有大姊有時還會領軍拚命反駁抵抗。

親友對他們家人的侮辱，多半以言語方式居多，有時也會動武，只是他們一家全都沒有贏過，默默承受的多，這也是李芝在搬離故鄉之後，堅持不再踏進生長地的主因。李芝記得母親離家後那個夏天，隔壁一個一百多公斤重的叔公長輩，一大清早來家裡敲門，控告他們的狗拉屎在中庭，掃把軸差點戳穿姊姊的眼睛，後來還整個身體坐在出去企圖拯救母狗卻跌倒的妹妹身上，並且用掃把柄抵住妹妹的喉間，後來是父親趕出來說要驗傷報警，而在一旁觀戰許久的叔公兒媳們，才不甘不願地來拉人。李芝覺得好可怕、全身發冷，接下來的情緒是覺得不公平、氣憤。

李芝還記得小學三年級時，父親擔心她交不到朋友，還特地參加母姐會，主動邀請同班小朋友來家裡玩，父親還買了許多難得見到的點心回來招待同學，只是同學們一到，因為父親太熱誠招呼，她氣得躲到裡面的房間去。小朋友走了之後，她還問父親：「是你同學還是我同學？」她覺得委屈、又有點不

好意思。

六歲時，有一天母親煮了紅燒肉，她平時的飯量只有半碗不到，這一餐卻光是加滷汁，就足足吃了五碗，後來肚子脹得好痛！她說她覺得很滿足、很幸福。

李芝的學業成績一向名列前茅，她認為自己不聰明，所以要加倍努力來補足，她說她大學四年，除了第一學期的學費是由父親提供之外，往後的學費、雜費與生活費，都是她自己用兼家教的方式獨力負擔。為了不讓功課落後，她每天清晨即起床念書，深夜一時多才入睡，每日如此，連放長假也不例外，這也是她很引以為傲的地方。她說他們家的小孩，除了二哥是靠父親的資助完成學業，其他人全是自立自強、苦學而成，大姊、小妹還完成了博士學位。

在工作上，她很盡職守份，在第一所學校任職一年之後，她應徵一北部學校，繼續她的教書生涯，後來考上公立學校教職。李芝在大學班上曾被稱為「冰山美人」，原因是她很少主動與人交朋友，個性上也較為內斂沈默，但是由於她也會對人體貼、默默付出關懷，還是有一些較為知己的朋友。

發現頸部出現息肉是在前些年，本以為不是什麼大事，後來發現情況嚴重，已經影響到臉形，連長髮也遮蓋不住。這些年來，看過不少醫師，都找不出原因，唯一可以肯定的是——不是惡性瘤，然而儘管如此，仍有名醫把她的病當癌症在治療，反而有不少的副作用。後來李芝在詢問一位值得信賴的醫師之後，決定用外科切除的手術來治療，也看看切片的結果。想要自殺是在手術之後，醫師本來說手術牽涉到一些顏面神經

部分，有百分之五十的復原機會，後來眞正進行復健之後，卻告訴她只有百分之五。她開始買一些貴重的禮物送妹妹，妹妹卻擔心她想不開，就聯絡了姊姊，她當時也很訝異怎麼會讓妹妹發現這個企圖，不過後來她很感謝，這也是支持她繼續活下去的動力！

㈡分析

1.精神分析學派

　　李芝說她常常作惡夢，是夢見一個大學時代的學長，因病早逝，但是卻常出現在她的夢裡。請她敘述一下夢境，她說大部分是記得學長瘦削的身影，好像來向她要求什麼？李芝很害怕，學長的臉一逼近，她就只記得學長的悲哀表情。要李芝由這個夢去做自由聯想，她說想到一個本來很溫柔的人，怎麼可能變得面目可憎？她說自己沒有做對不起學長的事，只是曾經協助過他一次，沒有想到他竟然會在過世之後來「找」她，她說她只是對人好、沒有想到對方會有意圖，她也想到自己的父親，雖然獨力撫養他們子女成人，可是孩子成長之後，卻發現原來親愛的父親竟然是這麼怨恨女人、甚至還會把對母親的怨氣發洩在女兒們身上，李芝覺得男人很不可信賴，她想要自己獨立、不必靠男人。李芝說也許就是因為如此，他們家的女孩子也比較自立自強。

　　要李芝作「自由聯想」，她自學校開始，然後是學生難

教、價值觀的變化，一直到生活單純、家人關係，然後談到家中手足的婚姻狀況，接著談男人，問她男人是什麼？她說：不一致、不可信賴、會有傷害、骯髒、不負責、自私、性需求多、控制慾強。

另外一個曾經一直重複的夢是：李芝走在一條平衡木上，兩邊都有人在吶喊加油，只是她發現她不是在參加競技，而是被兩邊的人「拉扯」。這是陰陽界的拉扯之戰，李芝雖然努力在保持平衡，但同時也擔心自己會失足掉下去。問她接著想到什麼？她說：「很想休息。」在這個案例中，所謂的「休息」可能是放棄掙扎、選擇死亡。李芝覺得自己活得很累，但是目前不能作這個決定，因為責任未了。

從李芝的言談中發現，她的道德意識很強，也會堅持一些她的原則，這些可能就是她承自父母親的「超我」部分，對於父母的爭吵與不合，經由內化成為她認為無力改變的部分，出現在行為上就是不快樂、甚至是不容許自己有快樂。侷限的情感表露也是「超我」控制的表現，擔心害怕自己的情緒出籠便無法掌控，因此學會了麻木、不顯露情感。然而她的痛卻很實在，不因為沒有機會表露而消失。早期聽到母親要墮掉她的陰影仍在，被放棄、不被愛的受傷感覺十分強烈，而父母的互動是喧擾又衝動的，母親的強勢表現、父親的委屈求和，讓她無所適從。在擔心自己所選的對象可能是依父親形象打造出來的（這是李芝的信仰之一），她覺得鄙視也可悲，也讓她覺得最好的方式就是「保留」或「遠離」、不對人奉獻情感，這也是她單身至今的原因之一。

　　李芝對於諮商師的治療關係，可能會有母親（或父親）的移情現象，治療師的專業權威、也可能會讓李芝有這個聯想，因此在移情情況發生時，讓當事人宣洩自己久蟄的情緒，也引導她去連接目前的生活經驗，看看這之中的互動影響。對於父親的情結，可能讓她覺得與原來認為強壯有威嚴的父親形象不符，甚至是對於男性的初始印象，這一點也可以做對照探討。治療師花很多的時間在追溯李芝的過去，也發掘出她許多久積的隱藏情緒，李芝也承認自己有時會有突發的激烈情緒，而不知所措。在她了解自己的過去的確影響著現在時，有一種輕鬆的感覺，這是她只有在大學聯考完後才有過的感受，對她而言，有點陌生。李芝也說，她一直以為不去理會，一切就可以照常運行，這是她的防衛機轉的作用，沒有什麼不適當，然而只是一味用「否認」，問題還是存在，人是過去、現在與未來的組合，但是人不受制於過去、除非自己做了這樣的選擇。

2.自我心理學派

　　李芝的幾段童年早期回憶，除了前文中的幾件，可以猜測她對於物質生活的要求不高、只圖溫飽而已，對於他人的基本生存需求未獲滿足會較同情、也願意伸出援手，而對於他人的鄙視或侮辱會真正傷害到她，也因此她可能在人際關係的處理上，會比較尋求和平、也擔任被動的角色。另外根據她的敘述還有幾件：(1)五、六歲時，無意中聽到爸媽的談話，說本來要把她拿掉，因為希望再生個男孩，但是吃了坊間的墮胎藥，還是沒有用。李芝聽了的感受是害怕、覺得被背叛、認為自己多

餘。⑵六歲左右，媽媽常常幫她與小她一歲的妹妹作同樣的衣服，兩個人出入就像雙胞胎，只是一瘦一胖，她因自己的身材覺得很不自在，於是刻意不吃飯，但是祖父為了讓她吃飯，會捏著她的鼻子、她的嘴巴自然就張開；這麼樣的餵食法，她的感受是痛苦、羞辱、不安、生氣。⑶八歲時父母吵架，之前父母爭吵，手足會分開各維護父母中的一方，但是此次不同，沒有人站在母親那邊，孩子們全靠父親這邊站；她覺得生氣、難過、無力。⑷七、八歲時，國小級任老師對她的表現不滿，還拿她與念小六的姊姊比，說姊姊頂呱呱、她頂溜溜；她覺得自己不如人、丟臉、無力、無能。

以這幾件早期經驗來看，李芝的生命型態可能是：知道不如人，所以會努力求上進，儘管對自己的信心不夠，但是仍然會拚命努力。可能擔心被拋棄，所以寧可採取「主動放棄」的動作，免得被拒絕。比較不能忍受被羞辱，所以責己很深。對於母親有愧疚，也希望能在後來作適當的補償，但是對於母親「不要她」的陰影仍在，對於與人建立親密關係可能有阻礙。雖然在家中的地位是「中間」的小孩，感覺較不受重視，然而父母親的對待方式還算公平，而且手足之間的情誼應該不錯。李芝覺得自己是比較被忽略的，而且常常是「追隨者」，不太有自己發表意見的空間，所以她選擇作「乖寶寶」，至少不要給人添麻煩。在諮商的過程中，治療師建立關係的方向是讓李芝覺得自己有能力、被平等對待的，這個模式會讓李芝覺得自己的「自卑情結」沒有被證實的餘地，也在治療師以幽默口吻持續鼓勵及肯定之中，慢慢了解自己，也明白自己有些「私人

邏輯」是不正確的，可以加以修正與改善。

　　家人之間的關係，父母經常因為母親賭博、不照顧小孩的問題在爭吵，因此是衝突不斷。常常是儘管父親對了，爭吵到最後仍然會低聲下氣求和。手足之間偶而爭執，但是卻有很好的感情。感覺上李芝與爸爸較相像，個性不會猛烈、愛息事寧人，也比較「笨」一點。與妹妹感情較好，可能因為年齡相近，姊姊是保護家人的，對大家都差不多。姊姊與母親之間的衝突較多，但是繼承了母親的靈活、聰明、喜歡操縱，還有父親的努力、糊塗與不計較。爸媽對於哥哥的要求似乎比較少，可能是因為責成姊姊多的緣故。李芝認為自己是努力型的人，反應較慢、會體貼別人的感受、怕麻煩別人。

　　她的一些生命目標的假設可能是：把自己管好就是負責，親密關係都會變質，性是醜陋的，信任是要付出代價的，快樂其實就是少憂愁，努力之後再論收成，我不擾人、人就不會擾我等等。治療師協助李芝檢視自己的這些生活目標，也讓她想像一下自己要的生活是什麼？與目前可能有什麼不同？排列一下優先次序，然後有實現的行動跟隨。

　　由於李芝的工作是教職，她也對於教學工作有不悔的熱心，加上基本上的支持系統還強，因此她的「社會興趣」部分還不錯，雖然是被動了些。李芝的治療策略可以擺在「親密關係」的發展，與她對自己的信心上，要在短時間內做大的改變比較困難，然而由於李芝的合作意願滿高，也可以自家庭作業上著手，讓她至少不去規避與異性接觸的機會。可以打破她對異性的一些迷思與成見，閱讀是李芝喜歡的活動之一，推薦一

些相關書籍、並與之討論，也是可行的方法，再加上李芝的反省性極高，也可以是治療過程中的加數！與李芝討論觀點或問題不同的可能性與進行方式，鼓勵她爲自己找些想做的生活樂趣，也可以讓她的生活態度更活潑！

3. 認知行爲學派

李芝的信念中有許多「應該」與「必須」，是承自父母的早期影響，還有她自己後來的「自我灌輸」。舉例來說，她說：「我受不了爲什麼爸媽要吵架？」（父母親應該相親相愛，才像一個家），「就是不能相信男人，連自己的爸爸哥哥都這樣了」（男人都是很可怕的），「哭不能解決問題」（理智才是成熟的表現）等等。除了教導李芝有關「ABC」的理論邏輯與實際練習，還要讓她在治療時間以外，也熟悉這些運作，要她記錄自己每天的行爲、行爲之後的情緒、與可能的「自動化思考」外，也把可能的「適應思考」或「理性思考」列入，以供往後的選擇。

由於李芝是個不善於口語表達情緒的人，加上她所從事的是教職，因此採用說服或是辯論的方式，收效可能不大，相反地也可能會激起負面效果，因此使用 Beck 的實驗檢視法可能較爲恰當。李芝還很害怕作決定，擔心所做的決定是錯誤的、茲事體大，也許在家庭作業中可以讓李芝去作一些日常的決定，把這些記錄下來，作爲諮商師在與當事人下次見面時的回饋與檢討之用。李芝的情緒部分，也可以經由引導或是角色扮演的方式，讓她實際「表現」出來，不必用語言敘述，而是可以眞

正「體會」，甚至在治療過程中示範或教導情緒字眼的使用，也有助於李芝的表達能力。

關於李芝的交遊情況，除了學校、就是家人。她最大的支持系統是家人，學生是她最大的酬賞，同事是她現在比較多接觸的其他人。她的生活極為簡單，這也可能源於她對其他人的陌生與害怕。在這方面，認知行為治療學派會採用行為塑造的方式，讓她慢慢去接觸不同的人，證實自己先前的假設也許是錯的，可以加以適度修正。由於她對於男性的許多刻板印象是自親身的經驗與想法推演而來，這些在輔以實際接觸經驗之後，可以有不錯的效果。隨著治療關係的進展、加上李芝願意合作的條件下，也許可以採用「羞愧攻擊法」，讓當事人繼續去檢視自己的一些非理性想法。

4.溝通交流分析學派

李芝的自我狀態中，也有許多「博士」小孩（就是應父母要求的「適應小孩」）的成分，早年受到父母親互動的影響，讓她認為要存活下去，就必須遵守遊戲規則，她的「成人」部分的表現也因此受到「污染」，常常無法作明確、肯定的抉擇。李芝的道德意識很高，要求自己也嚴，這可以從她的自律極深看出來。在治療過程中，除了讓李芝檢視自己的三個自我狀態之外，還慢慢要求她適時「釋放」自己的創意「自然小孩」部分，好好讓自己去體會認知自己的感受、也自然流洩出來，更容許自己可以哭、可以求助、可以軟弱、可以出其不意，不要老是用規則綑綁自己，這方面可以規定一些小小家庭

作業，讓李芝學會其他的一些行為表現方式，像是讓她在有情緒困擾時，以顏色彩繪來表現，要求她唱歌或跳舞來舒活筋骨，想像自己是小孩，作一些直覺的動作、不必忌諱旁人的眼光等等。基本上可以說李芝的「成人」部分受「父母」污染極深，而也特別「排除」她的「兒童」的部分。

至於早期所決定的「生命腳本」部分，李芝的「我不好、你也不好」比較明顯，以前差點被母親墮掉的陰影一直盤繞、父母親的衝突關係，加上有傑出姊姊的爭拔直上，才換得一席之地的前例，雙親對於性別角色要求的不同與差別待遇，還有家人關係的曖昧不明，這些都讓她覺得生命是可怕的，沒有人是可以相信的，但是既然活著，也只好努力一下。治療師在這方面，要鼓勵、加強當事人自我力量（empowering）的部分，相信她有能力作改變、也有執行目標的勇氣，除了採用想像或是想像預演（image rehearsal）的技巧外，治療師的楷模、示範、角色扮演或預演、或是規定閱讀資料的方法，都可以輔助諮商效果。

5.行為學派

行為學派的評估工作很重要，也依據這個來擬定具體的行為目標。如果以 Larazus 的 BASIC ID 來加以分析，我們看到李芝的情形是：

Behavior（行為）

⑴表現冷淡無助

⑵睡眠情況不佳

⑶與諮商師的眼神接觸不自然

⑷手術後顏面有偶而的抽動

Affect（情感）

⑴沮喪不快樂

⑵擔心爭吵畫面

⑶覺得不受重視

⑷感覺沒有希望

⑸死亡焦慮

⑹對父母手足的衝突感受

⑺爆發性情緒

Sensation（感覺）

⑴麻木

⑵偶而有頭痛

⑶忍痛力很強

Imagery（想像）

⑴父母親間、父親以前與現在矛盾的資訊

⑵擔心自己會像幼時一樣發胖

⑶害怕有不知情的病痛來襲

⑷不知道自己未來是什麼

⑸好像覺得自己被囚禁在家裡與學校

Cognition（認知）

⑴詢及自己的生存意義

⑵有許多擔憂的想法

⑶認為自己即使再怎麼努力，成就仍然有限

⑷有許多責任與義務

Interpersonal relationship（人際關係）

⑴很難做重大決定

⑵與家人的關係不是她所要的

⑶朋友太少、與同事關係不是極親密

⑷被動退縮是一貫的作法

⑸有時覺得自己在人多的社交場合「不自在」

⑹刻意逃避一些聚會

Drugs and biological factors（藥物與生物因素）

⑴生病之後全身機能有退化的感覺

⑵以前常運動的習慣沒有了

⑶有脊椎滑脫現象、不能久站或從事劇烈運動

⑷膝關節也有問題

⑸目前沒有服用任何藥物

　　李芝在與諮商師討論之後，認為可以自己作主、不要太被動為主要治療目標，接著再去考慮與他人建立較為良性互動的關係。諮商師在諮商過程中要求李芝先從「肯定訓練」著手，也規定了一些閱讀的功課。這方面李芝的配合度不錯，也認為可以試試一些自己不曾嘗試過的事很新鮮，每每做完規定的作業之後，也要求李芝詳實記錄，作為下次討論之用。「肯定訓練」與運動同時進行，依李芝願意承諾的每天五分鐘，後來延長到半個小時。而在固定的運動中，李芝也「發明」了更有效的時間管理方法：她在運動時播放久疏的法語錄音帶，一邊也

做複習的工作。

因為固定活動的介入，李芝的沮喪情緒有很大的改善，臉色也好多了，也發現可以做許多事情。在社交技巧上，諮商師也施與訓練，甚至與李芝一道去觀察她的進展，然後在諮商時間討論心得。諮商師是採用「現場」（in vivo）的系統減敏法，陪伴的工夫與隨時處理突發事件的準備是必要的，後來就慢慢放手讓李芝獨立去執行。

6. 家族治療學派

由於李芝認為手足之間的情誼是支持她繼續活下去的主要動力，因此可以想見她的家庭支持系統很強，如果可以把相關家人聚在一起作治療，一定會有事半功倍的效果。李芝的大姊、妹妹似乎與她比較親，只是家人之間的溝通是很不直接的，李芝很少提到家人間的對話，而她本身對家人的關心，好像也是著重在「做」（替家人做什麼）、很少在「溝通」上花工夫。

在一同與李芝作了簡單的「家族譜」之後，諮商師發現李芝與父母雙方的關係很矛盾。她解釋說是因為母親常常賭博不在家，後來甚至拋夫棄子；多年之後再與孩子們重逢，原以為一切就此好轉，卻又再度背叛，但是因為是自己的母親，總沒有離棄的道理。父親雖然撫養孩子成人、功勞很大，但是父親有時對待孩子（尤其是女兒們）的態度很歧視，彷彿是把對妻子的怨恨發洩在孩子身上。她在長大成人之後，也發現了父親許多缺點，覺得男人很可怕。與妹妹之間的情誼是大學之後才

更深，妹妹很體貼、心很軟、對家人很願意付出，甚至主動與疏離的母親聯絡，希望能重新再給母親一次機會。與大姊的關係，覺得像「替代母親」的成分居多，大姊較有權威、可靠、也為家人犧牲很多，所以家中大事李芝一定問姊姊意見。李芝覺得大姊被父親當長子一般期待，但是卻沒有享受到長子的特權。哥哥是一個被寵壞的小孩，自小就是如此，本來哥哥就是有姊姊在撐腰，盡做些不負責任的事，長大後還是如此。但是姊姊覺醒了，不再呵護他的惡行，結果讓父親繼續「寵渥」，李芝對哥哥只是因為自己是他妹妹，曾經吃過哥哥的虧，她現在也比較懂得明哲保身。

李芝說自己是個不善言詞的人，不像姊姊與妹妹似乎有不錯的人緣，她覺得自己在許多人的場合總是手足無措，不過她會用寫出來的方式來表示關心。她認為現在家人間的溝通應該比較好了，姊姊會站在父親的立場、體諒父親，妹妹仍與母親有聯繫、也可以知道母親的近況，不過因為經過母親的二度背叛，李芝認為自己不再與母親有金錢瓜葛，情緒上也較為疏離，她認為這樣自己比較能夠掌控。

如果有可能讓全家都聚在一起，有個工作是很重要的，那就是「寬恕」。父親可不可以原諒自己妻子、子女能不能原諒母親？似乎得再加上姊姊與大哥間的嫌隙（大哥認為姊姊用老爸的錢去完成學業，事實上不是，而姊姊卻懶得解釋，大哥自己以自己的想法去抱怨命運對他不公）。父親的不擅言詞，讓子女在成長過程中，只能靠敏銳的感覺去感受父親的愛，後來加上自己妻子的背離出走，對女兒們的「性別歧視」嚴重，導

致李芝對男人的不信任、甚至厭惡，而家中兩個男人也沒有作最佳的角色示範。這個家庭若干成員間的「界限」十分疏離也僵硬，像父母之間、母親與長女之間、長女與長子之間，當然我們也看到根據李芝的描述，姊姊曾經是「姐代母職」、犧牲了許多童年，後來幸好及時打住，不再擔任這個角色，然而在一些特殊情境之下，姊姊的「母親角色」又會出現，現在姊姊在國外，影響也相對減少。治療師可以直接介入、熟習這個家庭的溝通與規則，然後企圖在「界限」上用工夫，對於疏離的界限加以整合、對於融合的界限加以區隔釐清，進而對於家人間的溝通下工夫，希望可以讓家人再度親密、互相支持。

在「家庭重塑」的工作上，李芝事實上是扮演著一個「和事佬」的角色，她害怕爭吵、也對現狀無能為力。諮商師在這方面，可以加強李芝對自己的信心指數，至少可以預期的是：她所做的努力是可以得到回報、而且產生效果的。

7. 存在主義學派

李芝的一個夢境是掙扎在生死線上，而她說她對於姊姊的「預立遺囑」（making a living will）的西式作風很不以為然，何況姊姊也常常問父親身後要如何處理的事，李芝認為這是大不敬的，然而她也有焦慮。拿李芝有求死意念的這個想法來說，李芝也承認自己雖然否認死亡的存在，但是也害怕，她甚至認為姊姊只會說，內心依然是害怕的。檢視她對生命的定義是：只要做、只要動，不要去想身後事。李芝的生活中「規定」了許多需要完成的事項，她的行事曆總是滿滿的，只要一

閑下來，就覺得「空」，一「空」就會發現許多想法不請自入！李芝也曾經有過很空茫的感覺，有幾次睡覺醒來，感覺到慌張、害怕，覺得生命無意義，好像自己活著不是為自己，而是因為義務，因為自己的生命是父母所給的，所以「必須」活著。這種感覺是很可怕的，但是卻會突然沒有預警地襲來！

有時李芝感覺到孤單，也想到是不是要結婚？但也只是一時的意念而已，沒有認真去思考過。她覺得自己的交遊本來就不廣，沒有知心友人，最親近的是妹妹，但是妹妹結婚後，她擔心影響妹妹的生活，兩個人之間好像就疏遠了。姊姊在美國，也有自己的生活。雖然現在與爸爸住，父親也能照顧他自己，但是李芝與父親之間除了日常生活的對話之外，也很少交談，她雖然與哥哥不太親近，但是對於每年農曆春節的一家相聚還是很期待。

Frankl（1986）曾說，「意義意志」是全人類的普遍現象。在二次世界大戰後的所謂「焦慮年代」（Age of Anxiety），使得一般人把生活過得沒有計畫、過一天算一天，認為人是被動的、命運是注定的，沒有自己的想法、從眾意味太濃，造成盲從或某種型態的狂熱現象。李芝的某些行為差可反映這些傾向：著眼在今天可以「完成」的事項、不去看明天之後，許多的「使不上力」來自於老天決定一切的宿命想法，這種對生命目標的無力感，也許是多年來成長經驗中的許多挫敗累積而來，但是並不表示未來一定如此！把她對生命的理想或計畫版圖找出來，重新上色、規畫，甦活她的「意義意志」，也許是首要之務。

　　李芝活在忙碌、否認之中已經有很長一段時間了，她是完形學派所謂的「缺乏真實接觸」的人。面質李芝的一些防衛機轉，甚至要她現在就認真考慮死亡（藉由預立遺囑、撰寫自己的墓誌銘、談論印象最深的寵物的死亡等等），李芝發現死並不可怕，而是擔心許多未了的心願。她曾經說到一隻寵物狗的突然死亡，雖然她明白狗狗已經十四歲、不年輕了，但是狗兒平時的表現很活躍，因此沒有意識到死亡的迫近。狗兒在為自己生命作掙扎的當兒，食慾突然不振，李芝記得自己還很嘲諷地對小狗道：「不是愛吃嗎？怎麼這麼客氣？」小狗自己掙扎上了最後一次廁所，鼓起最後一絲力氣摔倒在最喜愛的墊子上，就沒有了氣息。李芝嚎啕大哭，一直撫摸小狗的屍體，久久不能自己，她認為自己平日待小狗不夠好，現在小狗走了，沒有機會再摸牠了。在李芝陳述這則故事之時，同時也明白許多事情稍縱即逝，連關愛也要及時！李芝的生活本來是很僵化、固定的，她很少會為自己找樂子，總是為許多的「未來」做準備，「死亡」也是一個未來，鼓勵她何不就開始準備？唯有真正把注意力放在「此時此地」，生命才真實、實在！

8. 女性主義學派

　　李芝極少談及母親，在描述對母親的印象是「不堪回首」。在父母的早年互動關係中，對於作為一個女人，她覺得很不安全，也覺得女性很受限制，一結了婚就被家庭綑綁，有許多的「應該」與「不可以」，加上母親與妹妹曾告訴她女人生產之苦，讓她覺得身為女人好像是一種懲處。

　　李芝的許多無力、無助感，與女性目前的社會地位、被對待方式有極大相關，雖然李芝看到的父親角色，不是十分典型的「男性角色」，但是父親的「差別待遇」，也讓她覺得好像身爲女人就「注定」了一切！在工作職場上初期的不順遂──老闆把她當廉價的秘書在差遣、薪水又低，後來在一家護理學校看到男性的威權與自以爲是，讓李芝更爲肯定自己對男性的觀點。

　　女性主義治療師會針對兩性自小接受訓練與教育的差異作回溯與覺察，接著就整個大社會對於性別的差異待遇的現實作釐清與解說，檢視李芝對自己身爲女性的信念與刻板印象爲何？內在的「自我語言」又是如何？與李芝討論其他替代的自我語言，也鼓勵李芝去作一些不受性別角色限制的活動。李芝表示，社會對於男性的優勢待遇，她自父母身上看到、也在其他場合經歷觀察到，已經不以爲意，因此在諮商師的鼓勵與支持之下，願意重拾運動的樂趣，雖然體力方面可能不及以往，然而她相信自己有這個發展潛能，李芝說她還滿有運動細胞的。李芝的沈默，並不表示她沒有自己的意見，對於自己無法做到的事，她絕不會輕然允諾，只是有時候別人以人情壓力來對她，她就會有猶豫。在「肯定訓練」方面，只要加強與李芝的「角色扮演」或「預演」，效果就不錯了。也要李芝列出哪些事是不需顧及角色限制、自己想去完成的？李芝列出了：進修電腦課程、出國自助旅行、與同事談論政治。

　　接著問李芝有沒有興趣參加女性成長團體？她說她對於東家長西家短的事不在行，也擔心自己關心的話題不是別人喜歡

的，治療師釐清她的疑慮，鼓勵李芝先參加一次看看、再作決定。李芝參加過兩次之後，才明白原先她的擔心並沒有出現，也很高興許多人與她有相類似的遭遇，她認為可以自其他團員身上學到更多，因此願意繼續參與，也希望可以貢獻出自己的看法。

李芝曾經說自己是沒有力量的，因此要改變現狀非她一人可獨力為之，諮商師要李芝緊緊握拳，一直到覺得痛為止，問李芝做這個活動的感覺？她說很痛，治療師解釋道：「痛，就是一種力量！力量在妳手上，它一直都在，除非妳拱手讓出。」李芝點點頭，明白治療師的用意。

讓李芝在很短的時間內列出自己現在擔任的角色，發現她列出許多，像女兒、女人、老師、學生、妹妹、姊姊等等，卻忽略掉了「自己」這個重要的角色。諮商師指出這點，李芝有恍然的表情！詢問李芝要有怎樣的人生？諮商師要求她以寫「墓誌銘」的方式作交代，李芝的墓誌銘是：「這裡躺了一個曾經活得很有自己的女性，她不畏困難、憑自己的努力與智慧，創造了自己的一生。為自己的工作執著、生活努力、也關照身邊周遭的人，對於生活給與的考驗與挑戰，一一承受、毫不退縮，也自經驗中，學會感激與珍惜。」

治療進行到最後，請李芝想像一下自己曾經是個小女孩，現在自己已經茁然成長，會對想像中的小女孩怎麼樣？李芝說：「我走過去、緊緊抱著她，告訴她不必擔心，一切有我。」李芝已經從無助的小女生蛻變成一個成熟、有能力、力量的成人了！

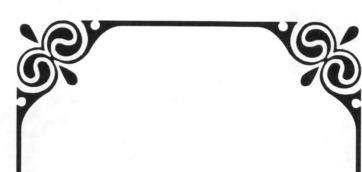

第七章

發展個人諮商型態

　　美國許多諮商訓練課程中，會鼓勵入門諮商師，慢慢去開發、發展屬於諮商師自己特殊的諮商型態，這個所謂的諮商型態，含括了諮商師本身的性格特色、生活哲學、喜愛或相信的理論，以及臨床經驗的總和。新手諮商師由於經驗不足、對於理論了解的不夠深入，有時很難說出自己適性的諮商型態，其實並沒有關係，而且這種混沌不明也是必經過程，並不是所有的入門學者都有明確的諮商型態。諮商型態既然是一種發展過程，也說明了它持續發展的特性，沒有必要太早「定型」、或是作決定。不過，把發展個人諮商型態的想法放在心上，可以提醒自己、也拓展覺察的工夫，汲取吸收必要資訊，慢慢統整出屬於自己風格，以及適合自己在治療上的諮商型態。

壹、諮商型態

　　所謂的諮商型態（counseling style）或理論方向（theoretical orientation），是擔任諮商協助工作人員的養成重點之一（Corey, 1991; Hazler & Kottler, 1994; Lawrence, 1974）。根據 Poznanski 與 McLennan（1995）對於「理論方向」的定義是：「一套有組織的假設，可以提供諮商員一個理論基礎作為：(1)對當事人經驗與行為的假說衍生，(2)形成特殊治療方針的理論基礎，以及(3)評估治療過程中的進展。」（p.412）。Boy 與 Pine（1983）認為理論基礎是專業協助人員的指標，因此也影

響著治療關係，以及使用的處置方法與效果；而諮商師所持有的「世界觀」與「人性觀」，對於治療效果、諮商師所扮演的角色與治療情境中的行為，都是具有影響作用的（McLeod & McLeod, 1993; Ruzicka & Palisi, 1976）。許多研究發現諮商師認為自己的治療理論趨向是「折衷派」（eclectic），也就是綜合各家的方式為己用，沒有特別偏於某特殊學派（Neukrug & Williams, 1993; Wantz, Scherman & Hollis, 1982; Warner, 1991; White, 1983），然而在本書作者所做的一個實地訪談報告中，卻也發現：所謂的「折衷」還是有若干脈絡可循，而且十分清楚，這也符合了 White （1980）的調查結果：受訓階層愈高，愈清楚自己的理論型態。

貳、如何找到適性的諮商型態

諮商員要發展屬於自己的一套諮商理論方向，這也是許多諮商員訓練課程中的一個重點，雖然說諮商型態是慢慢成形，而且是一直在進行之中的，然而治療師會明白自己相信的是什麼，也以此為依據，形塑自己的治療方針與策略。諮商師採用的治療理論或方向，基本上是看他／她信服的派別主要立論觀念而定。相信人本主義的，可能認為人性是向上且向善的，著重在與當事人的專業治療關係，也相信人是特別的、也有能力做決定。信仰行為主義學派的，可能認為環境的力量是決定一

個人行為的主要因素，而且看到行為的改變是較為實際的，也許相信行為的改變有效之後，觀念或情緒的改變才有可能。現實主義論者，認為人的問題解決，如果可以輔以有效的方法，自然會讓不適應的情況獲得較滿意的解決。認知行為學派也許體認到在諸多情況下，人的想法會影響其感受與行為表現，人為自己不合理的想法所擾，而這些非理性的想法是可以加以改變的。溝通交流分析認為自小受父母影響的生命腳本是可以有機會重寫的，過去並不能決定我們的現在與未來，人與人之間玩的遊戲，有其背後動機與脈絡可循。認為一個人的現在可以溯自過去的經驗，許多的防衛機轉與性慾衝動，在行為中是扮演重要角色的，可能就會相信精神分析學派的看法。認為家庭是一系統，而每個成員的問題是可以視為家庭問題之一角的浮現，家庭為了維持其平衡與運作是會採取許多方式來應對的，這就是篤信家庭治療者所認同的。諸如此類的觀點，影響著治療師在接個案或下診斷時的決定過程，當然也會對於諮商師將要採取的治療策略有影響。當然這些「顯學」理論也只是提供諮商師的選擇項目中的幾個，諮商師可以雜揉其他的理論（像人際關係、短期治療、客體關係學派、催眠、心理劇、生物壓力管理等等），甚至是自己認為的一些人生哲學與價值觀，然後整合成屬於自己獨特的諮商型態。

　　雖然一些既存的資料指出，一般而言治療師是不會專攻一個學派的，可能揉合了其他學派的觀點與技術，比如人本加上行為、精神分析加溝通分析、或者是認知行為加存在……不一而足；然而基本上仍有所謂的「主流學派」（predominant theory），也就是以一個或兩個學派理念爲主，結合其他學派的一些理論與技術，因此我們常聽見治療師自稱是「折衷派」的，究其根柢，我們發現了這個相似性。作者曾以美國心理師與台灣的心理輔導研究所的學生爲對象，做了一個前後時間不同的比較研究，結果發現：受訪的七位心理師（都具博士以上學位、並有五年以上臨床治療經驗），皆可以說出自己的基本理論方向，而且不用「折衷」二字來概括。相對地，對於仍在受訓或養成階段的研究生而言，也許因爲了解或接觸的理論有限，也沒有太多的臨床經驗，多半仍在探索之中，而且其歸納理論方向鎖定在人本、認知行爲與自我心理學派上。因此，也許每位諮商師有其「主要」的理論架構（prime theory-frame），輔以其他的次要理論觀念。

　　儘管許多治療師認爲自己的諮商型態是趨向「折衷」的，然而在作理論折衷整合的過程中，也要注意：⑴不同理論的觀念建構、哲學基礎與治療目標，做包括或是剔除不合適的選擇；⑵諮商師要明白自己的哲學觀，如價值觀、信仰、對於人性的看法等等，這是作爲選擇適當理論的基礎；⑶對於自己的服務對象要有深入了解，而對自己服務機構的情況也要熟悉，因爲有些理論可能因爲對象不同或是服務機構目標有異，而會有差別；⑷要了解整合不同理論的可能衝突與問題，也就是說必須有其他可以運用的處置以供選擇（Bradley, Parr, & Gould, 1995, p.603）。

參、諮商型態發展過程

　　Skovolt 與 Ronnestad （1995）曾就諮商師的發展過程作了
一個觀念架構，從新手諮商師到服務超過三十年的生涯過程，
也可以用來對於諮商師本身諮商型態成形過程的一個說明。諮
商師的生涯發展從門外漢到成熟，可能會經歷幾個階段：⑴傳
統保守階段（conventional）──是在接受專業訓練之前，會以
傳統關懷方式去協助朋友或相關的人，同情的意味濃厚；⑵轉
型階段（transition to professional training）──接受專業相關的
訓練，極力汲取不同資訊，熱情有餘，但也因為沒有自信而覺
得不安；⑶模仿專家階段（imitation of experts）──會經由觀
察、仿傚、內省等方式，尋求有關助人專業的觀念架構與技
巧，會把督導、老師，或是有經驗的人都當成模仿對象；⑷有
條件的自主階段（conditional autonomy）──自己的專業角色
與工作型態較為僵硬無彈性，因為已有實際接觸當事人的機
會，所以對於自己的自信心起伏坡度很大，可能是端賴當事人
的反應或督導們的評估、或是當事人的感受為依歸而造成，然
而在此時已經對自己的治療理論方向有較為清楚的理解；⑸開
發階段（exploration）──這個時期許多諮商師已經進行自己專
業訓練以外的開發、探索，開始修正自己自他人處習得的一些
東西，也開始淘汰與自己不合或不喜歡的東西；⑹整合階段

（integration）——經由許多的學習管道、結合他人與自己的想法，對自己的滿意度與信心大增，也發現自己對專業協助工作有眞心的喜愛，也充滿希望；⑺個人化階段（individuation）——自經驗裡累積的智慧，是此期最大特色，對自己的工作覺得滿意，同時也承受許多壓力，許多理念也因此而個人化，摻雜了許多自己的領悟與心得；⑻成熟階段（integrity）——可能接近退休或生涯末期，對於自己的工作很滿意也歡喜悅納，自己在協助人的角色中扮演的就是自己（cited in Sage, 1999, pp. 32-33）。

　　諮商型態的發展過程，在新手諮商師時代，可能沒有考慮到這個問題，儘管有些諮商師的培訓人員會提到發展個人諮商型態的重要性，但是不是普遍獲得認同，而在實際的訓練課程中也沒有特別強調。初入門學習的諮商師，在芸芸學說之中，可能會因爲熟悉，或個人的喜好之故，會比較傾向某一顯學，也會針對這個學派去作深入了解；慢慢地在更明白許多學派的觀點之後，會有「特別鍾情」的一兩個主要學派。接下來在實際的督導與實習經驗中，在觀摩與訓練的努力與影響之下，對於理論不光只是知其理論而已，更能實際運用在治療情境中，也增加了諮商師對於若干學派的了解與相信。再過來就是諮商師本身進修、研習、自省、開發與接觸新資訊、作研究與實際參與治療工作這種種因素摻揉運作，加上個人的人格特質，而慢慢理出屬於自己獨特的諮商型態。Baruth 與 Huber（1985）特別提到諮商師的個人哲學、理論與實務之間的環環相扣關係，而且認爲個人的生活哲學是與其所選擇的諮商理論相輔相

成的。接下來就諮商師的生活哲學與價值觀、理論的建構與處置方式，來看諮商師對於自己諮商型態的發展。

一、檢視自己的價值系統與生活哲學

　　主要是諮商師對於人性的看法。如果相信人有自覺能力、本性為善，人之所以有困擾是因為能力受到阻撓沒有發展發揮，抱持這個觀念的人如果想要融入精神分析派的理論（認為人是生物決定論、受原始慾力所主宰的看法），可能就有極大衝突與障礙。對於人性看法持較為樂觀態度的諮商師，也許就會捨環境決定論的行為學派，或者是有限度接受早期經驗影響的觀點。對於人性的看法，不能與諮商師的個人生活經驗分開，當然個人生活經驗就與個人所抱持的哲學是息息相關的。

　　諮商師的價值系統是其行事、與人互動，或維持一些原則的基石，與其情緒、認知和行為密不可分。雖然「價值系統」是滿抽象的，但是也實實在在地反映在我們的日常生活、行為舉止、甚至作決定的參考架構中，諮商師的自我覺察工作，就是檢視自己價值體系的不二法門。

二、了解不同諮商學派的觀念建構

　　對於不同諮商治療學派的人性觀、主要立論觀點與架構作

深入正確的了解，才可能進一步作抉擇與統整的工作。Bradley
等人（1995）建議就各派理論的著重在現在或過去、強調頓悟
或行動、感受或認知、治療目標、處置方式，與治療關係等方
面來作檢驗。對於可能理念有衝突或是矛盾的不同建構，必須
有更充分的釐清與理解，以免產生諮商師自己內部的矛盾，以
及在治療情境中的不一致。治療目標是要造成行為的改變、感
覺上更好、不適應徵狀的消除、當事人的領悟與自我增強，還
是問題處理能力的增加？由於現在各大學派都很注重治療關係
的建立，諮商師與當事人之間的專業關係應該到達什麼程度？
兩造是站在平等或是專家與病人的立場？責任的歸屬又是如
何？諮商師是一個諮詢者、醫師、意見提供者、朋友，還是催
化員？這些都可能因為學派不同，而有不同的著重與解析。

　　一般的概論課程，對於各個學派的理論架構，無法有深入
的介紹，許多情況下只是明白大略而已，因此有心要從事治療
工作的諮商人，對於一些基本諮商顯學要多多涉獵、多下工
夫，可以接觸第一手的資料當然是更好，何況現在資訊科技發
達，傳播媒體的日新月異與無遠弗屆，要取得相關資料極為便
利。另外，有些原始資料可能比較難以取得，不妨也看看不同
作者的解釋或衍生版本，可以讓我們自不同的解讀方式去窺其
全貌。

三、不同治療方式的探討與篩選

　　一旦選擇了折衷取向，在實際治療時會不會因為方向太多、無所適從，而隨便抓一個來運用，而造成了對當事人的傷害？任職機構的服務對象或是目標，也是影響治療取向的一個考量，譬如擔任危機處理中心的諮商人員，可能不適合一味堅持人本中心、探討生命與存在焦慮，或是去分析過去童年對目前的影響的處置方式，而是要採行為導向、直接介入的方式。學校的輔導老師或諮商師，也許因為時間限制與服務對象較眾，無法作長期的諮商服務、比較著重在指導性強、專家權威、促成行為改變，以及短期的方向。如果是在以服務殘障或心智障礙族群為對象的福利機構，基本生活需要與能力訓練的協助、較具指導性、長期、人本關懷的著力就多。以兒童為服務對象的，遊戲治療、非指導與指導性並重，而人本、行為與自我心理學派的使用就可能較多。作者基本上仍然相信：即使自認為是採「折衷取向」的治療師，其諮商型態中仍然有所謂的「主流」學派，然後輔以其他的理念，而就處置方式來說，是比較符合「折衷」的理念的。這也說明了諮商技術是自基本理論而來，如果對於理論不熟悉，在技巧的運用上就容易出差錯，技巧背後沒有理論的支持，其危險性是可以預見的。

肆、作者的諮商型態

　　我的諮商型態的形成仍然在進行之中，這之中包含了我的人性觀、相信的理論、成長經驗、宗教信仰與價值觀，與臨床實務的總和。如果想要檢視一下自己的諮商型態如何？也可以就下面所展示的幾個方向來看看，以下章節是就我個人的經驗來作說明。

一、人性觀

　　基本上我認為人是可以信賴的，雖然在成長的過程中，遺傳與環境的力量不可輕忽，然而當人漸漸成長，有了能力與自己的思考，人在某種程度以上是可以決定自己的命運與生命方向的。人有能力與毅力，知道自己要的是什麼？雖然有人生活在逆境中、備嘗艱辛苦難，但是沒有因此而灰心喪志，反而茁然成長！有人受限於天生的障礙與缺陷，卻沒有因此限制了自己的發展，甚至活得自信滿滿、有聲有色！這些例子就說明了：人雖然是遺傳與環境交互作用的產物，但是人的自主性與能力，在生命的方向與型態的發展中，也佔了極重要的地位！
　　人生長在人群之中，許多滿足也在人群之中完成，雖然結

果並不一定令人滿意，甚或有挫敗或傷害，但是這端賴人自己
願意相信的是什麼？願意努力付出多少來決定。人除了要學習
與自己的同類相處，也要與自己相處，界定自己與周遭環境的
關係、在宇宙中的貢獻爲何。

　　人不是那麼被動無助，可以改變自己，也間接影響他人或
環境的改變。人如果遭受到挫敗（來自內在或是外塑），可能
也會因爲這些因素限制了思考與能力的發揮，然而一旦可以排
除或是重新解釋這些阻力，又可以再度重現人的尊嚴、恢復自
信、重新適應生活。

　　「死亡」把每個人的生命變得很公平，雖然壽命的長短，
不是我們能控制，但是生命的品質與寬深度，可以由我來掌
控。生命意義因每個人所想望、努力付出，而呈現不同風貌，
每個人有選擇自己人生要怎麼過的自由，也相對地擔負責任。
只要是生命，都有價值，也有其存在的意義，並不因爲國籍、
種族、膚色、身體狀況、發展程度、性別、性傾向等等的不
同，而受到差別待遇。每個生命在「同是生物世界一員」的立
場上來看，都是美麗可愛的。

二、喜愛的理論

　　我的諮商型態是以理情認知與自我心理學派爲主幹，輔以
存在主義與完形學派的一些觀點，這個部分在上一節「人性
觀」中曾做說明，然而在技巧方面雖然是綜合各家的多，但是

仍然有其偏重，主要仍是針對當事人與其問題來作調適，另外我也強調在技術上作一些彈性的變化。我認為自己相信人的想法會影響其行為與感受，一件事情的發生對於不同的人有不同的影響，其主要關鍵就在於每個人接收、詮釋的不同。打個比方說，一個認識的人迎面走來，卻不同我打招呼，我們的猜想可能包括：⑴他心不在焉、沒看見；⑵在想心事、沒注意到；⑶故意的，因為昨天同我有爭議；⑷向我示威，因為我一向看他不起；⑸深度近視又沒戴眼鏡。一個中性的行為（走過身邊沒打招呼），就可能引起至少五種揣測，這些可能與當事人與此君的關係或交情有關，而在這些猜測後，當事人採取的行動可能就不同了！有人會提醒、叫他一下；有人會生氣、認為他太過分；有人會笑一笑當沒事發生……，但是這個例子也說明了人的主觀看法的確會影響行為與感覺。作者還相信，一個人行年漸長，受環境與先天遺傳因素的影響會逐漸減少，而個人自己決定的部分會增加，也就是要自己負責的也增加了，這符合了自我心理學派所揭櫫的「人是自決的」，也就是說在一般認為的「天生」與「環境」因素之外，還得加上「個人」的因素；三者交互作用的結果，而最後的決定權仍然在「人」本身，因此人甚至可以「決定」讓「環境」或「遺傳」影響我們自己多少。舉例來說，人在年幼時，可能事實上與自我認知上感覺自己不如人、能力有限（自卑情結），因此受到周遭環境的影響很大、處於較被動的地位，當然同時也受到遺傳的影響，後來行年漸長，能力增加、對自己也慢慢增加了信心，所以也變得較為主動，即使環境惡劣，也不一定會造成傷害或壞

影響。許多在不良環境下成長的人，還是會有很好的成功人生！所謂的「出汙泥而不染」，指的就是這個。另外，我們也看到在先天條件不佳，或是有殘障的人，照樣可以活出美麗的生命！像在藝術上有造詣的黃美廉博士與許多藝術家，像克服肢體障礙的朱仲祥、肯尼、乙武洋匡、還有其他許多知名與不知名的人士，也都是挑戰生命，或「歹竹出好筍」的案例，都是最佳的生命註腳！

　　在成長過程中，明白自己的「有所不足」，但是經由努力，至少可以達到某個程度的學習與滿意度，這也讓我深信：自卑情節是可以克服的！人本身的許多能力，在刻意的培養經營之下，可以慢慢展現、發揮！人也是需要鼓勵的，在支持、鼓勵的環境下成長，會讓個體對自己有信心、對生命有希望！感謝父祖在成長過程中的扶攜與提醒，常常讓我看到光明希望的一面，也學會用「陽光思考」法，認為處處有路、絕處逢生。

　　人生活、成長在人群之中，與人之間的關係是有酬賞、也有挫折的，臨床經驗所得的結論是：人的問題出在「關係」上，與人、自己、周遭環境、世界宇宙的關係。舉例來說，人際關係中包括有與家人、伴侶、朋友、他人；與自己的關係，包括有了解自己、自己的定位、人生任務與意義；與周遭環境的關係則包括解決問題的資源、處境與現實環境的限制與考量、時間與空間、人的功能與角色；與世界宇宙的關係，包括人在精神層面上的需求、人對所生存世界的責任與立場、科技與生活等等。

　　在接觸不同年齡層與不同行業的人，我發現許多人的成長過程中，少了「鼓勵」的力量，許多父母責成孩子太多，相對地也讓孩子對自己缺乏信心。曾經擔任過國、高中教師，後來自願去教所謂的「放牛」或「技職」班，所持的信念很簡單：我要讓這些「不常受到鼓勵」（discouraged）的學生，重拾對自己的信心與尊嚴。而我也在實際教學中發現，只要一點點的鼓勵與尊重，學生能成長得更好也更有自信！許多老師爭著要教「實驗班」或「明星班」，認為是一種聲望、榮譽的表徵，也因此許多有形與無形的資源，都放在這些「傑出」人物身上，然而是不是值得？有沒有經濟上的效益？為什麼不把這些資源多投資在更需要的多數人身上？在所謂「放牛班」的教學中，我發現到「發酵」的偉大成果：給學生一點點，就可以造成偌大的收穫！何樂不為？

　　而「現象學」觀點，讓我更相信人雖有不同，但是並不等於有「差異」！每個人有自己的角度、關心與看法，可以設身處地去了解另一個人的內心世界，人會覺得吾道不孤、被關愛，也正因為每個人有其不同的想法、感受或行為，這個世界才多采多姿！Adler說：「每一個人就像一棵樹，有不同的生命型態！」說得真好！延伸其意就變成：每個生命都可貴、都值得珍惜，活著，就可以讓許多夢想實現，讓不可能變可能！

　　Adler的理論雖然被批判為太「普遍」、只是一種「常識」（common sense），但是這並無損於其理論的實用性。就如同我對「諮商」的想法，一般普羅大眾都可以接受諮商，相信人生過程就是不斷解決問題，當然求助就可以是必要，也是生命

常態，因此把「諮商」變成「常識」也未嘗不可！

　　常常在課堂上或諮商過程中示範與使用「早期記憶」的技巧，的確讓我相信人很早就明白自己的人生要的是什麼、生命目標又爲何？而人要在自己的所屬團體中贏得認可與地位，Adler 的「社會興趣」就說明了這點。在實際進行心理治療的經驗中，我也發現許多人的困擾在於不能與人建立良性互動關係，造成了與他人之間的誤解、衝突、不被贊同或孤立，這些也表示了人對自己的信心與快樂，是與周遭人息息相關的。

　　另外我也認爲，人要在有生之年創造自己的生命意義，人的焦慮與人知道生命有限是相關的，生命因爲有死亡而凸顯其意義，也正因爲生命有限，人才會感覺時間的緊迫，而創造出獨特的生命意義！人一生之中有許多追求的事物，這些追求形塑了我們的生命型態與意義，人生不僅僅是求「活著」或「生存」而已，而是在找尋意義、創造生命價值。生命的意義展現在其創造性行爲與思考、體驗生活中的美與善、對於生活中遭遇的物事所抱持的態度，也在犯錯與受苦的經驗中去體會生命的實現與實在。人必須要爲自己的生命負責，也要爲自己所作的任何決定與選擇負起責任，責任也是無法逃脫的，這些想法運用在團體諮商中也十分具意義與震撼力。生命短暫，因此特別值得我們珍惜，努力活在當下，並少些悔恨與遺憾！生命要過得充實、不虛假，就是要打開感官與經驗，活得有彈性、不僵化、多采多姿，對於生活周遭所發生的，以及個體自己所體會的一切，都有敏銳的覺察與感受，少些否認與虛僞，多些關愛、同理與欣賞，不畫地自限，勇敢也願意去作眞實接觸。

我們常常成了習慣的奴隸而不自知，雖然習慣可以讓我們對行為有預期、心理上覺得安全，然而也讓我們無形中減少了覺察的敏銳度，甚至流於麻木。偶而，我會變化一下作息、或者是「習慣」路線，去開發新的可能與機會，這不僅是讓生活有了新的生氣、變化與色彩，也讓自己可以有新的思考與感受，讓蟄伏的一些感官又再「醒」過來。

死亡是人生的一部分，死亡並不可怕，之所以有一層神秘的面紗蒙著，是因為沒有人可以「經驗」死亡，因為每個人只有一次的機會。生與死是生命的真實面，否認或逃避並不能表示死亡的不存在，唯有接受死亡的迫近性，生命的意義才會鮮活、覺得有動力，也願意去努力實現！

三、成長經驗

在我的成長過程中有五位手足為伴，許多歡樂因此發酵增多，許多挫折苦痛也因分享而減少。生命中有許多人，有的伸出援手，讓我發現生命人情之美，也有落井下石，讓我學習更堅強努力，他們都是我生命中的貴人！父祖的樂觀，也讓我學會自不同角度來思考，以幽默來應事，也相對地發現人生的寬廣！

有時候在面對問題或挑戰時，我會想：「最差只不過是……」、何不奮力一搏？就會有更多的精神與專注，努力去解決！也許是因為這種「拚命三郎」的精神使然，在治療過程

中，我也相信諮商師的主動與多方嘗試，可以讓當事人覺得有希望，也有較大意願作努力與改變。

　　雖然是在單親父親的撫養下成長，對於母親的依附渴望，有時還在生活中出現，這也讓我了解到所謂的人生「未竟事業」、「移情現象」、隸屬與關愛的重要。沒有母親在身邊的遺憾，好像成為孩子們心上的一個傷痛，因為很少表露，加上家庭教育中對於溝通的間接與不明顯，我們也學會了更敏銳地去覺察到他人的需要，表達互相關愛的方式雖然不是很開放明確，但是多半可以傳達與接收到。後來，我也針對自己這項缺點加以改進，比較懂得用直接、明白、肯定的方式去傳達與接收訊息。

　　成長過程中，有過許多掙扎與挫折，也遭遇到親友的恥笑中傷，但是都沒有讓我失去對生命奮鬥的毅力與希望，雖然我深深體會各種形式的虐待的確存在，而且對於個體的傷害無以計量，讓我真正想要為其他受苦的人奉獻心力。而相對地，儘管有些環境與情勢不樂觀，我總認為只要有希望，就可以找到出路！而對應在諮商情境上，我會讓當事人覺得有希望，也會以自己為模範、作適當的自我剖白。當然，一路走來，有許多貴人援手相助，不管這些人是真正出力，或者是以另一種方式批判打壓，我都可以學到一些寶貴的人生經驗與教訓，真是所謂的「三人行，必有我師」！

　　我也認為助人工作是「走出去」的工作，不是在辦公室中等待當事人上門，這也反映出了我一貫的生活態度與處事之道──沒有嘗試過，絕不輕言放棄！自己主動出擊，勝算比較

大，也因為試過、努力過，比較沒有遺憾。諮商，是一種人與人間的親密接觸與交會，其影響力是很大的，以前曾經因為接觸班級太多、層面太淺，總覺得無法造成相當的影響力，無法充分讓輔導功能發揮，後來就以專任老師的角色，與學生作深度接觸、了解，也慢慢發現了輔導諮商的力量。我還曾經自輔導出走（在師大教育心理系畢業後，改行當了英文老師與記者），後來卻因為誤打誤撞又走上了諮商輔導的路，這也許是生命任務未了的一種警示，於是我又走了回來，雖然有點繞遠路的感覺，卻也沒有遺憾。在國外求學、實習與工作的經驗，讓我體會到人性與文化之美，也對諮商生涯真正許下了承諾，願意窮此生之期，戮力以赴！

　　我在擔任教學工作或是從事諮商治療的過程中，也犯過許多錯誤，然而經驗可以為師，最重要的是學生與當事人所交給我的一些生命課程，陪伴他們一起掙扎、痛苦、初嚐成功或是解脫的種種，讓我看到生命之美、人性的美麗與堅強！我深深體會到：人是互相影響的，在教學與諮商過程中，治療師與當事人是有雙向互動與學習的，甚至只是與一般人的生活接觸，都有人與人之間獨特的影響力存在！

　　在歷經大學、研究所、後來出國唸諮商之後，我曾一度把諮商當成一種謀生工具，用來養家活口，而後來卻慢慢發現，即使在工作之外，諮商還是如影隨形！這讓我不得不思考諮商對我生活的影響，然後我才勇敢承認：諮商，其實就是一種生活哲學與實踐，不能一時或離！現在我也以這個觀點出發，來上諮商與輔導的課程，發現有很大的改變，理論與實際幾乎是

同時存在、運作，而且生意盎然、合作無間！

四、宗教信仰與價值觀

我沒有特別皈依某個教派，但是較偏向佛教，可能與本身的成長經驗有關，總是相信人在沒有努力之前，不必輕易放棄，人在世上的行為結果雖然不一定有所謂的「報應」，但是人最終還是要為自己的生命負責任的，人在死後仍有「蓋棺論定」。我也相信有比人更高等的「超然」存在，人的力量雖大，但是仍有許多事不是人可以操弄控制的，因此人要學會謙卑、也要珍惜。

我堅持的價值觀有許多，在平常日子裡彷彿隱而不見，然而經過反省與思考，它卻無時無刻不在！包括有：

㈠對生命的看法

每個生命都值得疼惜，人有基本生存權與人權，道德是修養也是人的良知，好、壞、對、錯、喜、憎是個人的選擇，但也不應犧牲他人的福祉。學習是日課，也是生命賦予的最佳詮釋。由於死亡的不可測與逼近，預立遺囑可以隨時覺察，使生活更充實，也可以對於身後事知所準備、少些遺憾與慌亂。

㈡對生活的要求

公平與誠實是很重要的，真實無偽的生活是我所追求，個人的自由固然重要，但是也要在關鍵時刻知所割捨。生活的樂趣可以自己掌控，不一定得依賴他人來成就。

㈢對關係的拿捏

家人是一個人最大的保障與資源，家庭對外有其完整性，而在裡面的運作則有其個別與協調性。朋友相交貴在相知，不必要焦孟不離，給彼此一些空間，情誼更濃。與不同的人接觸，感受到人縱使有孤單的存在限制，但是也有其因應之道。

㈣對財物的處置

生活過得舒適就好，多餘的東西不必添加，可以廢物利用、回收，或是一物多用的自然更佳。生財之道靠個人需求與管理，可以利用厚生就行。這裡只是拋磚引玉，當然還有其他更多，讀者自己也可以列出一張長長的清單出來。

五、臨床實務經驗

　　許多當事人都是我的良師，因為他們，我才學習到更多，當然同業人員、督導與老師們也是「加數」（addition）！可以接觸不同的人，進而有機會去了解其內心世界，更讓我相信人是有趣的、需要被了解、也是有能力的。之前在國內，擔任輔導與英文教學工作，讓我發現輔導其實是一種「關係影響」，學生會因為與我的接觸、熟悉，慢慢產生信任，然後才容易「收聽」一些個人意見，而真正的輔導不必藉由特定課程來進行，只要讓諮商師或輔導老師有機會與學生做「第一類」接觸，就會有輔導的「契機」出現；後來才慢慢在教學之中，把習得的輔導用出來。

　　因為輔導是接觸「人」的工作，我認為輔導不是「等」在某個地方、要人上得門來，而是要「走出去」！許多學生或一般大眾，對於「輔導」仍有許多顛撲不破的刻板印象，好像任何事與輔導「扯」上關係，都不是好事！甚至許多學校的輔導機轉還停留在「訓導處」之後的「安撫」工作。有些學生好不容易鼓起勇氣來到輔導室門口，諮商輔導人員的工作首先就是「讓他／她跨進來」，接下來的工作才有可能！在國、高中擔任輔導工作期間，發現許多當事人都是經由其他來過的當事人「口耳相傳」，才願意來試一試，這也反映了輔導工作宣傳的重要性。學校輔導工作可能因為服務對象眾多、時間又較短，

加上不少人仍然認為諮商與看醫師差不多，所以常常是「指導」意味濃厚，一次或兩次就完結。也有許多老師認為在學校單位工作，常常會發現「老師」與「輔導員」角色間的衝突，不能拿捏得當、取得平衡。其實如果把諮商這一門當成是「生活哲學」，雖然也有專業倫理要謹守，但是角色之間的界限拿捏，還是可以學習的。

在國外求學期間，還有後來的工作，讓我印象最深刻的是：一般民眾對「求助」行為的接受程度。所謂的諮商治療人員，基本上是個人特質讓人很容易親近，而且沒有所謂的「身段」問題，可以與當事人打成一片。我們對當事人的第一句話就是：「你今天好嗎？有什麼我可以效勞的？」諮商是一種「服務」，需要「走出去」，也是自這兒得到的印證，更何況必須先伸出手，對方也比較容易握住。

很感謝我的督導、老師、同事、當事人，還有一些未曾謀面的研究者與作者，讓我真正在人生實際中學到了體會自己工作的意義與重要性，也在與不同人物的接觸、交往、認識之中，了解生命中的許多層面、挑戰、掙扎與美麗！我的一位治療師曾經說：「妳的問題當然重要！想想看每一週，我生命中的一小時有妳！」後來我也把這句話送給那些覺得自己的求助問題「微不足道」的當事人。

伍、可以從何著手

　　每個人都有自己獨特的個性、獨特的助人型態，因此也有自己相信、喜歡的諮商理論。多半是用理論來印證自己的生活經驗，同時也以經驗來對照理論，因此自然也會多花時間來研究喜歡的理論與技巧，而自己獨特的諮商型態就這麼慢慢發展開來。諮商型態是一直在進行並且修正的，許多人會認為自己的諮商型態其實是很「折衷」的，也就是說所執守的不一定只有一家之說，而是融合了若干學派。不同學派像自助餐一樣，任由喜愛、信仰的人自由取用。

　　對於不同諮商學派的大意立論先加以熟習，了解各家的立論觀點，有沒有自己比較信服的？或者是在自己的生活中常常可以得證、運用的？自己授課或私淑的良師中，有沒有自己特別欣賞、希望以為學習效法楷模的？選一個比較符合自己生活態度與信仰的學派，真正去作深入了解，甚至去針對某個學派作專題研究，寫成一篇文獻探討的整理專文，然後發表出來。在整個蒐集資料、閱讀、分析、整理的過程中，相信對於此派的建構理論，會有最完整、深入的了解。

　　檢視自己的過往經驗、信仰與價值觀，一路走來，你／妳相信什麼？不相信什麼？心領神會的是什麼？堅持的是什麼？排拒的又是什麼？這些包羅萬象、不一而足！然後，在深入明

白一個最喜愛、相信的學派理論之後，以此理論學派爲綱領與根據，去找尋其他自己心儀的理論爲輔佐。有一位督導，在人本學派之後，自己涉獵許多文學、宗教信仰與歷練，後來他認爲自己沒有特定的「宗師」學派，而自詡爲「融合自然學派」，尊重生命、認爲萬物有其依歸與生命任務。

有時間，不妨去拜訪其他老師或是專業人員，問問他們喜愛信仰的理論爲何？又怎麼認定他們自己獨特的諮商型態？也可以詢問要如何朝自己想要的諮商方向發展，以及有哪些準備工作可以做？

諮商型態是持續進行、發展的，沒有一時或止，也可以說是諮商師個人成長學習的過程與功課。隨著個人年紀與經驗，也許會有些許的改變，變化多少也許因人而異，許多有多年經驗的治療師發現自己一直在改變、範疇愈來愈廣、涵蓋也愈多，也有人堅守自己最初時的信仰，在大主軸之下，萬變不離其宗。

陸、應注意事項

有人建議，在選取諮商理論、發展自我獨特的諮商型態時，要注意不要找到衝突性太大的（Bradley, Parr, & Gould, 1995），這一點在稍早的章節中也提到了，當然所謂「衝突性」的拿捏也在諮商人的心中，沒有特定的標準，諮商人認爲

自在、圓融、有彈性，也許就可以。另外，也不必急於為自己的諮商型態定向，諮商型態是一直在持續發展，也就是有改變的可能，隨著諮商師個人的成長，以及新的研究與理論的出籠，可能會有若干修正，甚或改弦易轍。曾經有位諮商界的前輩，接受的訓練是以人本學派為主軸的，後來臨床經驗增多之後，略微偏向「關係」療法。認知行為暢行時，也發現自己在實務上執行較多與認知行為相關的技巧，後來是往更廣闊的人本中心的途徑發展。在使用某個技巧之前，得先檢視一下這個技術背後的動機與假設，也要比照治療目標，而不是任意出招。為當事人作診斷時，極大可能是從諮商師對當事人問題的看法而出發的，這就一定涉及到所根據的理論，不得不慎爾！

第八章

有關當事人

　　當事人（client），有人翻譯成「個案」或「來談者」，也有把當事人稱為「病人」（patient）。然而站在諮商的立場，尊重個人，不希望把有問題而來求助的當事人視為病人，因此還是使用「當事人」的機會較多，所指的是諮商或治療師服務的對象。一般說來諮商師服務的對象是指我們普通的大眾，因為一般人總是會遭遇到生活上的一些困擾或問題，而這些問題又不是嚴重到要吃藥或接受精神科醫師或心理師長期診療的程度。舉例來說，像一般情感或家庭問題、擇業或升學、自我了解、時間管理或交遊等等，這時找個有專業素養與能力的諮商師來協助，可以自不同的角度來看同一個問題、開發不同的解決可能，也許只是找一個有時間又能了解問題的人談談，這都可以有諮商的功效。

　　我們一般人習慣於在遭遇困難時，會先自己想辦法解決，然後再請朋友或家人出點子或幫忙，不得已的情況下才會找陌生人或專家，但是許多事情不是找個人說說、發洩一下情緒或抱怨就覺得好過或獲得解決了。由於諮商治療師的訓練背景與角色，不同於一般的知己、好友或家人，因此可以站在比較客觀的立場來審視這個困擾。我們國人與其他民族的人一樣，常常認為家醜不可外揚，向他人尋求援助是很沒面子或沒有自信的表現，因此對於諮商的觀念也較不熟悉、不能接受。然而近年來隨著世態的改變，日常生活中所要面對的壓力增加，在很多情況下，自己不能獨力處理的事情也相對增多，國人也對諮商或尋求專家支援的想法較能接受，這種情形在媒體或報章雜誌出現頻繁的專題報導中也可略窺一二。當然，要讓自己成為

當事人、接受專家的輔導協助，基本上還是有許多障礙要克服
的。然而身為一個準諮商師或即將成為專業協助的人員，如果
自己對於「主動求助」的觀念就有疑慮、甚至不能接受的話，
等於是對自己服務專業的不予肯定，更遑論可以對我們所服務
的當事人，提供專業、懇切的協助了。因此準諮商師一定要對
我們所服務的對象有所了解或認識，這也是治療工作進行之中
最重要的一步！

　　我們先來看看諮商對象——也就是當事人——可能有哪些
特性，以及諮商師在面對當事人時一些應注意的事項。

壹、當事人的特性

　　當事人就是有困擾或是迷惑的人，Egan（1998）認為所謂
的當事人就是「遭遇到問題情境」或是「沒有善用機會」的人
（p.5）。當事人所面臨的「問題情境」就是我們一般在生活上
會碰到的，簡單說來可以有人際或親密關係（包括感情問
題）、家人互動、前途或生涯選擇、個人問題（包括身心疾
病、自尊或自我概念、體型、擔心、性功能或性傾向、作重要
決定、遭遇生命重大事件或失去）、學業、行為問題（逃學、
交遊、交往關係、吸毒或飲酒、出入不良場所等等，通常是其
他單位或是父母師長轉介而來）等等。

　　Sage（1999）曾提到三種類型的當事人，是諮商師特別要

用心與留意的，這與當事人的求助動機有關：(1)認為自己是受害者，很被動、不太願意合作，讓諮商師覺得很無助、不知道如何使力，當事人甚至會指責治療師根本就無法理解他／她的痛苦。(2)找機會表現宣洩行為，不管是傷害自己或是傷害別人；比如是受到虐待的當事人，想要去傷害他人，或者是傷害自己。(3)尋求報復，把諮商師當成目標，把曾經受過的痛苦強加或是發洩在諮商師身上，類似移情的表現，而當事人可能不自覺。此外，(4)當當事人也是治療師時，可能與諮商師之間有一種競爭意味存在，或者是當事人知道諮商師在作什麼，有步步為營的感覺。

貳、諮商關係

在諮商治療的關係中，諮商師雖然是學有專長的專業人員，但是絕不能以此而自足自傲或自居權威，而是以人對人的關係來對待當事人，也不會因當事人是有困擾的個人，而輕看了當事人的能力或作為一個人的價值。雖然在許多情況下，諮商師會表現他／她的所謂「專業權威」，但是這無損於諮商師對人的尊重與看法，因此一般的當事人在遇到諮商師時，常常會很容易感受到他／她的溫暖、尊重與接受，也願意敞開心房，把自己的問題緩緩道出。許多修輔導或諮商的同學，在作業的要求下，必須勉強自己擔任當事人，而在他們的受輔報告

中，不少人或提到自己本來想繳交作業、隨便編個故事就交差了事，卻在諮商師開放、溫暖的態度下軟化，不知不覺把自己的內心世界呈現在諮商師——這個素昧平生的陌生人——之前！

Rogers 特別強調諮商關係的重要性，這也是許多諮商人服膺的黃金原則！的確，諮商如果沒有良好信賴的治療關係作基礎，要取得當事人的進一步合作與信任就會有困難，而這層阻礙對於治療的功效是有負面的影響的。這個治療專業關係的建立，不只是在諮商初期的重頭工作而已，而是在整個治療關係中都要持續努力經營的；即使是治療關係維持良善，中間過程的稍有疏忽，也會不小心破壞了細心經營的關係。

當然，在整個諮商治療過程中，諮商師會發現，當事人會以不同的方式來「測試」諮商師，畢竟與一個素昧平生的人，要談自己的私人事件，許多人會不習慣、也有很多疑慮與擔心，而這些「測試」的動作，也可以總結為當事人的「抗拒行為」，諮商師如果可以明白抗拒是很自然的，也是諮商師必須接受與對應的現實，倘若處理得宜，對於彼此的治療信任關係，當然可以更深一層、更有幫助，這也是我們必須學習的課程。稍後的篇幅，會就「抗拒」這個議題做進一步的探討。

諮商關係的重要性，還涉及到當事人的信賴與合作，而不是只維持「良好關係」而已，要有信任與進一步的合作，也就是間接說明了治療關係的「非比尋常」與深刻，一般的泛泛之交不可能有這種程度的進展，但是它又不是知己之間的無所不談，也因此治療關係的拿捏是有一定分寸的。諮商治療的專業

關係在美國諮商學會（American Counseling Association）的
「倫理規條」（Code of Ethics）中有很清楚的準則，但是這些
準則只是大要而已，符合倫理行為的拿捏與執行，責任多半仍
落在諮商師身上，也當然要十分謹慎小心，而且在與法律有衝
突之時，也以法律上的規定為準。有興趣的諮商人，可以參照
Barbara Herlihy 和 Gerald Corey （1996）合著的 ACA Ethical
Standards Casebook，裡面的許多實例舉隅與思考的建議，是很
實際的。我國的諮商人員的倫理信條，也有了初步的研擬，然
而因為諮商這個專業還在建立中，許多有關的法律規條還沒有
相對成立，仍然是需要有關專業共同戮力的重點之一。在這裡
我只列舉一些通則、並加以註解，包括：一切以當事人的福利
為前提、尊重當事人及其做選擇的自由、保密的程度與限制、
與當事人是合作的關係、轉移與反轉移、沒有歧視、欣賞不
同、不可因諮商師個人的需求或價值觀而犧牲當事人的利益、
涉及雙重關係（dual relationship）時要注意的事項、同時治療
一位以上的當事人要注意事項、轉介與終止治療要符合哪些條
件、收費與資料建檔又要注意些什麼等等。

一、以當事人的福利為首要

　　當事人的福祉是第一優先，諮商師的任務是協助當事人，
如果沒有達到協助的目的、反而造成當事人的傷害，不僅在專
業上說過不去，也會遭到停業的處分，而且可能還會吃上官

司！諮商師如果知道當事人有傷害自己或他人的可能時，就必須要採取防範或通知的措施、不能坐視不管。一旦當事人有什麼不測，而諮商師知道卻不加以處理，就必得要負專業或法律的責任。多年以前美國加州就曾有位心理治療師‧，事人告訴他想要殺害自己的女友，治療師當然告訴了可能有危險的關係人，雖然在治療過程中，治療師也很努力想要當事人打消這個念頭，所以儘管當事人偶而會再提起這個殺人的想法，但是由於也沒有後繼的行動，因此治療師以為情況好轉了，也就沒有通知那位女友，後來女友被殺，果然是這位當事人所為，女友的家人就上法院告這位治療師，認為治療師沒有盡到應盡的責任，結果治療師敗訴，也自此不得繼續營業！

　　我在美國擔任治療師期間，也曾發生過一件事，是我手上的三位當事人，在接受前一任治療師（也就是我的老闆）治療期間，覺得被嚴重歧視、不公平的對待，而且舉證歷歷。而我也發現我的老闆對我的態度在許多場合上表現得極為令人不解又氣憤，我也認為她有歧視，只是歧視這個東西沒有明顯的定義，又很難提出切確有利的證據。在與學校律師商議之後，我沒有提出對老闆的告訴，但是那些對我提出問題的三位當事人，我是可以為他們挺身而出的，只是律師很坦然地說：「妳如果提出來，就必須要當事人出庭作證，而且要條列出證據，還要請律師代表當事人說話，在金錢、時間上都所費不貲，而且我也懷疑妳的當事人可不可能負擔這些？再加上還不一定勝訴哩！」與當事人商量之後，他們果然不想上訴，何況對他們而言，他們覺得自己的力量太小，難抵有社經地位的諮商師，

所以何必以卵擊石？聽了當事人的擔心，我可以充分感受到他們的無力與無助，表達了對他們的關切之情後，有位當事人說：「至少碰到妳以後，沒有受到二度傷害。」眞是好心酸的告白！也讓我更明白身爲諮商師的責任重大。

二、權力與控制

在諮商過程中，諮商師不把當事人當成脆弱無能的人，相反的，認爲、也肯定當事人是一個有能力、會做選擇與決定、有個人尊嚴的生命體。在諮商關係中，諮商師要充分明瞭這一點，不是「爲」當事人解決問題、或「爲」當事人做決定。因爲認定當事人有能力、所以不剝奪他們的權力！同時在整個療程中，諮商師的其中一個重要任務是「讓當事人同感有力」（empowering）。有許多當事人是在面臨問題情境時，焦慮驚慌之下，沒有充分發揮自己的能力；也可能是受限於環境或當時的可用資源，無法使盡全力；也許是有太多失敗的經驗，把自己看成無力的受害者。諮商師要開發當事人的潛力，甚至是恢復他／她本有的能力和對自己的信心，在有所準備的情況下，願意再去面對生活中的挑戰。也因此，諮商師要留意到與當事人之間的「權力」（power）與「控制」（control）問題，不要把當事人視爲受害者或脆弱的人，可以適時運用鼓勵的力量，允許當事人在支持的氣氛中，慢慢恢復或是學會處理問題的技巧與能力，而不是讓當事人覺得可以一味依賴諮商師，認

為自己是無能也無法掌控自己生命的。依 Rollo May（1972）的解釋，他認為「權力」就是促成或阻止改變的力量（p.99），有潛能與具體權力之分，心理學上則特別注重人與人之間的人際影響的力量。一般的權力分為五種，它們是剝削（exploitative）、操控（manipulative）、競爭（competitive）、照顧（nutrient）與統整（integrative）（pp.105-110），而就諮商的觀點來詮釋權力，會特別著重在 Rollo May 的「統整」的定義上，也就是與當事人一道分享力量，也讓當事人覺得有力量（feel powerful with clients or empowering）。

諮商師是具有專業素養，以及協助人的一個角色，所以有專業的權威存在，但是這並不表示諮商師可以隨意濫用職掌所賦予的權力。在諮商關係中，諮商師對當事人要尊重接納，這是人與人的對等關係，在協助過程中因為諮商師的專業與當事人的非專業，可能形成一個不平衡關係，但是這是動態的平衡，因為諮商師不是做掌控權力的工作，而是會把當事人的權力還給他／她。這話又怎麼說呢？當事人因為碰到了人生的困境、又一時之間沒有想出方法掙脫，所以處在一個無奈又無力的立場，覺得自己很無用無力，因此才迫不得已尋求專業人員的協助；然而當諮商進展，當事人也不再像當初來時那麼覺得無望無能，諮商師也就在此間慢慢讓當事人恢復對自己的信心、肯接受新的挑戰，也就是自我慢慢茁壯。這時諮商師就會慢慢放手，減少當事人對諮商師的依賴，準備較為充分地去面對生活中的挑戰！諮商過程中，諮商師不為當事人做決定，而是把許多可能展現在當事人面前、分析每個可能的優窳，最後

做決定與執行的仍是當事人，諮商師也許有很大的工夫是花在陪伴與支持之上。

在諮商室中，治療師的一些考量與行為，可以讓當事人覺得受到平等禮遇與尊重，比如說曾經在諮商室中，助理為我與當事人準備茶水，使用的是不同的茶杯，一個是我的專用瓷杯、一個是給當事人的紙杯。雖然這個情況當事人不一定會注意到，但是我卻覺察到可能有的象徵意義：權力不均。於是我在下一回時就要求助理，把專用杯換成紙杯，與當事人是一樣的。如果真正要讓當事人覺得自己受到公平對等的待遇，一些動作的象徵性意義也要留意，何況「權力」的感受是極細微、又個人的，多留意一些，可以反映出更多的尊重。

三、尊重當事人的選擇

諮商情境中常常聽到當事人問：「我該不該這麼做？你覺得呢？」「你是專家，你告訴我該怎麼做！」「你認為我該選 A 還是 B？」諮商師不會告訴當事人他／她認為的決定，而是協助當事人把事情了解透徹、看看可以怎麼做？因為終究當事人是要為自己的人生負責的，沒有任何人可以替代。可是對於法律上所規定的「無行為能力」的人（像兒童、青少年、身心有疾病或障礙、甚至年老喪失某些能力的人）又如何呢？諮商師基本上仍尊重當事人的意見與決定，對於監護人的部分也有適度知會與協助處理的義務（ Waters & Goodman, 1990 ）。

四、保密的有限程度

諮商情境中，因為有保密的協定，所以可以讓當事人暢所欲言，也不必擔心所談論的內容會洩漏出去。但是保密仍有其限制，前面提到如果當事人想要傷害自己或是他人，或者是諮商師知道有其他人會受到傷害，有可能就不能保守絕對的秘密了。此外，如果諮商師因為學術研究或是專業臨床上的需要，像要做個案報告，對於涉及的當事人的相關資料，都必須做適當的處理以免曝光，造成對於當事人的傷害。諮商師如果碰到尚未達法定行為能力或年齡的當事人，「保密」的部分就可能有所限制，比如說青少女未婚懷孕，該不該讓有監護權的父母親知道？知道有性虐待或家庭暴力，如何可以達到保護受害人、又讓傷害不再發生？或者是當事人感染了法定要通知的傳染病，像愛滋病，諮商師要不要知會他／她的性伴侶以及衛生單位？當事人要揚言殺害某人或自殺，這個行為履行的真實性有多高？要如何防範？萬一洩了密，或沒有做周詳考慮，不僅失去了當事人對諮商師的信任、嚴重地損害了諮商關係，還會傷害到當事人或其他人，也可能導致諮商師的專業生涯的終結！慢慢地經驗累積，諮商師會學到處理一些危機或突發狀況的方法，可以盡量做到維持健康、良好、有效的治療關係，也照顧到當事人。因此如果碰到類似難解的專業倫理的問題，求教於有經驗的督導或同僚，甚至是律師，是比較聰明的處理態

度。

　　記得以前一位當事人，在諮商過程中告訴了我一位親人的小孩與丈夫持續受到肢體凌虐的情形，她很心疼這個受害的青少年，也常安慰照顧他，然而由於加害人是她自己的親妹妹，她處於兩難之境，我當時的立場是要向有關單位知會這個虐待案件，於是打電話詢問負責兒童福利的社工人員，告訴社工事情的經過，由於我的當事人不肯出面指證（而我有保護我的當事人的義務與權利），社工人員也沒有辦法把這個事件構成一個案子。當然我還是一直鼓勵我的當事人，希望她有朝一日鼓起道義的勇氣，舉發這個虐待案件！而在這個實例中，諮商師有舉發虐待事件的義務，但同時也有為當事人保密的責任，當事人不願挺身而出，也不能強逼她去按鈴申告，諮商師也要尊重當事人的決定。

五、避免雙重關係與親密行為

　　諮商關係是專業的關係，諮商師可以避免雙重的角色關係就宜避免，一般說來諮商師是不對自己的親友或家人進行治療的，因為關係不單純，會有逾越「界限」（boundary）的考量，就不客觀，當然也就影響到專業的治療效果。諮商師擔任治療師又同時是老師，這兩個角色會有衝突，因為老師可能要評量成績，諮商師則是要站在公允的立場予以協助；評量的壓力和了解當事人之後的同情，這兩者是衝突的，而老師與諮商

師的角色就會互相牽制、阻撓。諮商師當然不可以與當事人有肉體的親密關係，這是剝奪了當事人的權益與福祉，也造成了當事人的迷惑與困擾（為什麼一個我信任、幫助我的人，還佔了我的便宜？）。然而在許多情況下，也許因現實情況的考量，而不能避免雙重關係的出現，諮商師也要特別留心應該注意的地方，以免自己的行為違反了專業倫理的要求。

當然許多人容易「愛上」諮商師，因為人是孤獨的個體、少有知己明白我們的內心世界；而眼前這位諮商師，卻在極短的接觸時間內，肯花時間聽我說話、探入我的內心經驗世界、變成了我最信靠的知音。我發現這個世上只有他／她最明白我、體諒我、支持我、關愛我，這種感覺會容易讓我們「愛上」諮商師。當事人當然對於諮商師的真實生活或性格，沒有第一手的資料與了解，他／她所「心儀」的對象，只是坐在諮商室裡的治療師，因此有許多想像與不真實的部分，有點像偶像崇拜，或單戀的味道，諮商師更不能趁「虛」而入（因為當事人是遭遇了問題情境，正在最需要協助也是很無助的時候）。

六、與當事人的合作關係

當事人與諮商師在治療情境中是合作的關係，Egan（1998）稱之為「team work」（團隊合作，p.41），Adler認為是collaboration的關係，也就是說諮商師與當事人之間是平等、

合作的專業關係，諮商師尊重當事人是有困擾的、有能力的人，就和我們一般人一樣。諮商師扮演的角色或因所宗師的學派不同，或者是整個治療過程中角色的變化，但是沒有與當事人有全能／無能、上／下，或尊／卑之別，也就是在這種尊重、支持、溫暖、接納、容忍、平等的關係與氛圍下，當事人願意與治療師作更進一步的合作。也由於諮商師的功能是協助當事人重新站起來，更有信心與能力來面對生活中的挑戰，而在整個治療過程中，諮商師是站在支持、陪伴與協助的立場，也偶而擔任訓練師的角色，許多工作是要當事人身體力行、劍及履及的，也有家庭作業的規定，希望能延續治療效果，因此當事人如果願意與諮商師真誠合作，對於諮商效果會更有幫助。

Egan（1998）也在研究資料中整理出幾點影響治療關係的因素，其中包含了諮商員違反專業倫理、諮商員犯下的錯誤與個人因素、諮商師沒有讓當事人知道諮商的過程、當事人本身的人際關係歷史帶來的影響、諮商師與當事人價值觀的模糊與衝突、雙方在諮商目標上的不一致、契約上的缺失、外來干擾與移情現象（pp.56-57）。諮商師如果可以讓當事人知道：諮商是治療師與當事人雙方的共同參與和努力的結果，取得當事人的合作意願，也鼓勵當事人由原本依賴的情況，慢慢學會獨立處事，繼續走自己的路。Egan（1998）認為最好贏得與當事人合作關係的方法就是：與當事人分享協助過程，也就是說讓當事人知道諮商是怎麼一回事？在治療過程中，諮商師擔任的角色與工作為何？當事人又必須做些什麼、分擔的責任是什麼？

並且一起訂定目標，當事人不是毫無能力的病人，而是與諮商師站在相對平等的地位，為了治療目標而努力的合夥人（partners）！

七、移情與反移情

「移情」（transference）與「反移情」（countertransference）也是治療關係中常常發生的，是說明在諮商關係中，諮商師與當事人可能會因自己本身的經驗與實際，而把自己在生活中與「重要他人」（significant others，如父母、情人、手足、友人，或其他關係密切、有重要影響的人）的關係，投射到諮商情境中。當事人如果把這些影響與情緒投射到諮商師身上，把諮商師當成某個重要他人，許多當事人對於此人的情緒就「轉而移到」諮商師身上，這就稱為「移情」。相反地，諮商師本身如果有未解的情結，也可能會投射到當事人身上，這就是所謂的「反移情」。「移情」與「反移情」的情形都值得諮商師注意。「移情」與「反移情」具有正、負面的影響，所謂的正面影響，就是有利於治療效果的，負面影響則反之。然而諮商師對於兩種移情現象的利弊，都必須提高警覺，也因此諮商師處理這些情形的方式，對於治療關係與效果是有絕對的影響的。

Freud 首先使用「移情」的觀念，因為諮商師是個隱身幕後的人，當事人看不見諮商師的表情，所以可以把自己對生命中

重要他人的感受、想法，轉移到諮商師身上、盡情表露，藉此達到宣洩情緒、了解當事人問題，進而讓當事人領悟問題來由的目的，因此 Freud 在治療過程中，是站在鼓勵移情的立場。然而，諮商師在治療過程裡，要注意覺察到自己的「反移情」情形，是不是當事人的長相、舉止或其他表現，讓我們想起了什麼人？而我們就這麼樣在有意無意之間，把對方當成了那個人？我們與此人的過去、一些「未竟事業」或未了的事，就會因此而再度浮凸出來，而這是當事人的治療時間，不應該用來作為諮商師本身問題出現或解決之用。我們的治療對象是當事人，這段諮商時間是當事人的，如果因為諮商師自己的私人問題而干擾治療的進行，就是違反專業倫理的行為。

(一)移情

Corey、Corey 與 Callanan（1998）認為移情的情形是在治療中所產生的一種「不真實」的關係（p.45），而 Watkins（1983, cited in Corey, Corey, & Callanan, 1998）特別提出五種「移情」的情形，分述如下：

1.把諮商員視為完美的偶像（ideal）

一個毫無缺點、以助人為職責的完人，有些治療師如果也認為自己是這樣的話，可能在行為上也會有意無意地讓當事人產生這種幻想。我們會懷疑諮商師的動機，可能只是為了滿足自己的自大與重要性、加深了當事人對諮商師的錯誤印象，而

對於實質上的諮商助人目的並沒有助益。

2.把諮商師當作無所不能的萬事通或萬能人（seer）

也就是說諮商師所說的就是聖旨，全部根據諮商師的指示去做，當事人沒有選擇或自主的餘地，這很可能會養成當事人的依賴習性，是違反諮商治療的本意的。想想看，我們去看醫生的時候，因為自己對醫學的專業不熟悉，所以對醫生這一行業賦予對專家絕對的敬意，彷彿就把自己的生死全交託在他／她手中一樣。

3.諮商師就像看護（nurturer）

要照料當事人的一切，好像是父母親或監護人的工作一樣，這樣子好像就是把當事人當成無力又無助的對象，間接否定了他們的能力與信心，這也不符合諮商關係中所強調、認可的人與人的平等宗旨，更甚者，也會剝奪了當事人本身學習新能力、為自己行為負責的權利。

4.諮商師是受氣包（frustrator）

有些當事人把生活中的所有不快，都發洩在諮商師身上，好像如果諮商師不照他／她的想法或要求去做就不行，這個情形其實也可以反映出當事人在現實生活中的狀況，或他們的處世態度。

5.諮商師像沒有生命的實體（nonentity）

　　諮商師沒有衝動的情緒、沒有表情、沒有過去、沒有需求或個人的問題，與當事人總是保持著一段安全的距離，讓人覺得像分毫不差的機器人。當事人如果把諮商師當成這種機器人，可以想見的是，當事人覺得諮商師很冷酷、不能感受到當事人的感受，治療關係中的信任就很難建立，更遑論諮商效果了！

㈡反移情

　　同樣地，對於諮商師的「反移情」，Corey 等人提出了幾種情形以供參考（pp.49-52），分述如下：

1.對於當事人的過度保護或是擔心當事人受傷害，這可能反應了諮商師本身的深層恐懼。

2.對當事人特別好、很怕得罪當事人，如果諮商師深怕挑戰當事人、怕當事人可能會生氣，很可能就使得治療流於表面、形式化，不能夠深入問題中心，作適當的探討與解決。

3.害怕當事人太依賴，所以表現出拒絕、疏離的態度。雖然諮商的最終目的，是希望當事人可以獨立自主過功能良好的生活，但是也不能操之過急。有些諮商師也許擔心當事人太依賴，於是就急急把當事人推到一段距離之外，認為這樣子就不會「養成」當事人的依賴習慣，但是很可能會讓當事人覺

得諮商師是在拒絕他／她，又怎能對當事人的問題有所協助呢？另外一個可能因素是，諮商師本身很怕與人太親近，可能諮商師的過去曾因太親近人，而遭到拒絕或傷害，因此怕歷史重演。

4. 諮商師如果在整個諮商過程中，表現得彷彿很需要當事人說他／她能力強、是好的諮商員，也許反應了諮商師本身極需讚賞的個人需求，這種傾向讓當事人察覺了，當事人可能也會投諮商師所好，萬一當事人不這麼做，諮商師就會覺得洩氣或受傷。新手治療師很在乎當事人的反應與對諮商效果的感受，因此會不由自主地希望當事人對其有好的評價，這也反映了諮商師的求好心切與焦慮，當事人很可能為了迎合諮商師的個人需求，在沒有覺得問題有改善的情況下，仍然嘉許諮商師的功力，把治療焦點（當事人）給模糊了。

5. 在當事人身上看到自己。人本來就會有一些相似的共同點，這無可厚非，而且諮商師認同當事人的程度有助於同理心的表現，然而對當事人的過度認同，卻常常讓諮商師失去了專業上的公正性，可能有礙於治療效果；再者，如果諮商師在當事人身上看到了自己也不喜歡自己的部分，又會如何呢？

6. 對當事人有浪漫的綺想、甚至有性幻想，可能置當事人於更容易受傷害的立場。諮商師覺得自己受當事人所吸引，很想見到當事人，對於面晤有期待，甚至會無形中加長面談時間，會誇獎當事人的穿著打扮，這些徵象都可能透露出諮商師本身對當事人的幻想。如果諮商師沒有察覺到自己的行為或想法，可能會讓當事人收到這個訊息，而有了相對應的行

爲出現，那麼，違反專業倫理的可能性就更大了！更嚴重的
是，如果諮商師利用專業諮商關係來滿足自己的需求，當事
人當然都是輸家！有關這一點，我們會再用一些篇幅來討
論。

7. 對當事人的問題給與立即的答案。諮商是助人的工作，但不
應該越俎代庖、爲當事人做決定。如果治療師有衝動，想要
提供當事人解決問題的答案，這容易造成當事人依賴的情
況，另外也要考慮到諮商師本身是不是認爲自己無所不能？
在諮商過程中，我們提過諮商師要能容忍曖昧不明的情況，
在許多情形下，治療師必須配合當事人的步調，有耐心來等
待當事人有所行動。因爲培養當事人處理事情的能力，讓他
們走出治療室之後，可以更有準備地面對生活中的困境與挑
戰，這才是諮商所想要達到的效果。諮商師如果想要讓當事
人認爲治療師是無所不能的，這個背後不免就有自己的私人
動機存在！此外，諮商師沒有花足夠的時間，讓當事人探索
問題所在、已經嘗試過的方法、甚至發展一些應變能力，也
是諮商師狃於急效而容易犯下的錯誤。當事人常常會要求諮
商師給與立即的答案或建議，這也很容易讓諮商師陷入「自
己是萬能」的虛幻陷阱之中。

8. 當事人會要求更能認識諮商師這個人，與諮商師發展更進一
步的關係，而不僅僅是自己的治療師而已。也許會邀請諮商
師出席一些社交場合，或者是在治療時間之外，去拜訪治療
師，期待發展一些私人的關係，這些基本上諮商師都應避
免。因爲一旦混淆了專業與私人的關係，在專業工作的客觀

立場，就受到質疑。另外，也會影響到當事人的諮商保密權，因為大家在社交場合碰面，治療師與當事人的關係就容易暴露，這也是違反當事人權益的作法。如果諮商師在治療之外的場合碰到當事人，通常不會主動打招呼，就是因為尊重當事人的隱私，這點也要在諮商初期向當事人作說明。一般在作過說明之後，當事人都很能體會諮商師的顧慮，願意加以配合。

諮商師發現當事人的轉移情況，可以進一步去探索問題核心，同時適時也讓當事人知道有這個情形，協助當事人更了解自己的想法與行為，如果這是問題原因之一，也可以試圖找出解決之方。我在諮商經驗中，經歷過不少次當事人的移情投射，大部分都可以在治療進行的後段，把所觀察到的情形與當事人分享討論，他們自己會有頓悟與連結，最大的作用是對自己更能了解、容忍與接受，對於問題可以有新的思考與看法。而諮商師的「反移情」呢？正好提醒我們去反觀生命中尚待解決與處理的事務與情緒，而這些可能會對我們的專業運作與日常生活功能產生負面的影響，是必須面對與尋求解決的。移情與反移情都有正負向（positive & negative）的情形，不是單指負面的才需要處理，而對於「移情」與「反移情」，目前的治療學界或臨床工作者，都慢慢認可也支持其在治療上的意義。

一位同志當事人，在諮商過程中，雖然不是針對我個人，但是常常表現出對於異性戀者的莫名敵意，這一點我認為無可厚非，因為即使是在較為開放的美國社會，同性戀者的生存空

間仍然十分有限，各方面的壓力很大。有多次，他會對我說出一些攻擊的話語，彷彿我就是迫害他的族群的代表，我會指出點明，然而後來他又會無端開始，我再提出來，他就否認、為自己辯駁，還很生氣說我沒有根據，於是我就把一段錄音放給他聽，他很沈默。我不是禁止他發洩他的不滿情緒，而是他的這些抱怨與憎恨已經佔用太多他的治療時間，而如果他不願意踏出這個責怪、抱怨不公平的階段，許多更重要的問題就沒有辦法碰觸到，治療的功效就要大打折扣。因此我問：你想想你坐在這裡，最重要的是什麼？你要的是什麼？如果你要花錢來抱怨國家社會別人對你的不公，我願意奉陪！他後來決定還是先調整一下他的生活態度、找到工作，然後再看要怎麼樣為自己爭取更多生存自由權。

　　一位失業救濟金已經快要被取消的當事人，常常出言提到他的前任東方人老闆太苛，很多負面情緒的句子都是用：「你們……」為句首開始，我把他的句子做過若干次修正，也請他把句子作重述，但是後來他就直接用「妳……」，而且不願意修正。我採用「空椅法」（empty chair）的技巧，請他把在職場上想對老闆說的話說出，然後我與他、空椅子三對六面，把這個情形做了較為透徹的釐清，之後出現的移情情況就相對減少許多。

　　我自己在諮商治療中，也發現會對於年紀較長的女性當事人覺得親近，好像是把她們當成自己的母親，想企圖自她們身上把失去母愛的溫馨親密找回來。這個觀察讓我自己也嚇了一跳，趕緊與督導提出來討論，想要避免接這些案子。但是老師

堅決不贊成，他說我逃得了一時、逃不了一世，解決困擾的唯一法門就是面對它、挑戰它，何況諮商員基本上是不能選擇當事人的。之後在接這些年紀相仿的個案時，我就會特別注意自己的言行舉止、對當事人的態度，讓我學習到更多。這兒提出的就是諮商師的「反移情」現象，諮商師會因爲對於當事人的移情現象作反應，而不是針對治療實際在作反應，這可能會影響到當事人的福祉與治療效果，也同時反映出了諮商師本身需要再成長的努力空間，因此治療師可能會表現出無趣（擔心情緒控制不住）、萬事通、對當事人特別好、甚至擔任拯救當事人的角色；而諮商師可以改進的方向有：比較一下自己對不同當事人是否有不同的感覺或反應，檢視自己出現的極端情緒反應，檢視當事人治療效果的進展（以免因諮商師個人需求而忽略了當事人的需要），比較當事人與諮商師相同與不同的地方，可能就與諮商師的喜惡有關（Pipes & Davenport, 1990）。

諮商師爲了要較迅速了解當事人，很自然會把自己接觸過人的經驗，運用到眼前這位當事人身上，無形中會讓當事人「失眞」，也就是說我們所看到的不是當事人自己，反移情的情形也就可能出現。自我覺察敏銳度高的諮商師，很快會發現到自己內心的心理運作情形與表現，會趕快把自己拉回現實，把焦點放在當事人身上的「此時此刻」情境。諮商師要留意自己是否有反移情的情形，最簡單的方式是：如果發現自己對此當事人很厭惡、不喜歡、看不順眼、不自在，甚至會希望當事人屆時不出現、在與當事人的諮商時段中認爲彷彿時間過得很慢，這可能是一種負向反移情的情況。倘若自己很期待當事人

的出現、盼望多見幾次面、格外投入這個案子，甚至許多時候都在思考這個當事人的問題，這也是反移情現象。

八、欣賞不同

「不同」並不表示有高下或好壞的差異，我們常常把自己的東西當成寶，而這項東西也許是他人棄若蔽屣的！教育學上不斷強調人有個別差異，但不應該受到差異待遇，這個人類社會正是因為人有不同（能力、長相、嗜好、個性、處事方式等等），才顯示出它的美麗多樣與多彩繽紛。想想看，如果每個人長相都同我一樣、思想沒有差異、連行為衣著都是一致，是多麼可怕的事！一大片黃色雛菊，是一種美，不同種類的花摻雜在一起，也不失為美呀！人是受不了一成不變的，而又為什麼要在「不同」上大作文章？這不是很矛盾嗎？有的甚至因不同而歧視、打壓、攻擊、迫害、滅種。護衛自己是人之本能，無可厚非，而欣賞接納不同，是人的修養，也是人堪稱偉大之處。人類要進步文明，就是因為不同！想想看我們的老祖宗，很早以前就不贊成近親通婚，是為了更好的血脈流傳。純種名犬面臨許多遺傳性的基因缺失，是因為人要「純種」，才表示血統純正。如果你問獸醫：怎麼樣的狗最聰明？獸醫一定會說：「雜種的囉！」美國這個民族大熔爐，在二次大戰之後更成超級強國，也正是因為它結合了各國不同的種族與人才，才營造成這股強大的國力！

九、不犧牲當事人的利益來滿足諮商師私人的需求

　　諮商師的一切治療目標與處置，都是為了當事人的福祉，不可以為了一己之私，而利用當事人來達成個人欲求或目的，當然更不能犧牲當事人的權益。有諮商師為了經濟利益，多一個個案就多一份收入，而任意延長或增加當事人的治療時間與次數，甚至發現自己能力不及、不能處理的個案，也一一留置下來、耽誤了當事人的治療；有諮商師特別喜歡某當事人，不肯提到治療終止的問題；有諮商師因為當事人是股票掮客，常常可以自當事人口中知道一些免費的資訊與內線消息，而鼓勵當事人繼續接受治療；有諮商師為了自己的知名度，特別請當事人現身說法做宣傳；有諮商師在廣告上刊登不實的專業，為的是吸引更多當事人上門求診；有諮商師為了名利，出賣當事人的故事來獲利；有諮商師因為當事人的權位，常常藉由私人關係來請託或牟利。諸如此類的行為，都可能損害當事人的權益與專業形象，有專業倫理的諮商師是不恥也不願為之的。

十、同時治療一人以上

　　團體或夫婦（婚姻）治療之外，諮商師也可能同時對相關

的人進行諮商服務，比如在作婚姻治療的同時，也分別對夫婦的一方或雙方作治療。也許是當事人除了接受個人諮商之外，也選擇同一治療師作團體治療，諮商師面對的當事人有可能是一人以上，而面對一人以上的心理治療，是有些不同於個別治療的。在團體治療中，因爲參與的人多，也許對團體中討論的議題或資料的保密，相對地也要特別注意。因爲隨著團體的進程發展，慢慢地團員會揭露一些極私人的訊息，如果參與的人對於別人的隱私當成日常生活中的茶餘飯後「八卦新聞」來聊的話，不僅是傷害了被談論的團員，對於整個團體的信任度與向心力破壞更大。治療師在團體過程中要特別注意約束這一點，並要求團員切實遵守，才可以讓整個團體的人可以更開放，而療效更佳！當然保密的要求與限制，在遴選團員之時，或在團體開始之前，就可以宣布或要求，有些個人目標與團體目標不吻合的人，可以盡早過濾或剔除。參加團體諮商，本來就是一種冒險，然而這個冒險值不值得，團員自會有決定，因爲參與的人最終可以體會到：團體是自己的，每個人對團體的成長與衰退都負有責任。

　　諮商師如果擔任個人與團體（包括夫婦或家族）治療的治療師，而這之中的當事人又有重複的話，有些在個人諮商情境中所獲得的資訊，可能不適合在團體諮商場合中披露、分享，甚至是如果認爲要把當事人個人資訊公開談論之前，都必得要先徵求當事人的同意，諮商師自己不能擅作主張，因爲這個行動可能會傷害當事人、表現出不尊重，甚至會對團體有所傷害。舉例來說，某男當事人有秘密婚外情，而這婚外情可能會

影響到他家庭系統的正常運作，因為當事人、其妻子與兒子也正因為兒子的偏差行為在接受同一諮商師的家庭治療，兒子的偏差行為可能是一個「徵象」（symptom），也許是發現爸媽關係的不良而企圖作一些影響，所以就有偏差行為（或是 acting-out，宣洩行為）出現，然而儘管諮商師有這樣的猜測，也不能在未經男當事人的允許下，任意吐露這個訊息，總是希望男當事人在個別諮商的情境中，明白這個婚外情對於他的家庭與相關人的影響的嚴重性，知道自己到底要的是什麼（家庭或另一段情）？然後由當事人作決定。

有時情況可能更複雜，如果諮商師同時擔任夫婦二人的個別治療與婚姻治療師呢？夫婦當事人如果知道彼此找的是同一治療師，也許會想盡辦法自治療師口中探出一些自己不知道的、有關對方的訊息，而諮商師本身能否拿捏得宜呢？當初諮商師可能是為了「治療效果」（如果對當事人很熟悉的話，比較明白事情的癥結所在，也容易讓當事人作改變行動的承諾）的考量，但是也有需要擔心、留意的地方，如果不小心，可能會讓當事人覺得自己被出賣，而對諮商師不信任。

有時候的確是很難下「正確」的決定的。舉個例來說，在電視節目 Chicago Hope（醫門英傑）裡的一幕，一位駐院醫師發現女病人的丈夫曾經與其同志男伴到過性病診所，認為此丈夫有不同性伴侶，而女病人卻又努力要懷孕，醫師很想讓病人知道懷孕可能面臨的危險性（包括性病與愛滋），但是一旦這麼做了，可能就侵犯了病人丈夫的隱私權，因此舉棋不定。後來雖然請教過督導，督導卻把問題丟還給他，要他自己作決

定。最後這位駐院醫師還是以維護病人的權益爲優先考慮，而刻意在一次巡房工作中，「不小心」透露了這個訊息，這個舉止當然是很冒險的，因爲這位醫師可能就因此惹上官司，醫學前途堪虞，但是幸好結局不錯：女病人說她已原諒丈夫「過去」的行爲，而丈夫也願意與病人共同過正常夫妻的生活。

十一、轉介與終止治療

諮商過程中發現當事人的問題可能超出治療師的專長或能力範圍，或者是治療師發現當事人的進步情形不理想、甚至沒有進展，也許就會想到是否有轉介的必要。然而，治療師的專長應該是在接受當事人之先，就已經讓當事人知道，或者在擬定治療目標之時，就權衡過自己的能力、甚至做過適當的轉介動作，當然這些都是因爲以當事人的福利爲優先考量的舉措。然而在許多情況之下，諮商師作了轉介動作，不一定就是不接受當事人，比如有些當事人可能同時需要精神醫師處方的協助，或是社工人員的介入，照顧當事人基本的生活需求或補助，而同時也需要接受諮商的幫助。通常諮商師發現當事人有嚴重憂鬱症，認爲當事人如果可以同時接受抗鬱劑的治療，收效會更佳，於是可能會轉介當事人給精神醫師作診斷評量，然而當事人也同時接受固定的諮商治療。

有時轉介要視與當事人所定的目標而定，如果只是因爲當事人後來所呈現的問題，可能出乎諮商師所接受訓練或經驗的

範圍，也要在說明白之後，徵得當事人的同意作轉介動作，不可以以諮商師之意爲意。舉例來說，曾有一位諮商師，在了解當事人是女同志之後，慌忙作了轉介，當事人極爲氣憤。諮商師的考量也是基於自己能力的問題（對這個族群不熟），但是諮商師忘了：當事人來尋求協助是因爲需要有人了解她、支持她的處境，這是諮商最初步的目標，而諮商師卻在當事人已經開始信任她時，急急作撤離，讓當事人覺得被拋棄、孤立與背叛，這個傷害是很大的！後來請這位諮商師趕緊作彌補的動作，去向當事人道歉，並且說明如有需要，仍然希望當事人來找諮商師。雖然這個動作仍然是慢了，也讓這個諮商師與我們學到了寶貴的經驗。

當然，治療師的專長也是轉介很重要的考量，不能因爲要留住當事人，或者是經濟收入的考量，而置當事人的進度於不顧，這是違反專業倫理的。

十二、收費與資料建檔、儲存

收費的標準與方式，在國內還沒有個標準或依據，總是一小時三、五百到八百、一千不等，不像美國可能有一些標準或上限的統一規定。收費方式可能是現金交易或是提前繳交（例如來三次收一千，有些折扣之類的），也許還可以用信用卡。如果有些當事人經濟上不富裕，可不可以讓他／她欠著？或者是以分期方式繳納？以物易物？還是就作「義診」好了？在國

外，有些低收入戶是在政府的「健保」制度下，享有一年三十小時的諮商治療服務（這個觀念也很值得推廣，因為當經濟上有問題的，通常也需要另外其他的協助），所以政府為這些當事人付費，但是也有更多人沒有受到政府健保的照顧，那麼諮商師會作「免費」的服務嗎？在詢問過一些私人診所的心理師與治療師之後，發現大部分的治療師會「象徵性」地收當事人一些費用，而不贊成完全免費，這也許是基於諮商治療是一種治療師與當事人「合作」的關係與努力，如果當事人認為一切免費，就可能不會願意對治療結果或行為改變有所付出或負起責任，不僅讓治療效果大打折扣，也是一種資源浪費；因此讓當事人為治療作實際付出的同時，也是鼓勵當事人好好善用諮商資源、為更好的生活作努力！

　　當事人在明白目的、簽了同意書之後，諮商師才能加以錄音，或作個案簡報，有關當事人的諮商紀錄，也是要在當事人的首肯與書面同意的協議下，才能作透露。現在科技發達，許多治療師也開始引進電腦科技，協助作許多測驗進行計分或是個案記錄，如果不小心，很容易就讓第三者知道個案的一切，這就是違反了「保密」原則。但是萬一有法庭上的需要呢？或者是當事人涉及法律事件，有必要公開當事人資料呢？這也許要看法律上的規定。即使是當事人死亡，諮商師通常也沒有權利公布有關當事人治療中所提的一切。

　　在一般學校的系統下，許多當事人的隱私權是沒有受到保護的，老師們把個案口耳相傳，甚至公開談論，雖然沒有說明當事人的姓名，但是依據一些顯而易見的描述，大家都知道是

誰了！在諮商專業中，即使是個案討論，也有許多限制，而參與討論的人要嚴格信守、不可以洩漏任何有關資訊給外人知道，甚至是有諮商師用這些案例作爲出版品的一部分，而這些案例也要經過許多修飾與掩藏可能洩漏當事人身份的資訊，才不會影響到當事人。

參、不同諮商對象與重要考量

諮商師在治療過程中與當事人面對面時，也會有擔心害怕，比如怕當事人與自己太親近（害怕當事人會依賴諮商師、界限的考量），怕自己表現得像呆子一樣（覺得自己經驗或能力不足、表現笨拙、被當事人欺騙或瞧不起，甚至是被當事人指出自己不一致的地方），害怕自己能力不夠（怕自己不能處理某些問題或當事人的情況、覺得無助無力、擔心結果不如自己預想或期待），擔心把當事人的情況弄得更糟（怕當事人走出諮商室時比進來時情形還要糟糕，或者是毫無起色），怕自己不喜歡當事人（可能因爲這個偏見對當事人造成傷害，或者是表現出「反向」、不一致的行爲），或是當事人不喜歡自己（怕當事人下次就不來、當事人覺得治療效果差，甚至是自己的名聲問題），害怕在治療過程中失控（不能有效處理一些危急或當事人的狀態、情緒波動、沒有達到預期目標），還有如果是在實習階段的準諮商師，可能也會擔心督導對他／她的評

量（Pipes & Davenport, 1990）。這些擔心或害怕是很正常的，沒有必要刻意迴避，正視這些恐懼或擔憂，可能是絕佳的學習機會！

肆、各種當事人

　　一般的通則是諮商員不能選擇當事人，除非治療師自己能力不足或缺乏某些專業，必須把當事人轉介到適當的機構或人員處，再則是治療師與當事人的關係可能有礙專業治療或有損當事人福利（比如督導與被督導者、親人或朋友伴侶），要不然諮商師是不能選擇當事人的。

　　治療師是人，自然也可能有人的偏好或喜惡，有所謂治療師喜歡的當事人特質「YAVIS」──Young、Attractive、Verbal、Intelligent 和 Successful──年輕、有魅力、很會說話、聰明、又事業有成（Allen, 1977, cited in 廖鳳池、王文秀、田秀蘭，1997）。然而，當事人是來自各方、不同社經階層、不同家庭背景或教育程度、種族、不同性傾向、不同文化背景的，治療師就是要盡量做到公平開明與接納，不能因當事人的出身或背景不是治療師所喜歡或認同的，就有差別待遇或處置，如果真有此情形發生，治療師就可能違反了專業倫理，不僅是傷害了諮商這一專業，也傷害了當事人。何況諮商這個專業的協助工作，協助的對象是人，本應沒有「分別心」，有分別心就

可能是一種偏見，自然會影響到諮商的效能與品質！就如同我們在教育上提倡的「個別差異」一樣，人有能力不同，但是對待方式或開發能力的努力應該沒有差異。當然也有諮商師認為比較「難處理」或是令人覺得較有壓力的當事人，像是有生理疾病的（如中風、腦傷）、有其他動機的（可能是法院強制令、尋求保險賠償或福利金的）、忽略界限問題的（常遲到或不出現）、不願負起責任的（要治療師「醫好」他／她）、時常與治療師爭論的（懷有敵意或是懷疑）、害怕與人親密的（逃避或有誘引行為）、引發治療師的一些情緒（通常是未竟事業）、引發治療師反移情的（讓治療師想起自己以前）、沒耐心的（要諮商師「趕快醫好」他／她）、所要求的與治療師能提供的有衝突（當事人要求的是諮商師不能或是不願意提供的）、只相信具體事實的（難吐露內心情緒）、自覺無望的（常常有自殺企圖）、不能控制衝動的（罪犯或是嗑藥者）、當事人與諮商師之間「不搭軋」（mismatch，當事人對於諮商師的處置方式沒有反應）的（Kottler, 1992; 1993）。

　　我記得在美國一個心理中心擔任治療師的時候，中心只有老闆與我兩位治療師，我才進入那個機構的第一天，老闆就給我一個十人的名單。她說這些是以前的舊客戶、有一些是她認為已不知如何處理的，反正我來，就先讓我試試這些人，看有沒有敗部復活的可能。十個個案之中，我一一重新聯絡，也這樣子有了我的第一批當事人。後來與這些個案更熟了，他們告訴我我的治療方式「比較像」心理治療師，原來之前的老闆常常在諮商時段中十分被動，只是聽、問一些問題，不像我還會

就他們所說作仔細分析、了解，還有演練、作業、統計資料的呈現……等等。也就是因為每個治療師的個性、受訓過程與學術背景、信仰與諮商風格不同，自然也給當事人不同的感受，當然當事人認為諮商師有能力、肯關心、會用心，這些就凸顯了治療師的專業。不過有一點要十分注意的是：光靠技巧不足以成為好的諮商師！沒有真心協助的動機在背後支持，對於當事人的福祉是會有損害的；另外在這個經驗中，我懷疑原來的治療師在發現自己的能力不再能對當事人有所幫助時，就應該作卻未作轉介的動作，他可能為了經濟或其他緣故，而把當事人留在這個機構裡，這是很明顯地妨害了當事人的福利。

　　我們在這兒不是要區分不同的諮商對象、有差別待遇，而是提供一些接觸不同的當事人，可能要注意的一些情況，有助於對當事人的了解與協助，這也是所謂的「文化敏銳度」。每個人都代表著一種綜合的文化，這個文化可能揉合了一個人的性別、社會期待、家庭與教育背景、價值、信仰或人生觀等等。當一個當事人進來，諮商師面對的就是一個需要了解的文化；而現在我們所面對的是駁雜多元的文化，自然要了解這些文化的基本構成（Sue & Sue, 1990），以下就針對諮商情境中一些構成文化背景的因素作些說明。

一、性別不同

　　當事人與諮商師的性別不同，通常我們會把決定權交在當

事人手中，當事人可以選擇他／她想要的諮商師，也就是當事人覺得與怎麼樣的諮商師合作較為自在。

許多我們對性別角色的刻板印象或偏見，會帶到諮商的情境中，當事人與治療師都不能免於這個影響。比如一般人會認為「精神醫師」是男性，而「諮商師」則是女性的「專業」，而當當事人來求助，可能「假設」治療師是女性，一旦是男性治療師出現，可能會覺得不自在，甚或措手不及。男性當事人向女性治療師求助，是不是對於他的「男性自尊」有影響？因為一般認為男性應該是堅強、獨立、自給自足的，「求助」的「軟弱」行為，也許不符合他自己的「男性形象」。男性當事人向男性治療師求助，會不會把社會中的「競賽」、「控制」與「權力鬥爭」的習慣與期待也帶入諮商情境？女性向男治療師求助，會不會加深了對於自己「身為女人」的地位影響，而感到受壓迫、無力感，甚至依賴的情況？女性當事人向女性治療師求助，會不會淪為一般女性間的談話？或者是治療師太「認同」當事人的處境，而失去了公正客觀？Chaplin（1999）提醒諮商師除了要能自我覺察不同性別的刻板印象與價值觀，也要能了解當事人可能有的刻板性別角色反應，另外對於「性」（sexuality）的問題也不能忽視，這樣子才能更有效地協助當事人。

一般而言，由於來求助的當事人以女性居多（但是並不是說女性比較多心理上的問題，主要是社會因素的影響），許多當事人會找女性諮商員，也有些當事人會特別指定諮商師。記得以前要在美國退伍軍人中心應徵工作，主管特別提到許多退

伍軍人是經歷越戰的，對於黑髮黃膚的亞洲人還存有許多恐懼與愧疚的複雜情緒，如果諮商師是符合這種形象，在治療過程中會有許多阻礙，因為可能有許多的移情（把諮商師視為越南游擊隊員或被殺害的難民）。曾有受過同居或親密伴侶凌虐的婦女，最好是找同性的諮商師最佳，以免諮商師引起她的移情情緒，對加害者的一些恐怖印象又再度出現！但是這也不是絕對的，在受過性侵害的案例中，也曾經同時使用過男女兩個治療師在團體諮商的治療中，發現男性治療師的示範作用，可以釐清許多迷思與害怕，讓參與的人可以學會新的對待異性的方式。我也碰過一些對自己性傾向懷疑的男同志，曾告訴他們可以選擇也是同志的諮商師，但是他們認為沒有必要。所以諮商師的性別有時也很重要，以當事人的選擇為準，只要當事人覺得自在舒服的治療師，都可以是最後的選擇。治療師應該在治療進行之初，告訴當事人他／她的權益及選擇的可能。

　　另外的一個個案，是一位有躁鬱症的三十多歲男子，用藥時有時停，所以情況很不穩定，接受諮商的時間有三年多了，由於他偶而的暴力傾向，中心就都派給他男性心理師，擔心的是女性治療師受到傷害。我是他第二個接觸的女性諮商師（第一個被他嚇跑了），之所以找我擔任這個看似無望的工作，是因為當事人嚴厲拒絕再接受任何心理治療，而我的時間表又可以排出來與他面談。我之前還做了準備動作，先在電話中向他表示我的誠意，請他給我一個機會來認識他，還特別寫了一張感謝卡給他，謝謝他在電話中的坦白，我還以為就此結案了，沒有想到兩個禮拜之後，他特地來找我、問我的時間還可以撥

出一些給他嗎？

後來我問督導，如果已經知道當事人與自己的父親關係一直不佳，而且衝突連連，怎麼沒有提早請女性諮商師協助？也許效果不會這麼差。督導說因為當事人很難控制自己的行為，女性治療師對他退避三舍，好容易有一位願意接這個案子了，卻還是被當事人的樣子嚇壞了。這位當事人在接受諮商治療期間，本來就對諮商師不太信任，加上之前的失敗經驗，治療進行速度自然緩慢，可是後來說服他繼續服藥，加上把他與父親關係不佳的責任分開來（不是只要他一人來承擔所有責任）之後，他就願意合作。後來當事人還表示，以前接受治療初期，認為諮商師的性別很重要，但是現在發現他對男性治療師的敵意不是那麼強烈了。這個案例說明了兩件事：一是性別角色的考量，在諮商治療中有其重要性；二是當事人對男諮商師的「移情」現象（反抗對父親的權威）。

有關性別角色在諮商過程中的可能影響，一般人彷彿較喜歡女性治療師，但是也未必，然而許多研究者仍然相信，治療過程中諮商師與當事人不同的性別，會影響治療情境中的互動，甚至是診斷與治療情況（Mintz & O'Neil, 1990）。曾有研究針對男性治療師的性別角色衝突，對於其對待男性當事人的性傾向與情緒表達，有沒有態度與評估上的影響？結果發現這些有治療師執照的參與者，自己的性別角色若與當事人的有所衝突，連帶地也會影響諮商師的判斷與評估。研究者還提醒同業人員：當發現當事人的性別角色較為傳統或與自己的期待較為一致時，也許就犯了角色刻板印象的錯誤，因此建議諮商師

要特別留意自己的「反移情」現象。針對社會期許男性角色的要求，希望男性有力、具競爭性、爭取成功導向，對於男性表露情緒部分的偏見，以及男性在同性之間較少表露情緒行爲的情況，這些可能造成的「角色衝突」也在此研究中得到印證（Wisch & Mahalik, 1999）。國內研究者也曾針對當事人的性別與諮商師的互動，做了相關研究，發現女性當事人仍受許多社會對性別刻板印象的影響，而男性輔導員對於女性當事人所秉持的一些刻板印象或要求，也反映在諮商過程中（謝臥龍、莊勝發、駱慧文，民85）。

二、種族不同

美國是個各種民族並存的大熔爐，在諮商或心理治療中強調各類族群的平等對待，但是眞正執行起來，與理想還是有差距，只是盡量做到公平而已！在美國申請擔任諮商師工作的期間，老師曾勸誡我是否回國做實習較好？因爲畢竟我這個黃膚黑髮、英文又有腔調的外國人，要來擔任以白人爲多數組成成員國度的心理治療師，不免會有一些阻礙。包括自己是少數族群（minority）的一員、又非美國本土人，加上是擔任協助人的工作（一種專業權威），老師擔心我找不到實習地方，而還要讓對方付錢雇用我又多了一層難處，因此舉了一些以前外國學生修習這一學門所碰到的困難佐以說明。但我不願意打退堂鼓，還義正辭嚴地告訴老師，我來這裡學就是要學「全套

的」，不要半途而廢。老師也莫可奈何，他雖不鼓勵但也不知如何協助，我告訴他自己會積極去找實習的地方。於是就自最基本的投牒以晉開始，為自己爭取了一些面試的機會，最後還有兩個地方讓我做選擇哩！實習之初，我的確擔心自己會沒有「生意」，然而經過第一次接觸，在明白當事人的需求之後，多半的當事人不再在乎我的膚色與腔調，而是把注意力放在我的專業知識與技能上，真正視我為治療師，我也很高興他們對我的信賴。後來我曾把自己膚色與外國人身分的問題提出來，問當事人的意見，他們承認初時有不自在，後來就不重要了。我也告訴他們可以選擇不同的治療師，有一位說道：「只要我感覺好就好啦！」後來的經驗告訴我的確是如此！也遭遇過一些美國白人當事人，不選與他們一樣的白人治療師，而找我這個外國治療師，我想這也證明了：在專業關係之中，人的一些外在特徵只在初接觸時有其影響力，後來就全靠彼此所建立的關係了！

我們國內的種族意識雖然不是很明顯，但是仍不能忽視既存的事實，我們基本上是多種族群的組合，至少就有所謂的外省籍、本省籍以及原住民，而本省籍又有閩南人、客家人等等，因地域的不同又細分屏東客家、苗栗客家、平地原住民、高山原住民，而原住民又分不同種族等等，人真是無所不分！

雖然說這麼分是為了團結與歸屬感，但是也造成了許多衝突與莫名的刻板印象，妨礙了大社會的和諧與發展。種族不同沒有優劣之分，卻偏偏有分歧主義者要製造分裂或從中獲利，而故意慫恿或擴大這些不同。種族不同真的有那麼重的後果

嗎？誰說不是呢？二次大戰希特勒有計畫地殲滅猶太人、近來巴爾幹半島的種族屠殺與驅逐、印度半島的種族爭取獨立事件……在在都說明了種族事件的嚴重性。美國國內現在仍存在有許多「白人至上」（supremacist）的組織，標榜著只有白人才有資格生存的理念，還可以侵犯其他人的生存權！

　　作為心理治療工作者，我們會接觸不同種族的當事人，當然了解他的成長文化背景有助於治療師對當事人的了解與診斷，有許多價值觀與信仰態度是與所從出的種族有關的。比如非洲黑人、中國人與西班牙後裔在美國仍然保留其傳統緊密的家庭關係，不像美國白人以「夫妻倫」為家庭組成的主脈。非洲黑人與西班牙裔的家庭是以女人為一家之主的情況多，中國人則仍以男人當家；客家人以勤儉持家的傳統相信仍然保留著，閩南人鼓勵經營投資也所在多有，加上二二八事件的陰影，許多芥蒂仍存在老一輩的人心中，對彼此因語言或風俗習慣不同而產生的刻板印象或誤解仍在，這些種族經驗當然也會成為當事人所呈現的文化的一部分。現在還是常聽見一些老一輩的說，要子女娶嫁同族或同淵源的人（閩南人娶閩南人、客家人嫁客家人），提出的理由當然很多，主要是語言溝通與風俗習慣的考量。不要說國內的人，不少父母碰到孩子留學進修，也千叮萬囑要他們找中國人做伴侶，台灣人最好、不然就是大陸人，最差也要亞洲人，美國白人尚可，黑人就甭提了。在課堂上也問過大學部的同學，如果要他們娶／嫁白人或黑人（二者擇一），沒有一個選黑人；怕父母不同意、生的孩子難看受歧視或覺得不對勁……，理由不一而足。

　　曾有過一位當事人，身為客家後裔的老大，背負有許多父母長輩與家族的期待，他在學業事業上的表現一直是佼佼者，沒讓家人擔心過，但是現在他發現逃不了了，他是同志，要如何擔任傳宗接代的工作？還有他肩上的龐大任務？他不想違背自己與自己的性傾向，但是他們家族是要長子結婚後，接下來的弟妹才會有婚嫁的可能（所謂的長幼有序），他該怎麼辦？這個當事人身上就背負有種族的許多價值觀與習俗，也影響了他要做的決定。

三、信仰／宗教與價值觀

　　信仰是幾乎每個人都有的，只是並不是每個人都有宗教的皈依。宗教與信仰影響著人的一般生活，對許多人而言，宗教是他們的一部分。我們的許多價值觀是與信仰或宗教不可分的，治療師是不能選擇當事人，然而當自己的信仰與當事人有許多不能妥協的差異時，往往要考慮到會妨害治療的結果與當事人的福利，所以可能要作適當的轉介。舉個例來說，一位不贊成墮胎、信仰天主教的治療師，遇到一位未成年懷孕又要墮胎的當事人，這兒就有了許多信仰或價值上的衝突，諮商師又該做如何的抉擇？以前碰過一個個案，她已遭受丈夫的肢體與性虐待好長一段時間了，但是安排她到中途之家，她又逃回來，這是受虐婦女常常會出現的現象，本不足為奇，但是後來才知道她的堅持不離婚，源於她信仰摩門教，重視家庭價值，

與不願離婚有許多關聯。

　　舉例來說，曾有個十六歲少年，在學校功課落後，對許多學校的工作也不感興趣，但是因爲祖母要他必須完成至少國中學業，因此每天來上學對他來說都是痛苦。與當事人熟了之後，他告訴我他打算去搶劫銀行，也許搶了一千萬美金就可以遠走澳洲，逃離法律的制裁。對於當事人這種偏差的價值觀，我當時也不知如何以對？由於其父親因爲吸食毒品與暴力行爲，常常出入監獄，生活中又少一個良好的角色模範，所以他的偏差價值觀似乎其來有自。後來是問他既然搶了錢，卻過躲躲藏藏的日子，不是辜負了當初的理想嗎？何況有這麼多錢卻不能大大方方地花，有錢又如何？他才明白原來現實世界中，仍然要爲自己的行爲負責，不是逃之夭夭就算了的！

　　曾在一所美國高中擔任諮商工作，當事人因爲父母本身就是墨西哥裔移民、生活困苦，對小孩子的教育也認爲是金錢至上，希望孩子早早脫離學校、出社會賺錢，這個當事人對教育價值的鄙視也表現得很明顯。進入諮商室，談的也是賺錢、物質享受，對於自己現在可以打（非法）零工賺錢得意洋洋。當然在諮商過程中，不是把對他的價值觀改變作爲唯一目標，因爲他的這種價值觀的形成其淵源已久，不是一下子就可以幡然改變。但是在治療過程中，我也不去攻擊他以錢爲重的想法不對，而是要他就一些想要效法的人物，做一些實際的比對與研究。他自己在諮商師所規定的家庭作業之中，發現了他所崇拜的人，即使是億萬富翁，除了賺錢之外也有其他喜好與人生目標，而且有不少的案例是：金錢的所得只是附加的收穫！把實

際的證據一一陳列出來，協助當事人自己去做判斷，也許有助於當事人看到更多的可能，而不會以管窺天、執守自己狹隘的價值系統。我們在教學上用到的「價值澄清法」，也是一個很不錯的方式，提供當事人更多現存的有力資訊，去檢視他／她的既存想法。

另外的例子是，一位準諮商員接到一個男同性戀的案子，結果在整個諮商過程中，諮商員表現的是「說服」當事人「轉變回」異性戀者，要他停止與同性的親密行為。探討這位準諮商員的價值觀，也許就是有同性戀恐懼（homophobia），或者認為同性戀是不應該的，這些觀念就投射到諮商員對當事人的治療工作上，對於治療來說是模糊、轉移焦點，沒有站在當事人的立場看他的問題而協助解決，也是不恰當的。

四、性傾向

大部分的人是異性戀者（heterosexual），也就是男生愛女生、女生愛男生，對於同性戀者（homosexual），在統計上只佔百分之一到六的族群，往往受到忽視或歧視。在美國本土，雖然同性戀族群已為自己爭取到不少人權，但是仍然繼續受到迫害。我們常說民主，但是多半只注意服從多數人，忘了去尊重少數人。性，只是人的一部分，基本上我們是人，不能因這點而忽略了全貌。

我的一位同志友人，曾告訴我他在大學一年級時，告訴父

母他是同志，父母就強押他去接受「轉型治療」（conversion therapy），利用電擊裝置來抑制他的同性幻想，聽來真是駭人聽聞；另一位督導是女同志，提到她在家喊伴侶「親愛的」（honey），就有人對她們扔石頭！前陣子美國大學生 Mathew Shepherd 因為是同志而遭人殺害，並綁成稻草人的案子，大家仍記憶猶新吧？其他類似的仇恨犯罪（hate crime），更是不勝枚舉。Mathew Shepherd 只是性傾向是同性而已，就不能好好生活如常人嗎？憲法規定人有生存的權利，是人就有生存的保障，可是為什麼有人要假「替天行道」之名，剷除異己呢？不同又如何？我們每個人都是與其他人不同啊，照這麼說來又有誰有生存之權？如果我們不能承認、進而欣賞不同，是不是每天都要演出殘殺的戲目了？這個世界正因每個人都不同而美，而各發揮所長，來創造出美麗與合作的成果啊！

　　美國金賽博士三十多年前的研究中就曾指出，人類並不全是異性戀的，性的吸引力與行為是界於「完全的同性戀」與「完全的異性戀」之間（cited in Reinisch, 1990, p.178）；我們的發展階段中也出現過與同性同伴為生活主軸的階段（例如國小三、四年級到高中），我們的人生中也有同性知己或友人，只是沒有親密的性行為而已。也有研究指出，青少年階段的思春期，有不少人是與同性之間有類似實驗性的性行為發生，何況也有所謂的「情境性」的「同性戀」，如軍中、監獄只有同性的情況下，有人為了要滿足性慾而有的行為。同性戀者曾因愛滋病的猖獗承受代罪羔羊之苦，現在仍然有人抱持這樣的觀念，甚至認為是上帝的處罰。然而科學上的證明已顯示，愛滋

同濫交、很多性伴侶有關。一位罹患愛滋的二十一歲男子，自十六歲知道自己有愛滋之後，就投身在安全的性行為與防範愛滋的公益活動上，教導青少年如何懂得保護自己，但是他以自身為例，卻引來許多青少年的訕笑，我記得他說：「我要忍受不同的藥物試驗，還要接受不了解內情人的屈辱與傷害，也還得面對自己不知有無明天的生命，我連車子都不敢買，因為不知道自己什麼時候就蒙死神召喚，不能付完貸款！」我當時聽了好是心疼！也佩服他的勇氣！

　　一位當事人有一回說：「你們異性戀（straight）者是不懂得我們的苦的！」我當時立即回道：「你是扭曲的（twisted）嗎？」然後我說只有自己可以決定自己要過怎樣的生活，「扭曲」或「正直」的生活不是決定在性傾向或別人的手上。他當時哭了，後來他說不知道一個外國人的英文可以這麼好！我當然知道自己英文程度的斤兩，只是我可以了解他的處境並且用了打蛇隨棍上的技巧罷了。

　　在求學期間也認識了一些同志朋友，經由接觸才更能了解他們成長的歷程，也釐清了自己之前的一些迷思。我的一些同志學生與當事人讓我有許多學習的機會，也讓我願意多花心力與時間，作為他們的支持與後盾。性傾向是「自我」的一部分，對於我們大多數的異性戀者自然不成問題，但是不能否認的是：它也是同性戀者「自我」的一部分啊！

五、社經地位

在美國工作期間，曾經碰到自別處來的當事人，向我抱怨說，他原來的治療師瞧不起他窮，甚至叫還在就學的學生來擔任治療工作，我以為是實習學生契約之故或有督導，也許在治療契約上有說明，結果真的是因為當事人的經濟情況，治療師才拒絕治療的。不要說在諮商這一行，其實我們一般人也有所謂的「笑貧不笑娼」的說法，有人說「錢」與「權」是雙胞兄弟，然而諮商是尊重人性與平等的專業，對於當事人，諮商師要特別留意自己的可能偏見，不要因此而貽誤了當事人。會不會因為對方穿著邋遢或是錦繡綢緞，諮商師的對待就不一樣？知道對方是名人，會不會收費就高一些？對待的態度「優厚」一些？

六、年齡層不同

諮商的對象可能是來自不同年齡層的人，有兒童、青少年、成年人，或上了年紀的老人家，諮商員對這些可能的對象，要有一些初步的了解與認識，甚至可以針對某一、二個年齡層的當事人，有更深入、專業的了解與相處的經驗，作為自己專業能力之一。這也是為什麼諮商員的基本訓練課程中有

「人類發展」這一門，研究的就是人類自出生到死亡的基本發展情況，當然影響每個人的發展變數很多、每個個體的發展也不一樣，但是可以有個概略的了解，以及基本的知識，可以是諮商員作為了解協助對象的初步。有些諮商員的服務對象較偏向於青少年，他／她也許是因為接觸的機會多，或是想要以此族群為主要的服務對象，因此就會朝向這個族群，來進行更為深入的了解與研究。有諮商員可能對遊戲治療有興趣，而使用遊戲治療的對象又以兒童或少年為主要，也許就對此一族群較為熟悉。

不同的年齡層，有不同的需求與發展任務，因此諮商員對於不管是生理或心理的成熟度或發展，甚至是可能會遭遇的問題，都要有基本的認識與知道處置方法。有些問題可能是過渡期的現象，長大了就會消失不見，比如有父母擔心孩子笨拙跟不上，可能是孩子的發展成熟度的問題，年紀稍長一些，表現就不落人後了。有些可能落後的情況嚴重，諮商師就要注意下診斷，做必要的處置，以免延誤治療。像一些過動兒，在年幼時父母親可能會認為孩子只是頑皮，後來發現老師的抱怨多、學習效果很差，如果診斷正確、及早做矯治，孩子可以更早正常快樂地學習。

對於年齡較小的當事人，諮商員比較會先注意到當事人生理成熟度上，是不是跟得上其他大部分同齡的人？發展階段一些共通性又如何？遲緩的程度又怎樣？也因為當事人年紀較輕，可能在諮商次數與時間的安排上要比較小心，例如小學中低年級的孩子，諮商時間也許要顧及其注意力的短暫，不宜太

長；另外諮商次數的頻率也要多些，不然容易遺忘，也會影響到治療關係的建立。但是對於年齡較長的當事人，甚至有些是年老或罹患疾病的當事人，要注意的方向就大為不同了。年老的當事人機能退化、又有獨立不想依賴的需求，生活功能不若年輕時，與家人的關係、對自己這一生的滿意度可能都會搬上檯面，加上年老的人認為向年紀比他／她年輕的諮商師求助，對他／她自尊的影響又如何？這也需要列入考量。

曾經有位諮商師談到他的經驗，當事人是一位六十多歲的女士，在守寡多年之後，第一次有親密的伴侶。她對於較自己年輕的伴侶的性需求感到力不從心，但是自己又渴望有身體的親密接觸，所以遲疑了很久才來找諮商師。當時的諮商師是新手，而且認為「年紀這麼大」的人了，怎麼有這種「想法」？基本上這位諮商師是「認為」老年人不應該有性慾嗎？結果反而勸當事人打消這個想法，當事人很羞愧地離開，而傷害已經造成。這個傷害，包括了諮商師不熟悉這個族群、將自己的錯誤成見加諸當事人身上，以及沒有去真正了解當事人的感受與想法就作建議與處置。

另一位諮商師有很嚴重的權威傾向而不自覺，當他以同樣的態度來對待青少年的當事人時，常常是沒有聽完全部的故事就打斷當事人，而且還給權威性的建議，要求當事人切實執行，而當有的當事人直接對這些建議作反駁時，諮商師就認為這位當事人叛逆、不知輕重，對於自己予當事人的「好心協助」覺得枉然。

七、不同語言

　　諮商師基本上語言的運用能力要強，可以把當事人的故事，以自己的說法表達給當事人知道，而且還能進一步將當事人沒有說出的、感覺模糊的也明白表示出來。諮商師是以當事人的需求為主要考慮的，因此如果當事人是操中文以外的語言，也要想辦法找協助去了解，諮商師自己可以運用當事人熟悉了解的語言當然更好，不成的話，可以請當事人信任的人充當翻譯，如果還不成，轉介的動作也許是下一步。

　　在美國作諮商師時，因為當事人都是使用英文，所以就當然要以英文來與當事人對談，我會先問他們聽不聽得懂我所說的（因為我有腔調）？放慢速度是先採取的步驟，如果表達方式不清楚，就用其他說法，務必讓當事人理解了才繼續，起初以為會如老師所說的失去許多當事人，但是這麼一路走下來，沒有再發生過這種情形，反而是當事人可以把我所說的，以他們的理解方式再說一次，這真的幫了我好大的忙，也讓我學習、感激更多！

　　有一回，老闆休假，我身上就戴著 B. B. Call，隨時要與可能的當事人聯絡，並安排第一次訪談（intake）。有一通電話來找老闆，對方聽到我說話，就堅持要老闆來接，我告訴她老闆休假，要八天之後回來，目前公司的事由我暫時代理，她說她要找老闆作治療，我知道是新的客戶，於是告訴她第一次的晤

談通常是我擔任，如果方便是不是可以安排一下晤談時間？她就說我說話有腔調，我坦白告訴她我是外國學生，已快拿到博士，是這裡的「主要諮商師」（prime counselor），她就說她聽不懂我說的話，口氣很不耐又鄙夷，我這時有氣也不能發洩，仍然按捺住與她周旋（我們不能掛當事人的電話，這是基本的尊重）：「某小姐，我是外國學生，我說英文自然有腔調，妳如果有機會去台灣，妳說的中文也可能會有腔調，我是合格諮商師，也在接不少的個案，他們都是美國人，可以聽懂我的英文……」

「反正我就不要一個外國人作我的治療師就是了！」她打斷我的話說。

「當然，我們絕對尊重妳的選擇，我讓老闆回來後直接與妳聯絡好嗎？」

「Fine！」她最後丟下了這個字、掛了電話。

這個實例讓我深切體會到語言的重要溝通功能，雖然我覺得委屈，發現對方不僅不客氣，還有嚴重的種族歧視，但是站在工作的立場，又不能發作，還要百般忍耐、斡旋，不過這也正好磨練我自己，如果連這種「令人難過」（difficult）的當事人我都可以應付了，那麼其他的當事人，我不就可以應付裕如了嗎？後來回國工作，有不少年輕一代的當事人，喜歡說台灣話，我就重拾已遺忘得差不多的閩南語，把這份語言能力恢復，這在我的工作上算是如虎添翼吧！

伍、特殊族群的諮商

接下來的篇幅，想對受虐婦女或家庭暴力受害者、兒童期受性虐待者、青少年、老年人、同／雙性戀者，與遭受重大創傷者的諮商，做一些簡單介紹。

一、受虐婦女或家庭暴力的受害者

近年來由於國內對婦女與兒童權利的尊重與立法保護，包括兒童福利法、強暴案為公訴罪，尤其是家庭暴力防治法的立法與通過，使得許多受到家庭暴力的婦女，願意挺身而出，為普遍存在的家庭暴力作見證。若干警察單位，有女警或另設一特殊單位負責，一旦婦女遭虐，在接獲報案後，就直接涉入、了解案情。但是由於我們在受虐人的保護方面，還有應該設立的暫時留置的中途之家，尚沒有周全的宣導與設置，使得許多婦女、孩子最後還是不得不回到原生的暴力家庭，其命運未卜！最近諸多殺夫或殺妻事件，家庭暴力都是可能的背後主導因素，許多婦女在最後因為看不到出路，而選擇了殺夫來結束自己與孩子的長期受虐悲劇；而也有加害者因一時出手太重，把受虐人殺害了。這些都是我們不願意看到的悲劇結果，如何

防止類似悲劇的再發生，至少需要做到幾點：

　　第一，防止與減少家庭暴力，是一個社區、國家的共同努力的工作，不是單一家庭的事件。國人「莫管他人瓦上霜」的自私觀念，需要加以嚴正疏導、修正。「白曉燕案」剛發生時，有政府長官呼籲社區協助，但是白曉燕的母親白冰冰卻說：「現在大家對門都不相識，哪來的社區協助？」同案發生之前，美國加州正好有一個七歲男童被綁架，結果社區全體發動，上網、印傳單、結隊搜尋，還與鄰近社區合作，雖然小男孩後來仍被發現陳屍在外，社區人同聲悲慟，而這個社區的團隊協尋合作，也一直為媒體稱頌，是其他社區傚仿的對象！相形之下，他山之石可以攻錯，我們的社區支援系統真的是有待特別策畫與加強！

　　第二，社區應與醫療、警察單位有密切有效的聯繫，以便虐待案例一發生就可以火速趕往，做最快而有效的處理。社區民眾的警覺性是最重要的，及時的發現可以救人也救命！可以有個「中途之家」的特殊機構，讓這些受害者有處可棲、暫時安頓下來，並且有相關法律單位與社工人員的介入協助，是可以讓受害者的緊急情況得到最佳處置，也就是除了身體安全的保護之外，心理的復健也要同時進行。此外，施虐者本身也要接受治療，而不單只是處罰判刑而已，治本之方仍然是讓每個在社會中生活的人，可以安然度日、對社會有所貢獻。

　　第三，社區應設置心理治療諮商師，以作為受害者的重建工作的支持系統之一，許多悲劇受創者的善後工作，是需要心理治療師的參與與協助的，受害人、施虐者與其相關家人，也

都應該納入治療與輔導。政府相關單位與社區的密切合作，例如一發現有受虐案件，就馬上聯絡精神醫師或心理治療師，立即加入援助工作，可以讓受虐者的協助系統更臻完善。

最後，相關法令的訂立與確實執行，是保護受害人的最佳、最有效的途徑！

對於家庭暴力受害者的心理諮商工作，有一些要點要特別注意：

㈠保護受害者，避免再度受虐

首先在受虐事件發生之後，協助受害者接受醫療或醫師檢查，接著要安置受害者到安全的處所，避免再受到肢體暴力，接著就要讓受害者明白整個協助系統的流程與目的，讓受害者願意接受諮商的協助。由於許多受害者仍有受害者情結——認為是自己不對才會遭受虐待，也有是因為家醜不敢說實話，或把事情合理化、小化了，這種心態的受害者，常常會容易再受到進一步的虐待，而且再親自報案或求助的機會更為渺小！諮商師在諮商初期，是把案子當成危機情況來處理，除了確保當事人的安全之外，還要教導當事人如何應付可能再出現的危機情況，包括觀察危險性的程度、如何防禦、必要時做逃脫的動作。

㈡了解受虐人徵狀

　　許多受虐人仍然會逃回原來虐待人家中，尤其是家庭暴力的受害人。旁觀的人不明究裡，以為受害人是不是生性「貝戈戈」？要被虐待才快活？自己有腳、不會逃啊？這真是一個很大的誤解！家庭暴力的受害人常常是女性，而且是身為人母，她擔心如果丈夫或親密愛人不找她出氣，就會把氣出在無辜的孩子身上，因此為了保護孩子免於受傷害，她寧可犧牲自己做受氣包。待在那兒過日子，至少對她來說，經由長年累月的觀察與經驗，她比較能夠預測丈夫施暴的前奏，也可以採取防禦措施，通常她不會讓丈夫的怒氣「出線」，也就是說會知道虐待者的底線在哪裡？然而如果一旦走出家庭或居所，受虐者在沒有把握虐待者的情緒指標下，極可能會被突襲，甚至傷害致死。虐待事件與出氣的關係不大，而是權力（power）與控制（control）的因素居多（Rencken, 1989），誠如 May（1972）所言：暴力就是「無力」（powerlessness）的表現方式（p. 23），因為自覺無力，所以才要表現出有力。

　　了解受害者當下的身心狀況，受虐時間長短，暴力表現的方式為何，家中其他成員的反應與因應措施，虐待者在何種情況下最容易出現暴力行為，當事人（也包括受害者孩子）的支持系統如何？這些在諮商初期就要仔細了解。

　　接下來要談到的性虐待，基本上也是權力與控制的產品。

二、兒童期性虐待受害者

　　家庭中的性虐待，自古以來，無論中外，都視為社會禁忌
（taboo），儘管發生的情況極為普遍（England & Thompson,
1988; Friesen, 1985），但是卻絕口不談，以至於許多受害者不
是含冤而死，就是生不如死。後來隨著兒童福利、婦女運動、
女性運動的出現、爭取，受害者慢慢有勇氣站出來為自己伸
冤，那些黑暗醜陋見不得人的事實才慢慢被揭發（Walklate,
1989）。許多性虐待案件發生在家庭之中，而施虐者通常與受
虐者有親密血緣關係或是相識（Driver & Droisen, 1989; Russell,
1988, cited in Brown, 1991; Stiffman, 1989）。心理學界認為發生
在家庭中的性虐待，對受害者的身心創傷最為嚴重（Brown,
1991; Courtois, 1988），尤其是佔最大比例的父女亂倫（in-
cest）：愛與傷害之間的界限不明，引起受害者的混淆與困惑。
再者，家庭中的性虐待，因為家醜、社會（禁忌）壓力、受害
者說出卻不被採信、受害者覺得自己不對或弱小等種種因素的
交互影響下，使得虐待事件一直被隱藏在黑盒子中，不被發
現，也造成了當事人更長久的受虐情況。也因此許多受害者都
是「成人存活者」（adult survivors），兒童期受到的性傷害，
一直到成人之後發現許多負面影響出現、影響生活功能，才向
心理醫師求助（Bass & Davis, 1988; Beverly, 1989; Driver &
Droisen, 1989; Kolko, 1987; Meiselman, 1990; Wills-Brandon,

1990）。

　　性虐待的受害者以女性居多，但是當然也有男性受害者，美國方面的統計是在滿十八歲之前，每四名女性中就有一位、而每十名男性中就有一位遭受到性虐待，也就是每年有十萬名兒童在成年之前是性受虐者（Dolan, 1991; Friesen, 1985; Holt-graves, 1986; Ledray, 1986）。兒童期遭受的性虐待其嚴重性又如何？一般說來要檢視其受虐期間長短、發生頻率次數、牽涉的性虐待形式、有無暴力的涉入、事件初發時當事人的年紀、加害人性別與年紀、與受害者的關係、受害者在虐待行為中主動或被動的角色、家庭中與家庭外的支持系統如何、父母親的反應等等（Courtois, 1988; Hunter, 1990; Groth, 1990; Russell, 1986）。

　　性虐待對於受害者的影響是概括生命全面的（Hunter, 1990），而 Bolton、 Morris 與 MacEachron （1989）把性虐待的影響分為四類：⑴性功能的問題——性功能失常或停滯、強迫或逃避性行為、對於「性」與「非性」行為感到迷惑、可能有侵犯或是誘引的性行為出現，甚至濫交或感染性病；⑵情緒上的困擾——覺得無望、焦慮、有罪惡感或羞愧、人格違常或性格上的問題、自尊低、憂鬱、情緒表達失常、不信任、孤離自己，或是對他人有敵意；⑶行為上的問題——逃學逃家、人際關係極差、自殺想法或行為、衝動行為或強迫性習慣、傷害自己、退縮或過分活躍、嗑藥、容易再度淪為受害者；⑷兒童時期的困擾——睡眠問題、擔心或害怕、學習困擾、退化行為以及身心症狀。

　　對於不同性別的受害者，可能要把社會對於性別角色期待的因素列入考慮：男性受到性別刻板印象的影響甚於實際的性侵害行為（Estrada, 1990），有許多表現於外的宣洩行為，像破壞公物、自毀行為、表現出侵犯的性行為、極力想要表現出自我控制的傾向（Hunter, 1990; Kiser, et al., 1988; Meiselman, 1990）。在心理層面上，男性受害者會覺得悵然若失、很難表現出「非性」的情緒、對於性別角色覺得迷惑、同性戀恐懼、覺得無力、無法與異性建立正常的親密關係、承受許多情緒上的困擾與問題（Engel, 1989; Finkelhor & Browne, 1986; Olson, 1990）。而女性與孩童仍礙於其社會與生理因素居於「弱勢團體」（vulnerable population）地位的嚴重影響（Sgroi, 1988），研究女性受害者的文獻中，除了嚴重的「重創後遺症」（PTSD）的症狀外，「性慾化」（sexualized）行為表現、厭食或暴食症也極為常見（Coons, 1986; Courtois & Watts, 1982; Friesen, 1985; Goodwin, 1985），對性與愛的困惑、多重人格違常、無力感、受抑制的情緒表現、身心解離（dissociation）的情況也很普遍（Briere, 1989; Oliven, 1974; Orr & Downes, 1985; Root & Fallon, 1989; Trachtenburg, 1989）。一般說來，男性受害者較多「外顯化」（externalize，表現出來）的行為表現，而女性受害者則是「內隱化」（internalized，把破壞力朝向自己）的行為較多（Hazzard, 1983; Ledray, 1986; Mayers, 1985）。

　　有關治療的模式，一般包括有個別治療、團體治療、兩人／三人治療（特別是針對家庭中的性侵害，受害者本人、其母親，以及加害者），以及家庭治療。各個治療模式的目標是因

個案而異，而在治療過程中的「責任歸屬」要加以釐清（受害者可能有強烈的自責，認為是自己「不對」）（Capuzzi & Gross, 1989），情緒處理（被背叛、出賣、剝削、利用）（Jones, 1986）、減少受害者孤離狀態，以及加強與建立支持系統（Feindler & Kalfus, 1990; Friedrich, 1990）是主要的重點工作；也有治療師認為有必要把當事人「帶回現場」，重新去經歷與感受（Brown, 1991; McCann & Pearlman, 1990）。在兩／三人的治療模式中，受害者與非加害者的父母一方，可以重新建立情感的連結，也預防受害者的再度受害，以及親子間「界限」的重新定義。但是當安排受害者面對加害者時，要特別注意其震撼的影響力，也要看受害當事人的準備度而定（Burgess & Holmstrom, 1986; Clark & Hornick, 1988; Engel, 1989; McDonough & Love, 1987; Rencken, 1989）。

家庭治療中，父母親或家人會更明白當事人所承受的痛苦與傷害，角色與責任的釐清，加強家人間的溝通、支持系統，以及作決定與解決問題的能力，讓已失功能的家庭能再重新整合起來（Meiselman, 1990; Pledger & McLennan, 1988; Rencken, 1989; Sesan, Freeark, & Murphy, 1986; Sgroi, 1988）。另外，雖然有受創人「壓抑記憶」的說法，但是其真確性仍然不清楚，治療師不可以「暗示」當事人任何被性虐待的可能（Yapko, 1994）。曾經有治療師針對記憶是否可以「植入」（implant）進行研究，發現的確有此可能，這也提醒了治療師本身的專業素養與客觀性。

諮商師在處理有關性虐待案件時，要注意自己本身的態度

與可能的成見，也要對類似重創經驗的相關知識多加涉及與了解，注意治療關係建立的困難度與因應，治療師的性別考量，具備危機處理的能力，以及如果治療師本身也曾是性虐待受害者的特殊考慮因素（Brown, 1991; Butler, 1985; Cahill, Llewelyn, & Pearson, 1991; Courtois & Watts, 1982; Dolan, 1991; England & Thompson, 1988; Everstine & Everstine, 1989; Feindler & Kalfus, 1990; Ganzarain, 1988; Laidlaw, Malmo, & Associates, 1990; Thompson & Rudolph, 1992; Walker, Bonner, & Kaufman, 1988; Ward, 1984）。

　　在實際接觸兒童性虐待的案件中，有一個例子是八歲男孩親眼見到自己父親把男性性器官插入只有四個月大的妹妹陰道，而妹妹聲嘶力竭地大喊，原本活潑的小男孩突然之間退化成一個無助的小嬰兒，不會說話表達自己，常常畏畏縮縮躲在黑暗的櫃子裡。一直到事件發生後兩年，小男孩說話還是結巴，常常需要別人陪伴，一聽到爸爸要來接他去度週末（爸爸服了一年兩個月的刑，後來取得週末探視權），就寧可讓學校老師留他在校、不想回去。另一位四十七歲婦女在十歲左右就開始遭受親生父親的性侵害，一直到她二十一歲那年，嫁給第一個認識的男孩子，以為就此擺脫了夢魘，沒有想到丈夫與父親一樣也有酗酒習慣，而且在夫妻親密行為上要求變化許多花樣，令她覺得難堪，她擔心長此以往女兒也可能會遭受丈夫的性侵害，因此就帶著三個孩子逃亡！這位女性當事人本來對自己被性侵害的記憶是一片空白，但是慢慢從一股「味道」（父親的體味）想起，後來的情緒反應真是劇烈又可怕，甚至有好

多次想要自殺的衝動。在她身上可發現對自我身體的嫌惡、自我形象的鄙視與扭曲、極端沒有自信、與異性的親密關係有極大困難，後來還有些微的「空曠恐懼症」。

三、青少年

對於青少年這個族群，治療師有許多是需要學習的，尤其現在生活步調加快、科技進展的日新月異，外在環境的變化，相對地也對青少年有許多影響。而由於社會現況、經濟上的依賴，與求學時間的延長，現在所謂的「青少年階段」甚至延伸到大專的年紀（Mishne, 1986）。諮商人員除了具備基本專業知識與技術之外，對於青少年期的身心發展變化、發展任務，以及社會現況與其影響，都要加以了解涉獵，以提供此族群最佳的服務。諮商治療師或學校輔導老師，通常還要擔任青少年家長或師長的「諮詢顧問」（consultant）。而由於許多當事人可能都是老師或其他處室轉介過來的，加上一般人對於諮商輔導專業的誤解或刻板印象，必然會遭遇到許多明顯的抗拒行為。在這方面，我們通常會要求諮商師「放下身段」，與當事人建立較為平等的關係，仔細傾聽、善用同理，也別忘了諮商師也曾經是青少年的經驗，從這裡慢慢開始。青少年常常覺得自己是處於「尷尬期」，介於大人與小孩之間，左右為難，也因此他們的聲音或需求往往被忽略或否認。因此諮商師可以讓當事人有機會與時間，表達自己的想法、意見與感受，青少年就很

容易打開心房、願意作努力與改變。在臨床經驗中，我常常發現青少年其實有自己解決問題的能力與智慧，但往往礙於父母長輩的期待與要求，不能夠為自己作決定，因此才為了反對而反對，來凸顯他們的「自我」。常常在容許當事人說完整個故事或完整表達後，當事人都很明白自己接下來要做的是什麼，而不太需要其他諮商治療策略的介入，也因此我充分體會到「了解」、「信任」與「陪伴工夫」在面對青少年族群時的重要性。

　　Hanna、Hanna 與 Keys（1999）曾經就文獻上的資料，歸納了五十條對於具侵略攻擊性青少年輔導的策略，雖然似乎針對了特殊行為，然而也適用於一般青少年族群。作者們分別就如何「接觸」（reaching）、「接納」（accepting）與「建立關係」（relating）三方面作因應方式的整理，也可以為接觸青少年族群的諮商師提供一些不錯的意見。在與青少年當事人接觸方面，除了要對此一族群的需求與文化有了解、真誠、尊重、幽默、諮商師有自嘲的能力之外，還要不以權威形象自居，也不要太早擺出專家的姿態，可以的話教育當事人諮商的意義與功能，使其知所運用，強調簡短不囉唆，同族群的相似性，還要注意用多樣的方式來進行諮商工作，試圖自另一個角度來看問題，鼓勵抗拒，強調當事人的優點。此外，場地的選擇很重要，不必要很正式，偶而提供一些點心是顧慮到他們成長的需要，也可以讓當事人放鬆。而在「接納」技巧上，在諮商情境中的「界限」釐清，設定一些遵守的限制，避免與當事人有權力抗爭，接納當事人生活中有許多氣憤、敵意的情緒，尊重當

事人有自己的角度與看法，善用移情，對於當事人的「驚人之語」不必個人化。在關係建立上，諮商師不必假裝自己懂，也要回想一下自己曾有過的青少年階段，能夠讓當事人知道治療師可以自他們身上學會一些東西是很重要的，要有危機處理的準備，告訴當事人其他青少年改變的故事，不要低估了他們的生理需求與滿足，與注意當事人的其他需求，小心留意一些可能有的偏見與成見，並且做適度有效的舉證釐清，適當的自我吐露，營造同儕支持文化，以及注意當事人可能遭受到一些虐待或迫害。

　　在聽取準諮商員處理青少年個案時，我常常發現主要問題是出現在諮商師的態度上，有許多先入為主的觀念影響著治療師，而治療師卻不自知。因此我會請這些受訓的準專業人員進一步去深入了解青少年，與他們作實際直接的接觸，甚至要求受訓成員「回到」自己的青春時期，想想自己的需求、想法與擔心是什麼？曾經碰到一位高中生，開口對我說：「老師，妳今天穿得好亮！」我馬上回以：「謝謝！有沒有閃到你的眼睛？」把這個事件告訴同事，有位同事就反應說：「哪個班的？學號記下來沒有？」「為什麼？」「這麼目無尊長，要記過！」我當時還真楞了一下，原來，同事與我是站在不同的立場在做思考，才會有不同的結果。把自己的青少年「重拾」回來，比較容易站在當事人目前的處境來思考，才發現許多「看不慣」只是因為「不同」而已。在面對青少年族群時，可千萬別忘了：我們也曾經是青少年！

四、老年人

隨著科技醫學的進步與生活品質的提升，人口的「老年化」已經是不能攔挽的世界趨勢。以美國為例，到公元二〇三〇年，每五人之中就有一位年逾六十五歲的老人，而女性的老年人口又高於男性（Thompson, 1994）；在一九四五年，退休人口與薪資收入人口的比例是 1:35，一九七六年的統計是 1：3.2；也就是說平均三個生產人要負擔一位退休人口（cited in Baruth & Robinson, 1987），以工作為導向的文化中，退休或年老，都造成了老年生活的一些無形障礙（Vaillant, 1994）。諮商對象為老年人，基本上治療的主題包括：慢性疾病與殘障的問題，死亡與臨終問題，婚姻、愛與性慾，了解自己的年老過程，以及不同種族與族群的老年人（Knight, 1986）。

「老年」是人生發展的一個階段，而老年期的發展任務除了要明白老年的限制（像適應逐漸走下坡的體力與健康、退休與收入減少）、配偶的死亡，還要以較為彈性的方式來適應社會角色、重新調整自我評價與價值觀，建立較令人滿意、可自我控制的生活安排，以其他方式與資源來滿足需求，有效利用醫療社會與情緒支援系統（Atchley, 1977; Burlingame, 1995; Sinick, 1979）。

在治療過程中，Knight（1986）提到一般的目標是：讓老年當事人過著有力量、希望的生活（empowerment）——隨這

年紀增長、身體的老化、退休、子女離家立業，許多老人家會認為自己對這個家庭或社會的生產力與重要性已經銳減，認為自己老朽無用，對於自己生活的掌控力也不如以往。加上社會對於老年人的一些刻板印象，也因此老年人會產生許多情緒上或心理上的不適應，無力感與失望是常見的。治療師讓當事人了解老年不一定無用、也不必要失望，雖然體力與若干能力的限制，老年人依然可以過適度掌控的生活。

享受生活（enjoyment）——許多情緒沮喪的老年當事人是因為受限於年紀、體力、能力、經濟等等因素的影響，認為自己是依賴人口，被迫要過著「享清福」的晚年，然而現代老年人在退休之後的存活時間拉長許多，也不是那麼被動地安排生活起居，而且不少人更能投注時間與經歷，開始第二生涯的發展、做義工與其他服務性質的工作，有另一番的生活安排與社會貢獻，在卸下許多工作或撫育子女的義務責任之後，才開始真正享受生活。

生命回顧（life review）——許多老年當事人害怕的不是死亡，而是希望「好生好死」，老年的時光用來反省生命、適時作補償與修正（像「未竟事業」）、為自己的生命賦予意義，這也是一般的老年諮商會用到的技巧。此外，使用團體諮商的方式，分享共通性、解除孤離感，提供安全場所來練習社交或一些因應技巧，也提供宣洩情緒的管道，讓當事人有希望。雖然並非每位老年人都適合團體的治療模式，而且如果在同一養護機構，「保密」就較為困難，但也可以適當使用「同儕諮商員」（peer counselor）的協助（Waters & Goodman, 1990）。

　　Corey 與 Corey（1982）提醒諮商員在面對老年當事人時，要特別注意老年當事人可能對諮商有較大抗拒，諮商步調因當事人注意力不易集中宜放慢。諮商主要任務放在此時此地，也更需要鼓勵與支持、去傾聽與了解，許多老人正在接受醫療，出席率不高，也會因其他原因而沒有出現。另外失落、死亡、對生命意義的探尋、寂寞、被拒絕、無望、無用、面臨死亡或害怕死亡等等議題，對老年當事人來說是極為普遍的。而在諮商員的準備上，Burlingame（1995）認為諮商師應該要尊重當事人的獨立自主權、關心其福祉，也要與當事人間建立忠誠與信任，人際關係技巧上得注意同理心、禮貌與界限問題，環境的考量上要注意到老年人的需求、方便、安全、安靜、隱密性、光線充足，也要多觀察當事人非文字的線索部分，少用面質的技巧。雖然老年人有喜歡直接解決問題的取向，但是仍然要先問問當事人曾經使用過的方式，這是尊重、肯定他們能力的作法。

　　老年人儘管是屬於一個次文化團體，但是也有個別差異與不同需求，諮商師要特別注意自己的一些成見與刻板印象，不要「以一概全」，而對於當事人的移情與反移情現象的處理，也要注意。Knight（1986）提到諮商師可能把當事人當成父母或祖父母，害怕死亡、年老或依賴，而諮商師本身應具備有關老年的身心發展知識與關心事宜，也要了解如何與老年當事人作接觸，一般的諮商程序可能要修正以符合此族群的需要。

五、同／雙性戀青少年

　　青少年階段是許多教育文化與心理健康研究學者與專業人員，認爲最重要的「過渡」（transition）時期，誠如 Eric Erikson 針對此期階段的發展特別著墨之處，就是青少年的「認同」（identity）過程，認同過程中的自我角色、社會貢獻、群我關係、親密行爲等等，都是需要個人調適、統整的要點，尤其是「親密關係發展」，更是此期很突顯的部分，其中的「性傾向」（sexual identity，自我角色的一部分）的「現身」（coming out）過程，更是造成許多發展中同志或雙性戀者的一個重要關鍵。

　　由於整個大社會環境，對於同／雙性戀族群的不了解，以及有意無意加諸在此族群的有形無形壓力，使得身處青少年階段的同志與雙性戀者，更增添了許多發展與認同上的阻力。然而綜觀國內，對於同性／雙性戀族群的研究稀少，雖然也有一些輔導此族群的建議，在作者的資料搜尋過程，沒有發現對於同志青少年「現身」過程的學術研究。

　　同志運動近年來在台灣本土如火如荼地展開，然而大衆對於此一族群的認識與尊重，仍然有極大落差，在學術研究上尤爲缺乏。青少年階段是許多同性／雙性戀者在「自我認同」上掙扎最艱苦的階段，而「現身」通常就是此族群人願意「接受」自己性傾向、趨向「認同整合」的主要關鍵。許多研究顯

示（如 Harry, 1993; Troiden, 1989），男同志「現身」早於女同志，但是對兩性同志而言，大約都在青春期或十五到二十歲出頭之間（Cates, 1987; Lewis, 1984; Minton & MacDonald, 1984; Newman & Muzzonigro, 1993; Troiden, 1989）。

　　男女同志或雙性戀者的「自我認同」，對他們的人格發展與自我概念是十分重要的，但因為所處「異性戀為主」的大社會環境，在許多方面都受到極大阻撓。而根據美國的統計，每一百人中有四到十七個人是同志或雙性戀者（Gonsiorek, Sell, & Weinrich, 1995），比例不低，在青少年輔導工作項目中，實在更不能忽視這些所謂的「少數族群」（minority）的需要。隨著社會的開放與進步，心理健康服務的需求將與時俱進，了解本土同志／雙性戀族群的現實與實際，也應為努力趨勢之一。

　　青少年同志族群一直是被國內研究文獻忽略的一群，雖然國內有漸漸開放、接納此族群之趨向，然而對於此族群之成長階段與所遭逢之阻礙，卻少有心理輔導學界的研究者與臨床工作者，針對他們的「自我認同」或「現身」過程作探索與研究。Cass （179, 1984, 1996）所發展的「現身模式」──「性傾向認同形成」（Sexual Identity Formation）是最受到後來研究者的注意的，主要是根據「人際協調理論」（Interpersonal Congruence Theory）所發展出來，主要是以三個向度來看「現身」過程：自我知覺、行為覺察以及覺察他人的反應。一共分為六個階段：⑴困惑迷惘（identity confusion），⑵比較（identity comparison），⑶忍受（identity tolerance），⑷接受（identity acceptance），⑸引以為豪（identity pride），與⑹統整（identity synthesis）。Cass 的現身認同過程中，會分析每階段可能的選擇反應，不是單一以「成功」或「失敗」來論定，因此也增加了其在實際運用上的可信度（Hunter, Shannon, Knox, & Martin, 1998）。而 Newman 與 Muzzonigro（1993）綜合各家說法整理出了三個階段：⑴感受期（sensitization）──感覺到自己的與眾不同，⑵覺察困惑期（awareness with confusion, denial, guilt, and shame）──知道自己可能是同性戀者，卻有許多複雜情緒伴隨而來，迷惑、否認、有罪惡感、覺得丟臉，⑶接受期（acceptance）──知道自己的同性傾向，可以接受，並與自己相同的人有更好的聯繫與隸屬感（pp.21-22）。之前的研究者多半認為「現身」只是一個單一事件，然而 Rust（1996a）卻強調應該是一個終身持續的過程。既然「現身」對於同／雙性戀者這麼重要，那麼他們現身過程又有哪些阻礙？

　　「現身」或「出櫃」（coming out, coming out of the closet）是對他人吐露自己是同志或雙性戀者的過程（異性戀者彷彿沒有這層困擾與需要）。雖然普遍而言，男性同志在現身認同過程中，較之女同志要艱難、遭受的壓力較多，這多半是因為社會大眾對於男女角色期待的因素，而女性之間的親密，是較被社會認可、允許的（Esterberg, 1994; Sears, 1989）。

　　「現身」過程中，同志或雙性戀者會有選擇性地讓他人知道自己的性傾向。根據調查，男女同志選擇向好友「現身」的居多（Savin-Williams, 1990b），最擔心向家人（尤其是父母親）吐露自己的性傾向，因為有許多負向的後果可能會接踵而來（Savin-Williams, 1994），包括被拒絕、斷絕關係、羞辱、

言語或肢體虐待，造成許多同／雙性戀者青少年會以其他像離家、逃學、性濫交、嗑藥、酗酒等等「宣洩」行為（acting-out behavior）來抗拒這些壓力與焦慮，甚或企圖自殺，以結束這些痛苦（Coleman, 1989; D'Augelli & Hershberger, 1993; Proctor & Groze, 1994; Rotheram-Borus, Hunter, & Rosario, 1994; Schneider, Farberow, & Kruks, 1989）。也因此有研究者稱這種逃避、不對家人表明自己性傾向的舉動是「在櫃子裡的戲法」（juggling in the closet），就是保持與家人的地理空間距離，或只是維持最低限度的聯繫（L. S. Brown, 1989a）。「現身」的主要目的是希望可以讓彼此關係更親密，有必要讓對方知道自己的性傾向（自我的一部分）（Hunter et al., 1998）。

　　同志或雙性戀青少年現身過程，遭遇最大的阻礙仍然在既存的「異性戀主導」的社會（Isensee, 1991），包括「同性戀恐懼」（社會大眾之外，同志或雙性戀者本身亦有）、暴力事件（Hunter, 1990, cited in Hunter, et al., 1998）等等。Newman 與 Muzzonigro（1993）在整理研究者的結論中也發現，同志「現身」的影響因素包括：性別因素、異性戀／同性戀經驗的多寡、雙親對同性戀的態度，以及與父母之間的關係（p.216）；而此兩位研究者也發現，來自較為傳統保守家庭觀念的同志青少年，是最最感到孤離的。

　　Rofes（1989）針對目前美國教育界對於同／雙性戀族群的許多需要改進議題提出看法，包括不同性傾向的成人沒有提供鼓勵支持的環境、缺乏提供大眾有關此族群特殊需要的資訊，以及學校單位不敢提出或面對有關的爭議性議題（p.450）。因

此 Rochlin（1982）提出在諮商過程中，治療師要注意：提供當事人有關身為同志或雙性戀者，在「異性戀」主導的社會下生活的實際與障礙，治療師如果是同志／雙性戀者，也可以有適當的自我表露；提供適當的角色模範，讓當事人覺得不孤單、也有傚倣對象；另外就是對於同志文化與生活型態資訊與支持系統的提供，讓當事人可以在治療關係結束後，也能夠自己獨立行走（cited in Hitchings, 1999）。而 Kielwasser 與 Wolf（1992）二氏，發現同志或雙性戀者與異性戀者一樣，多半是自這些大眾傳播管道上獲得性知識，然而分析結果卻發現，同志與雙性戀觀眾的需求沒有被照顧到，反而有意無意中被污衊扭曲，使得此類族群的人更難找到健康的角色模範。

在輔導同／雙性戀青少年時有哪些諮商師應注意之事項？Hitchings（1999）認為最最關鍵的是治療師本身對於同／雙性戀生活型態的認可與存在的事實，與諮商師本身的性傾向倒是沒有直接重要影響。Cass（1979）也曾依據其所發展的六個「現身階段」，提醒心理諮商工作人員的輔導策略，包括：協助青少年重新定義所謂的「不同」的意義，避免太早予以標籤，試著去肯定當事人的感受是正常的；處理當事人的孤離感、被排斥的感受、焦慮與害怕，提供角色模範，協助當事人建立或開拓支持系統；解析負向的經驗、談論「暴露」性傾向的擔心，如何作「現身」的決定，提供認同過程模式與採取措施，促進人際關係技巧等；教導安全的性行為，肯定自我價值與提升自尊；支持其自我接受是同志，避免與異性戀者之間的「二分法」（抗拒或排擠非我族類的觀念與行為）；最後是協

助當事人作自我統整的工夫。

Gover（1994）根據長達二十年服務青少年族群的經驗，建議社會各階層都應提供同志的角色典範，以為同志青年的學習效法楷模，學校單位可以就教育（尤其是正確資訊的提供與宣導）、校園安全、輟學預防，與提供諮商服務等方面來作努力，另外也要提供同志學生同儕支持與可以從事的娛樂活動，以減少其孤離感，Robinson（1991）也認為首要之務是運用同志支持團體為最佳資源。

Fontaine與Hammond（1996）提醒諮商師要注意青少年同志在此階段，財物與情緒上仍需要家庭的支持，而「現身」可能會帶來極大的騷亂，讓青少年同志無形之中又多了許多壓力，因此有必要讓當事人知道是否採取「現身」動作的考量。另外許多青少年同志不會因為性傾向問題而來主動求援，卻會因為一般常見的沮喪、人際關係、逃家或逃學、自殺等問題出現在治療或諮商室，這些情況都可以提供諮商師注意。此外，諮商師對於每個當事人的治療方式與進展，應視個別當事人的需要而作調整，不具批判性的態度，提供青少年有關親密行為與性別角色的相關資訊，了解發展階段的性實驗行為與性傾向之區別，協助當事人了解「同性戀恐懼」的社會現況與因應之道，應對處理當事人本身的同性戀恐懼、支持也尊重不同生活型態的選擇，鼓勵也協助仍處於「困惑」與「曖昧」情況中的同志／雙性戀者（Cates, 1987; Krysiak, 1987）。

在實際接觸同性戀族群中，發現提供當事人了解與支持是最重要的，許多當事人來接受治療不是因為他／她的性傾向或

喜好的問題，而是對自己的了解、情緒問題，或是其他常見的困擾，而當諮商師直覺詢問一些私人的感受，或覺察可能的壓力來源之後，當事人也許在信賴度足夠的情況下吐露。諮商師的不具批判性、接納的態度，不讓自己成為當事人的另一位「壓迫者」（oppressor）是最關鍵的。當然碰到最大的阻礙，仍然是當事人父母，有些父母「懷疑」孩子的活動與隱私，進而探詢調查，然後來找治療師「同孩子談一談」，父母的擔心害怕很明顯，而來諮詢的用意不外乎是希望孩子「正常起來」，或「同一般人一樣」。這個時候，治療師要做的當務之急，就是「教育父母親」，減低他們的罪惡感（父母親會責怪自己作錯事）與焦慮，提供一些相關資訊，甚至「保證」這是常態，也讓家人之間的溝通可以更開放民主。這個工夫下得好，可以讓父母親更接納孩子，進而提供必要的支持。

關於同／雙性戀的迷思有很多，特別是「導因」部分，我聽過同學認為男女分班的情形會「導致」同性戀的增加，沒有研究證實的道聽途說，我們也只是聽聽而已。其實知道原因與否並不重要，而是現代多元社會，其發展趨勢本來就該讓不同的人參與、貢獻，人與人本來就不同，膚色、種族、信仰或性傾向，也只不過是「不同」而已，沒有「高下」或「優劣」之別，我們自己有生存自由的空間，也給別人同樣的權利。

六、臨終病人

　　死亡，是人生必經之途，但是很少人願意花時間真正去面對這個人生現實，年輕人總以為年輕不等於死亡，我們一般人也少有這種危機意識，除非是與自己極親近的人過世了，才逼得不得不去面對死亡這個課題，也才意會到自己不是「不死之身」，誠如 Mwalimu Imara （1975）把死亡稱作「成長最後的階段」（the final stage of growth, p.147），學習死亡，也是成長的一部分。心理學家 Elisabeth Kubler-Ross （1969）曾將臨終病人面臨死亡的幾個階段列出來，它們是：否認（denial and isolation）、生氣（anger）、議價（bargaining，或條件交換）、沮喪（depression）與接受（acceptance），但是並不是每個人都會經歷這五個階段，許多人是停留在「否認」的階段，不肯接受自己將死的事實，而國內學者趙可式（2000 大專院校生死學課程研討會）認為這種歸類太過疏漏。臨終病人的諮商，有點類似 Eric Erikson 的發展階段中的最後一期：自我統整與絕望，把自己想要完成的事做個了結，要交代的事作交代，也對自己走過的人生作些回顧與反思，對於自己走過的路，有欣賞、欣慰、成就，也有悔恨、不足與失望，可以及時作補救的，也想趁這個時候規畫與執行，不能的又應該如何作因應？許多人願意接受或嘗試宗教的一些觀念，在精神或心靈上尋求歸依。

　　遭受病痛折磨的臨終病人，每天的工作就是與病魔抗爭，也許多爭取一些生存時間，也許是準備身後事，目前對於臨終病人的「居家看護」（hospice）或是「安寧病房」的安排設置，已經慢慢取得一般大眾的信任。臨終關懷的目的是希望可以幫助病重患者，提高其生活舒適、減輕症狀，準備較為平和的死亡（Murphy & Donovan, 1989），也就是希望病人可以在剩餘的生命旅途中，過得有生命尊嚴、身體上也較少受病痛的折磨。臨終關懷的團隊裡，基本上是把病人與家族納入臨終關懷系統，是屬於全天候、每週七天的全時照顧，而團隊中的成員除了醫師、護士、宗教人士之外，還包括有受訓的義工。臨終關懷主要是對於疾病症狀的減輕（特別是疼痛控制），也提供病人與家人的哀傷治療。臨終關懷的團隊除了對於病人的需求作適當的反應與照顧之外，也尊重病患當事人的權益，因此醫療的適當性也是考量之列。簡而言之，臨終關懷要顧及的層面有身體、心理、社會與靈性四部分。對於病人本身的工作有：使其不覺孤獨無依，解除病狀痛苦、致力於靈性的成長，發現與體驗生命意義，認知生命的終極意義與出路。對於病人的家屬而言，把親人間的「愛結」（love tie）與依戀作鬆弛、轉換，因領悟生命而將生命作更好的利用，以及淨化自己的價值觀。當然關於喪禮的安排、遺體與遺物的處置，末了還要有「說再見」（say good-bye）的步驟，都在臨終關懷的事項之列（趙可式，2000 大專院校生死學課程研討會）。

　　臨終關懷的「團隊醫療」趨勢已經是由來已久，諮商治療界對於這種跨專業的合作組織也是深具信心，而協助病患、其

家人與親朋好友之外，照料病人的臨終關懷團隊的每個人也不能忽略。因爲協助照顧臨終病人，可能會觸及個人的一些失落悲痛、對於自己生命的終結也都可能會強烈意識到、面對「自己也會死」的複雜情緒等等，這些對於諮商人員來說，也都需要顧及。

　　Yalom（1980）曾經對臨終的癌症病人作調查，發現當病人知道自己來日無多，對於其個人的成長方面有極大的影響，包括有：重新安排生活中的優先次序、有解放的感覺（可以選擇不去做自己不想做的事）、認眞活在當下、欣賞生命中的一些事實（像四季的變換、落葉、清風等等的自然現象）、與親近的人有更深入的溝通，以及較少人際間的焦慮與擔心（比較不怕被拒絕、願意去承擔風險）（p.35）。

七、遭受重大生命創傷或失去的人

　　九二一大地震，發生距今只有數月，然而財產生命與心理創傷的損失無法估計，接續下來的沮喪、自殺與其他精神疾病，更是諮商或心理治療人員的挑戰。「失去」有因天然，或人爲災害而造成，許多天然災害是很突然、不可預期的，在面對天然災害失去親人或財物的當事人時，最先要做的仍然是「安全安置」（establishment of safety），然後是協助當事人去緬懷、哀悼失去的人物（remembrance and mourning），最後是讓當事人可以重新恢復正常生活（reconnection with ordinary life）（Herman, 1997）。

哀傷治療

Worden（1991）提出了「哀傷治療」（grief counseling）的原則與過程：

1.協助當事人把失去「具體化」

更完整地覺察到失去是已經發生的事實，協助與鼓勵當事人去談論所發生的事是最直接有效的方法。

2.協助當事人去認可、表達感受

氣憤、罪惡感、悲傷是最爲常見的情緒感受，讓當事人可以發洩表現出來。

3.協助當事人適應沒有已逝去的人陪伴的生活

協助當事人恢復與增強解決問題與作決定的能力，由於死去的人的角色與功能已不存在，可能會嚴重影響到現存家庭的組織與運作。

4.協助當事人重新定位對已逝去人的情感

讓當事人可以重新調整逝去的人在自己生命中的地位與關係，可以繼續生命旅程，而當事人也要懂得自己的價值、欣賞自己。

5.提供當事人足夠的時間去哀傷

　　哀傷的過程是很長的，許多特殊的日子都可能會引起當事人的記憶與情緒，與當事人維持適當的接觸，也可以作及時的協助與處理。

6.解釋所謂的「正常行為」

　　許多當事人可能因爲有些異於平常的行爲表現，而認爲自己是不是不正常或是瘋了，諮商師必須明白所謂的「正常哀傷」的程度，必要時要解釋給當事人明白或是給與保證，有些曾有精神病歷史的當事人，也有可能復發，這也是諮商師必須警覺與預防的。

7.了解哀傷過程的個別差異

　　哀傷的表現與處理方式因人而異，可能也有環境的因素存在（比如支持系統的強弱）。

8.提供持續性的支持

　　諮商師至少在事件發生後的一年之內，要持續提供當事人與其家人支持，也可以讓當事人或相關人參與適合的團體，要給當事人與家人希望，以及不同的角度與觀點。

9.檢視當事人的防衛機轉與應對方式

　　當事人可能有藉助藥物來麻痺自己，或是有自傷或自殺的

宣洩行為出現，諮商師的危機處理能力，以及評估當事人的問題處理技巧都是重要的。

10.診斷病態的可能性與轉介

也許當事人同時需要精神醫師藥物的治療來輔助，效果更佳，諮商師要知道自己處理類似個案的能力與限制，必要時要有轉介的動作（pp.42-52）。

關於諮商技巧方面，使用心理劇、角色扮演、相簿、日記、藝術治療、寫作、（引導）想像、認知重建、象徵或暗喻等等是很好的方法（Laungani & Roach, 1997; Worden, 1991）。

而Worden還提出使用挑釁式（evocative）的語言，讓當事人可以充分表達出他／她的情緒，也可以讓當事人更具體承認事情已經發生。

陸、危機處理

我們一般所說的危機，是指當事人的危機，最迫切的包括當事人有自我傷害或自殺、受人傷害或虐待，以及對他人可能造成的損害，如果諮商師知曉，就必須要做適時的危機處理動作。

談談當事人要自殺的危機處理方式。自殺的一些原因，包括（但不限於）有：沮喪、心理疾病、酗酒或嗑藥、自殺的意

念與信仰、先前有過自殺企圖、採用致命的方式、孤單無助或是獨居、感覺無望或想法上的僵化不變通、家族中曾有人自殺、工作或經濟上的問題、婚姻或家庭問題、壓力或遭受重大生命事件及損失、侵犯行為或易怒、生理上的疾病或是知道得了絕症，或是以上原因的不同組合（ Maris, 1992, p.9 ）。另外，如果加上當事人沒有宗教信仰、年紀大、身體不好、長期睡不著、很衝動等因素，其自殺的可能性又大幅升高（ Kennedy & Charles, 1990, p.364 ）。許多當事人在求助於諮商師之前，就因認為無望或無法解決問題，而想過或企圖過自殺的行為。人的求生意志是很強的，除非已到絕望的地步，要不然人總會發出各種警訊、企圖引起他人的注意。這些求助訊號，諮商師都要特別加以留意，而且要仔細問個清楚。也許有人會認為：如果當事人根本沒有想過自殺，諮商師這麼一提，不就是暗示當事人有這個可能了嗎？這不是造成本來不會死的人，最後竟然以死作結了嗎？但是自另一方面來想，如果當事人已試圖自殺過，而諮商師卻避而不談，甚至已經發現了一些蛛絲馬跡，卻不敢去問清楚，而沒有來得及作任何制止動作之前，當事人就一命嗚呼了，諮商師要負的責任就更多了，而且會有許多悔恨接踵而來！諮商師要怎麼權衡輕重呢？而在實際諮商經驗中，我也發現：不少病人曾經有過這個自殺念頭，因此心理上一直覺得有負擔、有壓力，反而是諮商師問起，當事人就產生長久以來所沒有的輕鬆感。

　　基本的處理方式仍然是 —— 觀察與直接問當事人。許多有過自殺企圖的人，根本上仍是認為可以不死的話，就還有機

會，所以他／她會有些行為的表現，可能就是求助的警訊，諮商師要特別對這些警訊留意，並且採取行動、作適當處理。有哪些警訊或徵象呢？也許是語言上的暗示，像：「人活得好累！」「活著沒意思。」「死了算了。」「反正沒有人會在乎我。」也許諮商師會發現當事人身上有一些無來由的傷痕，而當事人無法解釋清楚的；也許當事人會採取一些冒險的舉動，也不以為意；也有人會寫遺書、錄音或留遺言、把心愛或貴重的東西送人、去見一些親朋好友等等。觀察的動作可以給諮商師許多線索或資訊，並藉以作一些判斷或推測，有這些懷疑（當事人要自殺）之後，可以把這個觀察與猜測告訴當事人：「你提到說『死了算了』，你想過結束自己的生命嗎？」「你認為自己的存在無關緊要，是什麼意思？多談一點好嗎？」想過自戕的當事人，在被問到自殺時，反而會有釋懷、解脫的感覺，因為長期以來自己的隱藏想法被注意、發現到了，他／她不必再這麼辛苦去遮掩這個念頭，而可以光明正大地與一個了解他／她的人好好談一談了。

在確認當事人有自殺的想法或企圖之後，接著，諮商師的重要工作就是詢問當事人的自殺計畫、愈詳細愈好，藉此來斷定自殺的可能執行程度有多少。如果當事人只是說有想過、沒有詳細的計畫，自殺的可能性就會減少許多，但是如果當事人已有周詳計畫，而且用來自殺的用具已經準備齊全，自殺就極為迫近且危險了！比較一下這兩個陳述：

「我想要用安眠藥，反正就像睡著一樣，也比較沒有痛苦，三十顆應該夠了吧，我現在有三十多顆了。」

「我會用槍，只要有槍就可以了，這是最快的方法，反正我就是要去弄一把槍就是了。」

看起來好像是前一個陳述的可能性較高，因為已經準備妥當了，但是後者也不能輕忽，萬一此人是角頭老大，或正在當兵有機會接觸到槍械彈藥，其自殺的可能性就相對提高。

再過來，如果發現當事人自殺傾向強、又已有所準備，最重要的目標就是想辦法讓他／她活著，能多活一天算一天，多一些時間，就多了解決問題的機會。如果發現情況緊急，也就是當事人隨時有可能就執行自殺行動，立即安排當事人住院治療，是最緊要的步驟。另外也可以說服當事人立下暫時不自殺的契約，以暫緩危機，在得到當事人的信賴之後，可以暫時緩和當事人要立刻執行自殺行動的想法，這也表示生命可貴，而有人「在乎」也「關心」他／她的生命。自殺契約的簽訂有幾個好處，一是讓當事人知道諮商師重視他／她的生命，以及認為他／她所提的自殺企圖是認真的，當事人至少會認為這個世上還有人關心他／她的存活；二是讓當事人因為防止自殺契約之故，願意對於自殺這個解決方式再做思考；再則是當事人可能為了遵守契約之故，願意信守防止自殺契約上的條件，也就可以增加當事人的存活率。Corey、Corey 與 Callanan（1998）還提醒治療師在衡量當事人自殺的可能性時，必須還要注意當事人是否有精神或心理疾病的歷史，藥物或酒精濫用的習慣，還有當事人的支持系統（support system，家人朋友與可以求助的人與資源）如何（pp.173-174）？基本上諮商師發現當事人有自殺企圖或傾向時，還可以留緊急電話，或一些全天候急救熱

線電話（生命線、張老師及其他）給當事人，作為當事人在緊急狀態下，想要找人談、或要進行自我傷害行為時，可以得到的援助，也可以讓當事人的存活機會提高。當然在這個危機時段，諮商師可以適時增加諮商次數、兩次晤談的間隔時間也宜較短，這也表示了防止自殺契約是要一直更新的。

　　許多患有憂鬱或沮喪症的人，會想到用結束自己生命來解決問題，因此憂鬱症患者來求助時，諮商師會先做一些診斷的工作，詢問當事人的作息情形，睡眠太多或太少？日常生活的運作功能如何（上學或工作的情形，是不是一切如常？不依正常情況的運作又如何？嚴重性如何？進食的情況、社交、身體狀況、沮喪的情形持續多久了？）？有沒有自己找方法或找人談談？了解與家人的關係如何（支持系統的強度）也很重要，通常如果當事人家人關係緊密、良好，或是在不順利時可以很容易找到人說說、周遭的人會伸出援手，甚至當事人對於向外求助的需求有較開放的態度，他／她的危機程度就相對減少許多。

　　對於沮喪程度很嚴重的當事人（日常生活的運作功能很差，心情不好或起落很大的情形已經持續一、兩個月以上了，有過自殺企圖等等），立即的住院觀察與安排，有時是必要的、可以救命的，藥物與心理治療同時進行，可以讓當事人的情形好轉較迅速。但是很重要的是：憂鬱症的病人在憂鬱情形很嚴重的時候，沒有力氣來傷害自己，然而一旦體力慢慢恢復、憂鬱的情況似乎進步很多了，這個時候就很危險了，也就是所謂的「關鍵期」，因為當事人會有力量來執行他／她的自

殺計畫，治療師反而會特別注意當事人「好像」變好了的這個關鍵時期。這是與一般人的了解不太一樣的，諮商師要特別留意這一點。

在類似自殺這種危機時期，諮商師的「陪伴工夫」是很重要的，尤其是在當事人孤立無援、萬念俱灰的當兒，有個人很執著地陪伴，讓當事人覺得自己的生存是有人在乎、很重要的，在覺得被關愛、照顧的情形下，當事人會更有生存意志，也願意為生命作努力。

對於當事人透露想要傷害他人，諮商師的作法也與對待自殺傾向的當事人差不多。首先要盡量評估危險性的程度，對於可能會受到傷害的人，要有知會與警告的預防措施，由於報警受理的機會不大（警方的反應是要有行動或切確證據才會受理案件），諮商師要特別注意處理的方式。另一方面在諮商開始之初，對當事人解說保密的有限性也包括這個情況在內。接下來的諮商動作是：可以詢問當事人，這個世界上有沒有讓他／她捨不得的人或事物？請他／她列出來或寫下來，這個時候當事人的情緒往往很激動，因為他／她在作生命的掙扎，希望留在人世間，卻又不知如何應對問題。而在詢問當事人「捨不得」離開的條件時，也可以進一步了解當事人的支持系統，支持系統愈多、愈強，當事人存活的可能性就大幅提升了！

當你／妳的當事人自殺或突然死亡了，作為諮商師的你／妳自然不好過，有許多的自責與後悔接續而來，甚至會影響到你／妳的專業功能，Hack（1995）提醒治療師要先照顧自己，徵詢督導或同事的意見與支持，有時甚至要去照顧到當事人的

家人。當事人死亡，諮商師可能會懷疑自己的專業能力或覺得自己無能、後悔自己沒有事先做些什麼預防的行動、因為關心的當事人死了而覺得難過、害怕當事人家人或警調單位的詢問、甚至會有對死亡之必然與不可預期的恐懼，這些都是可以理解的反應。我的一名當事人黛安因為被人施打藥劑過量而突然死亡，督導把這個壞消息告訴我，我沒有什麼激動的情緒，只是覺得麻木，還依稀記得當事人在前一天才叩我辦公室的門，確定隔天與我會面的時間，最後還很高興地向我道了再見，沒有想到竟然天人永隔！影響是後來才出現的，我不能專心、掛一漏萬，想到曾經詢及她的交遊不慎，卻沒有作進一步的追蹤，導致她今日的香消玉殞！我的悲傷情緒督導看在眼裡，後來還特別聽我說了兩個多鐘頭的話，叫我好好休息兩天，而且說他隨時「待命」，讓我覺得很安全。

　　如果發現有虐待情事發生，尤其是「弱勢團體」（如身心障礙者、孩童、婦女、老人），有立即危及生命的可能時，諮商師有責任讓當事人受到保護或遠離傷害，因此「隔離」是最先採用的步驟。目前國內將「強暴」列為公訴罪，是進行保護工作的第一階段，但是對於家庭暴力受害者，還沒有具體立法的保障，加上後續的支持與治療工作沒有制度化，在執行之中會有許多阻礙，因此進一步的保護受虐者，可能需要更積極的規畫與立法執行！

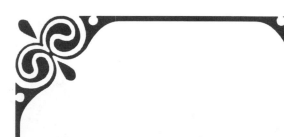

第九章

諮商過程可能遭遇的問題與挑戰

　　諮商在進行中，有一些應注意的事項，新手的諮商師可能要特別多花一些心思，讓諮商治療可以進行得更成功順利。在本章中會陸續就諮商員常犯的錯誤，當事人的抗拒、移情與治療師的反移情、轉介、有效諮商，以及諮商員的性等部分來作解說。以下分別就諮商初期、中期與結束期的一些必須注意事項，作一些簡單說明。

壹、諮商過程中應注意事項

一、篩選 （screening）

　　諮商進行之初，對於當事人可否在此機構獲得最好的協助，就得對機構專業、服務項目與對象，作評估的工作，必要時也要對當事人作若干篩選。這裡的篩選指的並不是選擇當事人，而是就當事人求助的項目與問題、與機構現存的設備與人員作個對照，看看是否適合當事人？如果機構只是處理一些日常生活的困擾、對於自我的看法、人際關係等，對於嚴重的心理疾病的處理可能稍嫌不足，此時當事人可能就會被轉介到適當機構，這是對於當事人福祉的考量。而在進行團體治療之前，通常有必要作篩選的工作，雖然在招募可能參與的團員之前，已經有一些文宣工作或是電話諮詢，但是這還是需要進一步的篩選，如果可能，就讓可能的參與者與治療師先作第一類

的接觸，把將進行團體的宗旨、方式與目的作更清楚的說明與釐清，比較當事人的期盼與團體的目的，看看符不符合當事人需求？也讓可能的參與者比較了解這個團體是不是自己所要的？如果諮商師發現有更適合當事人的團體或治療方式，也可以作轉介的動作。而且，這個面談的功能之一還有：經由與未來治療師的面對面接觸，也就開始培養了一些默契與關係的建立，有助於往後在團體中的活動與進行。

有些治療師認為，在參與團體治療之前，當事人應該先有個人諮商的經驗，比較明白自己「要」的是什麼？而且在進行團體治療之先，可以知道如何「善用」諮商的服務，比較容易進入情況，相對地也增加了團體治療的效果。在帶領一些團體的經驗之中，我發現曾經接受過個人諮商的團員，比較會運用諮商的機轉與功能，合作度很高、也願意作更多的自我表白；而在沒有篩選情況下所形成的治療團體，其團體的生命成形有較大的阻力、也對團體的凝聚力產生極大的破壞作用！當然，許多的團體成員不一定經過治療師親自的篩選與說明，仍然可以讓團體發揮很好的效果；然而，最縝密安全的作法，還是要經過較為謹慎的篩選過程，如此才會獲得最佳效果！

而在個人治療方面，通常許多機構都有所謂的「初次晤談」，也就是由諮商師與當事人作第一次接觸，短短的四十到五十分鐘內，盡量自當事人口中或相關資料中，蒐集到有關的資料，包括當事人認為的問題所在、當事人背景資料、已經採取解決問題的對策、生活功能（daily function）如何、有沒有必要轉介給其他專業人員進行進一步的檢視與評估等等，也可以

對當事人的問題作初步的診斷與研擬可能的執行協助方向。治療師可以依據當事人所呈現的問題與情況，看（自己的能力）可不可以接受這位當事人？另外也問問當事人，他／她願不願意與此位治療師合作？當然，也要讓當事人自己去決定，要不要接受這位諮商師爲自己的治療師。

二、結構性或場面構成的問題（structuring）

諮商的作用與過程，如果在進行治療之初，可以讓當事人有正確的了解，就會促使當事人更能善用諮商、療效更佳！有不少諮商治療，不能發揮最大效果，其實與當事人的不明白諮商之所爲用、自己來這裡是做什麼的、要擔任怎樣的角色與工作等等都大有相關！在實際作受輔者的調查報告中，也發現許多諮商師並沒有作「場地構成」的詳盡介紹。通常有些當事人不太明白諮商的功用，許多人仍把治療師當作一般醫師在看待：認爲諮商與普通的醫療一樣，有什麼不對勁或毛病，來看醫生，醫生就開藥或治療一下就好了（fix it）。但是諮商所做的不是狃於急效的工作，有時甚至要一段滿長的時間才見到效果，加上諮商師的角色是協助者、鼓勵者、支持者，而不是問題解決的機器。諮商師的功用，如同 Egan（1990）所言：其目的是要「協助當事人處理他們的問題，而且過較有效率的生活」（p.4）。做決定的主權仍在當事人，他們也要爲自己所作的決定負責任。另外，諮商進行的方式、時間、次數、費用、

責任歸屬,甚至契約的訂立,都要適時說明清楚,免得不必要的混淆或誤解。有些諮商師還習慣在契約中列出當事人必須合作的事項(包括家庭作業)。對於未成年或受他人監管(也就是 minor)的當事人,父母或監護人的同意書也要簽好,免得涉及法律問題時,沒有依據。

最好可以讓當事人發問,容許他說出所擔心或關心的事;諮商員的保密(confidentiality)是有限制的,這也要讓當事人知道,除了基本上當事人有傷害自己或他人的想法、可能行動之外,法律上還有諮商員知道有兒童、青少年、老人被虐待的情形,一旦知道,保密的權利就不存在。另外,如果當事人是未成年少女懷孕,是否要讓監護人知道?還有一點常被諮商師忽略的是:要告訴當事人諮商次數有多少,大概什麼時候結束專業治療的關係,這是可以鼓勵當事人善用諮商的時間、也避免其過度依賴,也是提醒諮商師治療的功用是讓當事人盡快獨立自主、活得更有自信,而不是諮商師的財神爺!

Yalom(1985)認為:「結束」本來就是生命的本質、也是人生的現實,在擔任諮商治療過程,也要讓當事人體會這個現實面,然後才會在有限的時間內,為自己的生命另創新機,而且衍生出意義!如果只是在諮商關係將近或快要結束時,才提出這個結束的問題,也可能會對治療功效產生負面的影響,當事人可能就因害怕結束而不來了,也可能有當事人出現依賴的情況、惡化了當初的進展,也可能因當事人在沒有準備好的情況下草草結束、沒有機會檢視治療不周到的地方,或有需要延長諮商次數的必要。當事人如果知道諮商的總次數(有必要

當然可以做適度延長），也會較爲善用諮商時間，合作意願較高，也有更大動機去達成想要的改變！

三、諮商初期

諮商初期，通常是第一次見面時，諮商員的主要工作是明白當事人的問題所在、或當事人認爲的問題情境爲何？所以是做資料蒐集的工作，有些甚至要在初次晤談之後就下診斷、研擬治療進行的方向與方式。在這個時候，諮商員最好是讓當事人主動敘述，也就是讓當事人引導諮商進行的方向。當然在必要時，諮商師必須問一些問題，確定自己了解當事人的陳述、釐清一些必要的模糊或盲點，甚至發現當事人可能有傷害自己或他人的表示或暗示時，是務必提出來的，所以我們也強調諮商師的直覺（hunch）。

有人擔心：如果諮商師問了當事人有自殺意圖與否，是不是灌輸了當事人這個觀念？而後當事人可能會採取行動，那麼諮商師不就是「慫恿殺人」了嗎？基本上諮商或心理治療界排除這個可能性，因爲如果當事人想到自戕，一般是思考或計畫一段時間了，不會因爲諮商師問起才有此念頭；但是諮商師如果沒有及時把這個自殺的疑慮澄清，而結果當事人真的自殺了，諮商員在道德專業的層面上就是一種疏失！許多想要自殺的人，是認爲沒有辦法解決了，才會有這個想法，但是絕大多數人會發出警訊，也許會在言語之中透露（「我想我的存在對

他們不重要。」「我真想死了算了!」「看樣子是走到盡頭
了。」)、有些有特別的行動(把喜歡的東西送人、性格上有
很大變化、沮喪、嗜睡、或有傷害自己的行為……),他們很
希望有人來幫助他/她,因為他們也明白「求死」是最後一
招,非不得已才用之!諮商員的直覺發現、探索與適切詢問,
會發現有自殺意圖的當事人,在被詢及自己的這個想法之後,
反而有解脫的感覺!除了要進一步了解當事人的自殺可能性高
低(執行的可能性)之外,有必要與之訂立「自殺契約」,主
要目的是讓當事人活著——唯有活著才有解決問題的可能。然
後諮商員可能要求當事人把可能用來自殺的工具,交由親人或
可信賴的人來保管,並且增加諮商面談的次數且間隔縮短,有
的甚至提供可能使用的緊急電話號碼。「自殺契約」的期效是
暫定到下次面晤時間,如果發現當事人的自殺行為非常急迫、
而且可能性大(比如他要撞車自殺,這是隨時可以發生的),
諮商或治療師就可以強迫其接受住院治療,國內的治療師好像
沒有這麼好的聯繫,加上醫療制度不同,不過還是可以採行適
當的方法的。

　　諮商一有第一步接觸,就開始了治療關係,有許多當事人
可能不是「自願」來求助的,諮商師可以預料會遭遇到許多明
顯的強烈抗拒,新手治療師不免會覺得有挫敗感、焦慮、束手
無策,但是沒有一位諮商師是天生的治療家,不可能像心理學
所謂的「一次連結」那樣的成功,因此讓自己盡量放鬆,不把
當事人的許多反應與行為視為是針對諮商師本人,就可以較為
坦然自在,在這種情況與心情下,諮商員「心智上」的準備

（mental readiness）就較爲充裕，應變的能力也因而增強。

四、配合當事人的步調

　　諮商員因爲學有專長，所以才來擔任助人的工作，在許多情況下，往往是聽當事人陳述自己的問題之後，諮商師心裡就有了譜，可能猜測出問題根源所在、或已經拿捏到如何進行治療，但是千萬不要急！多半時候是要耐心等待，等待什麼呢？等待當事人把完整的故事說完，甚至把一些未了的情緒作了發洩與抒解，也讓當事人有所準備。當事人在敘述他／她認爲的問題時，諮商師不要小覷（minimize）他／她的問題，因爲對當事人來說問題就是問題，諮商師的接納與尊重，可以讓他／她的焦慮情緒鬆綁，提供機會讓他／她把整個關心的問題說出，這種重視就是建立治療關係之首要。當事人可能在來見諮商師之前就已經與不少人提過或透露他／她的問題，而這些人可能沒把問題聽完就急急給他／她建議，甚至不認爲這是什麼（大）問題，而草草打發了當事人，所以當事人才會認爲問題依然存在、才會找上門來。倘若諮商師的反應也與當事人請教過的人一樣，當事人的問題就還在原位不動！因此，在傾聽當事人敘述自己的問題時，諮商師除了要注意資料的蒐集之外，正確的同理與了解是很重要的。配合當事人的步調，進入他／她的主觀世界去看這個問題、試著去明白他／她的想法感受，然後表達出你的了解，當事人在被接納與了解的前提下，比較

容易開放自己也信任諮商師，接下來的治療工作才會較為順利。

　　舉個實際案例來說，我曾接過一個二十六歲的美國女研究生的案子，她說自己常常在上課或其他場合，會去注意男同學或男人手上有沒有帶婚戒，她說與自己同齡的高中或大學同學，幾乎都已成家或將要成家，她很怕自己這輩子要一個人過。詢及她有無以較為積極的方式去認識別人，她就說功課太忙、又害羞、怕別人知道她的意圖等等。我下的診斷是自我價值感低，同時社交技巧上亦應加強。但是兩個禮拜下來之後，個案還是就原來的問題在打轉，對於我們一起擬訂的實行計畫，出現抗拒不願合作的情況，於是我請教督導是否要轉移方向？未料當事人就不再出現，而且在後來還找我的督導說，她認為我把她的問題小覷了、小化了，覺得不受尊重！

　　這個經驗給我一個很好的教訓，當事人的問題是要站在她的立場與處境來看，不是以諮商員的第三者立場出發，因為她認為以同齡的人來看，二十六歲的女子仍未成家，還在學校為自己的學位在奔忙，不僅要承受他人的怪異眼光，也在擔心自己是不是可以找到適婚對象。我同理的部分需要加強，因為沒有真正聽到當事人所關切的事，導致後來問題對焦的方向有誤。另外我也沒有把美國本土的較為早婚的文化列入考慮，以女子高中畢業或大學時代就結婚是滿普遍的現象，看到周遭的人有「家」，孤寂感也油然而生，如果再加上課業上的壓力，可能對於寂寞的感受會更強烈吧！

　　另外還有一點常常發生在新手的諮商師身上：諮商師的步

調超過當事人太多，沒有顧慮到當事人在諮商過程中可能遭遇的瓶頸與擔憂，而一味往前直衝，不僅當事人覺得有氣無力、挫敗感更大，諮商師也會覺得像老牛拉破車，使盡了力卻用不上勁！為什麼會有這種情形發生？主要是在受苦中或遭遇困難的當事人，常常因思想受困而僵化，困在一個地方出不來，也許是因為情緒的影響而無法做周詳的考慮，讓能力無從發揮，諮商師就可以提供當事人另一個思考的角度，慢慢引導或適時點醒，不要怪罪當事人怎麼這麼盲目，也不要壓迫當事人去看他／她還看不到的地方。這種情形就有點像年紀大些、有過經驗的人會事先警告年輕人，不要如何如何，不然會怎樣怎樣。由於年輕人還沒有看見或經歷，當然較無法理解箇中道理，諮商師有時候也會面臨這樣的情況。而在諮商治療進行期間，有些治療動作、作業，也要留意當事人的意願與準備度（readiness），貿然採行或要求當事人完成，可能結果適得其反、也會傷害了當事人。

　　另外，步調不協調的原因，可能也要考慮到當事人與諮商師的「認知差距」，或是認知的程度。比如說，諮商師的表達方式不適合當事人、或是當事人不能理解，就需要諮商師給當事人台階下。又例如當事人如果認知上的能力很強、理智高於其他的感受或情緒的發展，有時候諮商師以認知的角度來進行治療，通常沒有辦法達到理想的治療效果，因為光是認知上的理解，而感受與行動上沒有跟進的話，改變就不太可能。所以諮商師要如何把這些力量統合起來，協助當事人減少認知、感受與行動三方面的差距，以促成改變的發生，是很重要的考

驗！舉個例來說，抽煙成癮的人，可能在理智與認知上很明白抽煙可能的害處，但是為什麼在行動上不能有所改變？諮商員與當事人，打個比方說，在某些情況下，好像母親牽著小兒的手學步，總是要小孩的生理發展成熟到可以學步的時候，然後要耐心陪伴教導，也要有等候的工夫。許多認知上的差距，也有可能是諮商師與當事人雙方都站在自己的立場看事情、都不肯退讓，因此爭執不下，這時諮商師要重新審視自己的諮商過程與技術，作適度的調整。

五、一些諮商技巧的使用

新手諮商人，在擔任心理治療工作的初期，常常會感到所學的「不敷使用」，另外也易流於使用諮商技巧時的僵硬、不變通，這些都是正常的現象，除了在實際治療工作中加以改進之外，自己與同學、同僚或相同專業的人一道切磋研習，也是讓自己專業技能進步的好方法。另外還可以自己去思考、修正、創新，不要擔心不能改進。有些諮商師對自己的負面期許或預期效應，常常會導致在實際治療情況中的失敗或失望，這點也許要自己尋求必要的援助，才可能減少其所產生的影響。

諮商員在諮商過程中，特別是諮商初期，通常是比較少說話的人，也就是以當事人為主、讓當事人可以盡量表達他／她所要表達的，除了問一些問題，做釐清、導正、詢問、關心的動作之外，同理心的反應與運用、基本上最低層次的反應

（minimum response）——點頭、口頭反應、臉部表情等——
是要有的。在聽完當事人說完一個段落之後或一個面晤時間結
束以前，可以做個簡短的摘述（summary），目的是傳達諮商
師真的在聽、也在試圖了解，當然也可以邀請當事人自己來
做，這個動作可以提供機會給當事人做個總結與統整，協助當
事人檢視自己在諮商過程中的努力與收穫。「專注」行為與
「主動傾聽」，一般說來是此階段裡最重要的，新手諮商師常
常會擔心：不知道下一句話要說什麼？或者是想要怎麼協助當
事人解決問題？而忽略了主動傾聽！

　　當諮商員不知道要說什麼時，最好是不說，也可以對當事
人坦承道：「我真的很想說一些安慰或對你有幫助的話，但是
我不知道怎麼說。」或者是：「我不知道該說什麼好。」沈默
對於新手的諮商師可能會覺得難耐或不自在，但是沈默也有它
的正面作用，沈默可以提供諮商員與當事人一個喘息、思考、
沈澱的空間，適當地使用沉默，也是有治療效果的。諮商員說
得太多，也不一定有正面的影響，容易流為說教、勸導、說服
或建議，而忘了去了解當事人的真正需要。當治療師不先以了
解當事人的問題與內心感受為前提，治療關係的建立與信任就
有問題，而當事人也就很難接受諮商師接下來的協助。

　　在諮商過程中，最基本的傾聽是要做到的，接下來同理心
才容易發揮功效，也許當事人會說得很多，尤其在最初階段，
諮商師的鼓勵、支持、表示了解與耐心，以及最「低限度的反
應」（像點頭、微笑、臉部表情、手勢、或是口語上的
「嗯」、「哦」、「這樣子」、「我在聽」等等），都可以鼓

勵當事人在被容許、安全與被了解的情況下，表達出私人世界的感受與想法。

　　基本上，諮商員是要把焦點放在「此時此地」，重點在目前遭遇的困難情境、影響問題的因素、當事人的感受與想法，除非這個問題有其歷史性，必須要回溯過去，要不然通常是聚焦在目前的。另外的「面質」（confrontation）技術可能也是在諮商過程中會發生的，治療師可視與當事人的諮商關係而作適度的面質，面質不一定是很直接或是衝突性高的，只要治療關係的信任度夠，面質可以指出當事人的「不一致」、引發其洞察的能力，並且有強烈動機想要改進。

六、身體的接觸

　　一般說來，諮商師與當事人間極少有身體上的碰觸，因為身體是一個人的「領地」或「勢力範圍」（territory），是極為私人又私密的，諮商師對當事人的尊重也表現在這方面。但是身體上的接觸有時是具有療效的，比如最近美國就有不少養老院或心理醫療中心，藉由寵物治療的方式，讓許多年老的人得到心理的慰藉，這些老人家在與寵物接觸、撫摸、玩耍、說話之中，重新體會到愛與被愛，生活也因此有寄託有希望！其中研究者也發現：狗對撫摸的動作是最敏銳的（Fox, 1992），也會回應人類對牠的關愛，這也許就是老人家很需要的！而在許多文獻的結果中也發現，動物與人都是需要撫觸的，孤兒院的

嬰孩在接受護理人員固定的擁抱之後，在智商表現與人格成長方面，都較之控制組要佳。撫觸，是關愛的一種表示，然而也有對象的親疏限制。

因為身體的接觸有時容易被誤解，諮商師在使用時要特別小心，要不然很容易吃上官司、觸犯了專業倫理。國內由於諮商師的證照制仍在審核制定之中，沒有明文的規定或約束，但是身為專業協助人員，是要特別注意的。尤其是諮商師與當事人的性別不同時，而諮商又是在一個隱私又獨立的空間進行，肢體語言的使用更是值得注意！諮商師或當事人覺得不當的身體接觸，都應該要避免。

人與人間的空間物理距離是有親疏遠近之分的，當事人沒有準備好時，肢體的碰觸可能就是侵犯當事人的隱私權，所以我們在諮商情境中，如果認為想做一些身體上的碰觸，像拍肩、拍撫手背、搭肩、拍腿，甚或擁抱的動作，最好是先取得當事人的同意，要不然突發的舉止是會嚇壞當事人、或引起不必要的誤會。有不少心理治療師就是對當事人有不當的身體接觸（性行為、挑逗、或性騷擾），而被迫停止執業！

即使諮商師認為可以很安全地給當事人一個拍肩動作或擁抱以資鼓勵或表示疼惜，保險的方式還是問一下比較恰當。尤其「安全」與「熟悉度」的認定是因人而異，諮商師單方面的認可還是很危險的。對於當事人的肢體接觸的要求，諮商師也要有慎重的考量。一般說來，有些當事人（這是美國經驗）會在結束諮商關係時，給諮商師一個臨別的擁抱，我們可以坦然接受。我在國外碰到女性當事人給我臨別或致謝的擁抱，好像

很稀鬆平常，但是有一回是一位男性當事人問我：「可不可以
抱你一下？」我當時還愣了一下！

我們國人對於一些肢體動作的接觸是較為保守的，這也許
是文化上的差異，諮商師在治療過程中對此要有所考慮，但是
也不要輕忽了身體接觸的力量與功效。尤其是孩童與年老的
人，撫觸對他們而言是很重要的，如果當事人屬於這些族群，
諮商師可以適當使用身體的接觸，可以讓治療更具意義與功
效！當然，曾經遭受肢體或性虐待的當事人，對於他／她們自
己的身體界限可能有些禁忌或擔心，也是諮商師必須放在心
上、加以考量的。

七、不同當事人與價值觀

我們前面提過，對於不同文化背景的當事人，諮商師要如
何看待？要如何隨時檢視自己的價值觀，然後不強把自己的價
值觀加在當事人身上？當事人也許有不同的問題或背景，而諮
商師知道之後，態度又如何？比如說如果當事人有酗酒的習
慣、也許患有毒癮、暴力傾向打太太的、身體有殘障、或心智
缺陷、有心理或精神疾病，甚至是性生活不檢點、或染有性傳
染病，諮商師對這些人都會平等看待、施予治療嗎？還是本身
對這些不同的當事人有偏見或成見，自己沒有察覺？因此對於
治療產生另一變數？

我們前面也提過，諮商師的價值觀是會影響到他／她的治

療方向、策略與探行的方式的，不可掉以輕心。最好的手段就是隨時做自我檢視的工作，了解自己的行為背後可能的動機、還有可能產生的影響，及時作適當的處理。此時諮詢同僚或督導的意見或協助幫助很大，免得自己的態度行為影響到當事人的福利，甚至造成傷害！Egan（1998）有一句話說得好：「作為諮商人，你不僅是聽你的當事人說話，也要傾聽自己的聲音。」（p.78）（As a counselor, you not only listen to the client, but also to yourself.）這句話充分點明了：諮商師自我察覺的重要性，而且諮商師的一言一行，自己也要仔細監督，甚至是當事人的舉止言語，觸動了諮商師的行為或內心中的什麼，都可以是諮商師自我省思的有價值的線索！

八、不要把診斷結果當成唯一指標

雖然諮商師如果有心理疾病分類診斷的知識，可以協助作臨床判斷，以為治療的方向與考量，但是診斷通常只是一個參考的依據，很容易流於「標籤」（labeling）的陷阱，這是治療師要特別注意的。診斷的結果在美國可能會用來作為醫療補助的依據，但是國內還沒有這項規定，當然也沒有要求諮商師在面晤當事人的第一個小時內，便要完成正式的診斷結果，所以也暗示了診斷可以慢慢來，蒐集愈多的有效資料，愈有利於對當事人的處置。諮商師要記得：即使診斷有其醫學上的根據，基本上是很公平科學的，但是由於我們的對象是「人」，而人

不是單一規畫的尺寸，有其背後的許多變動因素與影響存在，縱使是同一心理病症，也有不同的表現與輕重程度之別。因此除了根據既存的心理診斷手冊以外，臨床上細心仔細的觀察、還有多方蒐集當事人家庭親友提供的有關資訊，甚至是當事人在生理病理上的歷史，這些都對治療方針與成效有很大的影響。

使用測驗的輔助也是一樣，由於每位發展測驗者對於同一觀念的詮釋不同，而發展了不同測量工具，比如對智力商數（IQ）的定義不同，最早期是認為反應速度的快慢表示智力的高低，後來發現有些人反應時間雖然較長，但是卻較為正確周詳，然後又有測量數字運算、空間、推理、語文能力，甚至是機械與工作表現能力的，都是不同智力定義的衍生，現在又有 Howard Gardner （1982）的「多重智商」觀念。因此如果只是以一「試」來作重大決定的依據、或是「一試定終身」，其忽略、疏漏的地方可見一斑！一般的大專院校輔導室也提供作測驗的服務，許多同學喜歡去做生涯或人格方面的測驗，這也許是用來了解自己的一個方法，但不是唯一的方法！我們擔任心理治療工作，不太輕易使用測驗，也會用觀察、詢問、提供資訊等其他方式，來協助當事人作更為周全的了解，測驗只是輔佐工具之一。另外，心理測驗的施行與解釋，是需要有受過專業訓練的人來為之，他們的專業訓練與素養，對於測驗的使用與解析才具信度！

九、結束（termination）的工作

　　如同「完形學派」的 Perls 所說的「未竟事業」，人有「完成」某個物事的傾向，凡事有個開始，就要有結束，我很重視「結束」的動作。就如前面所提的「場面構成」中，治療師要讓當事人知道一共會進行幾次的晤談，必要時可以延長或提早結束，但是這個「結束」的議題是不斷在諮商情境中會出現的，不是只在剩下最後一次面談時才提出，這往往會讓當事人措手不及！結束的動作做得不好，可能就會引起當事人的抗拒、甚至提早結束預定好次數的晤談，有的甚至會讓當事人認為自己被「拋棄」、甚至「認定」他／她的「命運」理當如此！怎麼說呢？曾經有位治療師與一位不知自己生父是誰的當事人晤談數月，當事人深深覺得自己不被人愛、沒有價值，好不容易與這麼一位治療師建立起可以信任的關係，突然治療師因為換了工作地點，必須結束與此當事人的治療，但是治療師沒有讓當事人有足夠的時間去準備，就冒冒然提出結束治療、要轉介的事，結果當事人就都不再出現了！當事人「曾經」因為自己的出身，而覺得自己被「拋棄」，而這位治療師的這個舉止，正好印證了當事人內心的恐懼——反正我身邊的人都會離開，我就是這麼樣的命運！

　　結束，就是說再見。天下沒有不散的宴席，治療關係也是如此，但是一個漂亮的結束，會讓當事人覺得有信心、不會焦

慮不安，也接受自己要繼續走下去的事實，而他／她不會孤
單。

十、追蹤評估與輔導

　　這一點是一般的臨床機構，特別是學校或民間服務單位，
比較欠缺的一環。通常由於當事人是自己主動求助或出現，聯
絡方式也以當事人為主導，這也增加了追蹤評估與輔導的難
度。諮商對於服務品質與效能的評估，應該列為主要項目，以
作為改進的參考，尤其自接受過治療的當事人口中獲得第一手
的資料最佳！可以徵求當事人的同意來作追蹤評估，或者是以
研究方式進行、檢驗成效，都不失為可行之方。此外，評估與
追蹤輔導的工作，也可以讓當事人在有需要的時候，可以繼續
使用這兒的服務，況且國內許多諮商治療機構，基本上其個案
來源是以「滾雪球」方式出現（也就是曾經來過的當事人介紹
相識的人來），也間接可以達成宣傳效果，讓更普及的大衆可
以接受專業的協助服務。

　　接下來的篇幅，作者想用來談談諮商情境中常常碰到的當
事人的「抗拒行為」。

貳、抗拒行爲

當諮商員碰到「非自願性」（reluctant）的當事人時，可能會遭遇極強的「抗拒」（resistance）（一般自願來的當事人也會有抗拒的現象），這時又該如何處理呢？所謂的非自願性，是指當事人對於協助工作的遲疑、不確定；而「抗拒」指的是當事人覺得自己好像受到壓迫或強迫，而不願意或拒絕接受諮商治療的表現（Egan, 1998, p.138）。最簡單的說法就是：當事人「拒絕」作任何改變而出現的行爲。抗拒是諮商過程中極爲常見的情況，不只是出現在「非自願」的當事人身上，也是一般人會害怕改變而採取的抵制行爲。如果說人是習慣的動物，好不容易形成的生活方式或處事習慣一旦遭受到挑戰，自然會害怕將面臨的焦慮與不確定性，所以會有抗拒。這在我們的日常生活中都可以常常發現，何況是在諮商的情境中哩！

諮商是一種專業協助人的工作，依照 Egan（1986）的說法，認爲當事人來找諮商員主要有兩個目的，一是遭遇到困難情境、想要理出一個頭緒；一是沒有好好運用到潛能或機會，而諮商員的功能就是讓當事人可以適當地處理問題並且生活地更有效率（pp.32-33）。但是儘管諮商師本身的學識、地位都不錯，這些也只能說服部分的當事人，當事人畢竟是對一位不認識的陌生人，要全盤托出自己切身的問題甚至家醜，眞不是一

件容易的事！想當然耳，他／她會在諮商過程中，想盡辦法來測試諮商員。因此接下來，特別要提一下當事人的「抗拒」，這是最常見的當事人測試諮商師的一種情況。

一、抗拒行為的各家說法

什麼是抗拒行為？各家說法又如何？Pipes 與 Davenport（1990）對抗拒的定義是：內在的心理過程（intrapsychic process），個體對於自己的感受或行為動機不太清楚，而呈現的一種曖昧模糊的情況。Freud 提過一種「轉移性抗拒」（transference resistance），就是當事人認同諮商師，卻不想解決自己的困難與問題，也就是當事人把他／她對自己的評價與害怕，投射到諮商師身上。Freud 認為抗拒是一種潛意識的動力狀態，是個體努力或刻意壓抑，以防不能掌控的焦慮浮現在意識層面上。有些當事人的抗拒，是因為他／她可以藉由抗拒的動作，達到他／她所要的附加價值（secondary gains）——比如得到家人或老師的關心與注意；也有的是藉由拒絕變好的方式，在潛意識中來懲罰自己（Kennedy & Charles, 1990；Pipes & Davenport, 1990）。

人本中心學派的看法，則視抗拒為是當事人的一種防禦機轉、不願意做自我表白、對於經驗缺乏開放的意願，甚至是要阻撓治療的進度，此學派建議用三個核心條件的技巧，來減低抗拒的情況。阿德勒學派則認為這是當當事人與治療師在治療

目標上不能達成一致時，所出現的情況（Mosak, 1989）。完形學派視抗拒為「衝動—抗拒衝動」的相對情形，是當事人內心自我衝突的對抗，試圖作統整的過程；不過一般的完形學派學者不太喜歡用「抗拒」這個詞，因為好像意味著治療師與當事人之間的權力抗爭（Yontef & Simkin, 1989）；Corey（991）認為完形學派把抗拒視為防衛機轉，是為了避免當事人去真實、完全地體會此時此刻的經驗。行為學派認為是不肯接受家庭作業的不合作表現。溝通交流分析學派認為抗拒是抗拒成長與改變而產生的行為，也就是說在自我狀態中（父母、成人、小孩），功能上比較強的一方強行壓抑了另一個較弱的自我（Dusay & Dusay, 1989）；或者是形容當事人與諮商師的負面治療關係，是兩方為了要「掌控」或贏得主導權而玩的一種心理遊戲。

二、抗拒的作用與動機

抗拒在治療中又有什麼功能呢？首先，我們要明白，抗拒是治療的一部分，可能是因為要求改變、或深入治療的前兆。它可能來自治療師或當事人，一般說來有抗拒行為，不一定是不好的。抗拒的來源可能有：缺乏信任、害怕（親密、失控、暴露自己）、技巧上的缺失（例如治療師與當事人缺乏情感表達的技巧）、價值觀的衝突、環境的限制（沒錢繼續作治療、當事人的環境不支持其改變）、隱藏的目的（覺得寂寞、來治

療的目的是希望改變他人、抗拒行為的改變），與因改變而產
生的衝突（例如改變花費的代價太大，或需要作一些冒險、權
力衝突、不明白自己為什麼在這裡）等。而有哪些動機造成抗
拒的行為呢？可能是害怕：(1)諮商治療過程中的緊張性（inten-
sity），因為在諮商過程中，常常要當事人面對許多平日沒有遭
遇到的緊張情況，比如說要與一個之前全然不認識的所謂「專
家」面對面作親密接觸、談到自己甚至從未向他人吐露的深層
感受或隱私、要對自己面臨的問題作面對面的對峙等等，對當
事人與諮商師來說都不是容易的事！(2)要在短時間內，相信一
個素不相識的助人專家，對當事人來說自然是一大挑戰。許多
當事人也許在其個人經驗中，就有許多信任危機，自然在治療
過程中也不太容易與治療師建立信任的關係，然而治療師的妥
善處理、治療保密的適時保證與提醒，也許可以減少這種不信
任。(3)擔心失控或無組織的情況，對當事人來說是很平常的。
當事人害怕萬一自己開始說出自己的故事或想法，就是把自己
毫無防備地暴露在治療師之前，失去自己的隱私與自尊，或者
是知道自己的短處或無能，這是很可怕的事！這與當事人對諮
商師的信賴程度也有關係，因此又再度提醒我們治療中的信任
關係的重要性。更有當事人擔心，萬一更深入探討自己或問
題，連自己都沒有把握的情況出現的可能就更大，會讓當事人
更慌張、恐懼。(4)擔心把自己赤裸裸地呈現出來，所有的不好
的部分就再也掩飾不了了，對當事人而言，是非常丟臉、沒有
顏面的事！每個人都不完美，也本能地會為自己的形象或自尊
作許多維護的動作，這是無可厚非的。即使像諮商治療如此親

密的治療關係中，當事人也還是會需要為自己做保護、修飾顏面，當自己的真實面——像剝洋蔥一樣，呈現在另一個人面前，而且也不是很自然、情願的。此外，(5)害怕改變也是另一個因素。人們喜歡習慣的生活，因為生活可預測、感覺到安全，「安全」也是人的基本需求之一。所以如果要改變，可能要犧牲掉自己的安全感受，投向一種未知或危險情境，雖然改變的正向結果可能也是當事人所欲求，然而在衡量之下，仍會有許多猶豫，因此當事人可能會拒絕改變。倘若治療師可以讓當事人信賴、提供充分的支持，甚至預演一下可能會遇到的困挫、讓當事人有所準備，這種害怕改變的傾向可以慢慢克服（Egan, 1998, pp.139-140）。

三、對於抗拒的處理

㈠抗拒行為

　　首先我們來看看有哪些行為是所謂的抗拒？在臨床上常看到的許多抗拒行為有失約、遲到、一直換話題或談話沒有焦點、說很長的故事、責備他人、說「我不知道」、一直問「為什麼」的問題、身體語言的表現是「閉鎖」或不開放的、言行不一致、開玩笑、拖延行動或只說不做、討好諮商師、一直說「好」、沒有反對的意見、沈默不語或有問才答／不答、與諮

商師爭論或爭吵、對治療師發脾氣、言語挑釁、很早就結束治療關係、有藉口、不做作業、不付錢、表現得很笨或愚蠢、不肯結束治療關係、延長晤談時間、詢及治療師的私人生活、在快結束時又開啓新話題、把問題或話題都歸為上帝的旨意或超自然的因素、純「理智化」而不涉及情感因素、或者是性行為上的挑逗等等。

Pipes 與 Davenport（1990）曾把抗拒行為分為：

1.讓人沒有防備的行為（disarming behaviors）

幽默有趣的談吐或說故事、有點輕佻或挑逗的舉止、稱讚或崇仰諮商員、詢問有關諮商員本身的私事或感受、自我表露自己的感受或擔心等等。

2.看似無害的行為（innocuous behaviors）

改變情緒濃重的話題，對於一些應該是很激烈情緒的故事，敘述時不帶感情成份、讓人覺得很不一致，變得無望或被動、有困惑的表情，以及沈默等等。

3.挑釁的行為（provocative behaviors）

讓人覺得彷彿在受懲罰般、故意的沈默，控訴諮商員一點幫助也沒有、或有偏見、不關心，要求與諮商員有較親近、較私人的關係發展，失約、遲到、常常半夜有緊急電話打來，對諮商員有類似性挑逗的行為出現等等（pp.174-175）。

㈡抗拒的當事人

Kennedy與Charles（1990）曾把抗拒的當事人分成以下幾類：

1.喜歡笑的當事人（The laughing client）

表現得很不在意、很漫不經心、一副無所謂的樣子，許多事都用輕描淡寫或說笑話的方式應付，要深入主題對他們而言是不可能的，因為那會引起他們害怕的焦慮。

2.說個不停的當事人（The talking client）

這種當事人很會說故事，而且很不能忍耐沈默，但是他／她所提的通常只是皮毛、或無關緊要的事情，而且常常是同他／她本身無關的。

3.黠慧型的當事人（The intellectualizer）

當事人採取理性分析的方式，說得頭頭是道，不帶一些私人的情緒，即使他／她敘述的是很可怕、很情緒性的經驗，但是好像在說別人的故事一樣，諮商員感受不到他／她的激動或真正感受，當事人好像把自己的情感包紮得很緊密、不容許自己意識到或讓別人發現。

4.泛論者（The generalizer）

這種當事人常常「泛化」，也就是用很普遍的方式來談論私人的問題；比如談家人，他／她就說：「跟平常一樣。」問他／她工作的情形：「過得去啦，不然又能怎麼樣？」當事人就是不肯把事情敘述得較私人化、也不具體。

5.演員型當事人（The scene maker）

當事人常有戲劇化的演出，敘述時很帶情緒、也會讓諮商師非常感傷或激動，其背後動機可能是要吸引諮商師的注意，但是也可能是逃避什麼。

6.快樂的演講人（The happy talker）

這種當事人表現出他們的生活是很快樂、無憂無慮的，沒有什麼事情需要煩惱，會說別人太大驚小怪：「你瞧！我不是沒事嗎？」他們擔心的是：一旦正式面對自己的問題時，情況只有變糟、不會好轉，所以他們就只挑好的說，一方面粉飾太平同時也安慰自己的擔心（pp.107-109）。

許多有經驗或無經驗的諮商師，或多或少都碰過抗拒的當事人，當然我們會先考慮一下個案的來源，在學校單位工作的諮商輔導人員，常常會接到學校訓導處或導師轉介過來的個案，這些當事人因為不是自己主動來尋求幫助，且多半是礙於校規或師長威權而出現在輔導室，本身的抗拒是可以想見的。

另外我們也見過當事人表現出非常同意諮商師所說的一

切、或一直打諢說笑、與諮商師爭辯不休、一直笑場、或不採任何行動改變現況，這些都可能是抗拒的表現。而 Egan（1986）則詳列出可能產生抗拒的當事人是：不想找人幫助的、因第三者的轉介而來的、很怕陌生人或自己不熟悉的事物、尤其對諮商不了解或有誤解的人、不知道怎麼扮演好當事人的人、曾有反叛體制記錄的人、自己目標與諮商目標發生很大歧異的人、不贊成或不信任助人專業的人、認為尋求專業或外人的幫助是承認自己怯弱無能的人、認為諮商員是要把他們「修好」、不尊重他們的權利的人、認為諮商師不重視他們做決定的能力、也沒有相對平等對待他們、認為要以抗拒方式來顯示出他們的個人能力、測試諮商員能力與支持程度的人、不喜歡與他們合作的諮商師、認為改變是無濟於事的、在諮商過程中發現改變要付出的代價超乎預期、對改變仍舉棋不定，以及當事人要的改變程度與諮商師所期待的有差異（pp. 147-148）。

㈢遇到抗拒時諮商師的應對

　　諮商師在碰到抗拒的情形時，又會有哪些感覺呢？可能會覺得有挫敗感、生氣、無望、迷惑、很煩、失控、無能等等。諮商師在發現自己有這些感受時，要冷靜下來思考、這些情緒後面可能的東西是什麼？是不是諮商師個人平常就很擔心、害怕的？這也許就是當事人所擔心或害怕的，也給了諮商師一些可循線索。不要把當事人的情緒「個人化」──認為是諮商師

「自己」不對或「自己」的問題。抗拒，是一種害怕深入、不想做改變的外顯行為，正好考驗諮商師如何作有效的處理，對當事人而言也是一種人性之常。

諮商員對於抗拒的行為要十分敏銳，這樣才容易發覺並做適當處理，而不是容許當事人因此而含混過去、或耽擱治療。當然諮商員也希望能很快取得當事人的信任與合作，很快進入情況，但是想想初見面的人，陌生本來就會造成一些懷疑，彼此都會花一些時間來做試探，這是無可厚非的。因此抗拒是自然會發生的，不必太耿耿於懷，也不要把當事人的抗拒當成是對治療師本身的反感，這樣反而會有相反的結果！最重要的是：察覺出什麼樣的行為可能是抗拒的表現，面對抗拒，並協助當事人看到這些及探討可能的原因，與當事人一同來處理。

Marshall（1982）認為在發現當事人有抗拒的表現時，諮商師就要加入當事人，一起來檢視這個抗拒，而不是採取與當事人敵對的立場，這樣反而更引起當事人的反抗，甚或就終止諮商。當然碰到有抗拒行為的當事人，諮商師本身自然覺得不好受，可能會認為當事人故意在考驗、刁難，也會影響到諮商師對自己專業與能力的評價，這樣也許正好印證了當事人原有的疑問，也許也挑起諮商員的情緒，而這些都是可以避免的，諮商師沒有必要把抗拒「個人化」（personalize）──也就是把抗拒行為看成當事人是針對諮商師而來。對於抗拒行為的最好應對之道，就是真誠面對。「抗拒」其實是一個重要的挑戰，如果可以處理得當，不僅可以贏得當事人的信任，也讓諮商員解決問題的「功力」更上層樓！「抗拒」的發生，還可以提供

諮商師一個自我檢視的機會，看看是不是有特殊的當事人會引起自己的特殊反應或情緒，諮商師本身的反省與覺察能力，就是這麼產生動力，促使諮商師更朝專業的路途邁進。

Bugental（1978）提出應對當事人的抗拒三步驟：加入當事人的行列，提供他支持、減低當事人的害怕，進而鼓勵當事人去深入探索避而不談的話題。分述如下：(1)諮商師要注意，不要讓當事人覺得受到威脅或壓迫，而且把焦點放在當事人行為的表現上。（例如，「我們在談到妳男友的時候，我注意到妳的雙手突然很緊張地搓揉起來，可以談談這個動作嗎？」）(2)把這個行為用具體方式描述出來，在做介入治療的動作時，要盡量小心、並不忘支持的態度。（例如，「剛剛你提到父親過世的事時，你的眼睛好像充滿了淚水，可是你一下子就轉變話題了。」）(3)邀請當事人來探索這個抗拒的過程（例如，「你可以告訴我，為什麼要提到你的這位朋友嗎？你心裡在想什麼？」）。

我們一般在處理抗拒行為時，針對治療過程可以有四個階段的工作：(1)發現問題——指出抗拒的行為是什麼？給與回饋（像「你今天遲到十五分鐘……。」），主要就是指出「事實」，然後保持沉默。(2)面質——就是針對當事人此時此地的行為做事實性的描述（例如「你說準時不會是問題，但是這是這個月來你第三次遲到，我想聽聽你的想法。」）(3)解釋——諮商師可以做一些假設性的猜測，揣測一下當事人抗拒的可能原因（例如：「我在想可不可能是因為談你自己的事太不自在了，所以你每每要用開玩笑的方式來起頭？」）(4)自我表露—

一利用諮商師的自我剖白技巧，說明治療師感受到對當事人抗拒行為的影響（例如，「我覺得我不太能了解你所說的，有點迷糊了……。」）(5)立即性——專注在「此時此地」所發生的一切，反應出「抗拒」在治療情境中對於治療師與當事人關係的影響（例如，「剛剛提到妳的行為其實也反映了妳處理事情一貫的態度，妳現在就閉口不說話，這之間可能有什麼關聯嗎？我就麼說是不是讓妳很生氣？」）。

如果是因為諮商師技巧上的缺失、目標的重新設立，或環境的改變而引起的抗拒，此時作些實際行為治療方面的處置，效果會最好。比如：(1)新行為的學習——教當事人新的對應問題的方式，也許是因為舊的方法失效、沒有辦法達成預期的結果，或者是當事人在執行之時資源不夠。(2)重新協調所訂的契約——目標的設定可能讓當事人覺得難度太高、執行有困難、讓對方萌生退意。(3)重新安排獎賞的方式——也許當事人對於目標行為的達成已覺得不具吸引力，或者是在作改變過程中，用來激勵改變的方式已經無效，必須另外作安排。(4)改變環境——如果環境不能給當事人足夠的支持，作一些環境上的改變也許是必要的，當然要先確定環境中的哪些刺激是會妨礙行為的改變的。(5)自我監控（self-monitoring）——讓當事人擔任主動的角色，去看看自己行為的嚴重性或後果如何？請當事人自己來「監控」行為、並據實記錄，也許可以讓當事人有所頓悟、願意作改變。(6)連續的漸進法（successive approximations）——這是在當事人一點嘗試新方法的意願都沒有時，可以請當事人「勉強」合作一次，讓他／她知道新行為的「滋

味」，然後由當事人自己決定要不要繼續。例如，鼓勵憂鬱症病人出門曬曬陽光，對他們來說可能不容易，但是不試，又怎麼知道效果如何？所以可以與當事人約定：「就試這麼一次！」病人勉強去做了，也許與她／他當初所臆想的感受不同，而且覺得滿不錯的，所以可能願意繼續做下去；換句話說，讓當事人至少試試、嘗嘗甜頭，也許就激勵了當事人想持續的動機，這與行為主義所使用的「形塑」（shaping）很類似。還可運用認知治療的技巧，可以與當事人討論行為改變之後的好處與壞處，讓當事人可以談論自己的「內在對話」（self-talk），以更適當的自我對話來取代。在家庭治療方面，在改變過程中要把重要他人也包括進來，試圖找出改變環境的有效方法。而在「似非而是」（paradoxical）的技巧使用上，需要注意其危險性，使用要特別小心，以免造成對當事人的傷害。可以運用的技巧有：「避免變得更好」、「製造麻煩行為」、「我的錯」（治療師承擔責任），以及鼓勵暫時的改變（如果可以讓當事人嘗到甜頭，就會持續這個行為的改變）。

　　而對應抗拒，有許多方式，包括諮商員可以陳述事實，比如：「你一向對我們晤談的時間很準時，然而上次與今天好像遲了十分鐘左右，不知道你對這個情況有什麼想法？」或是：「你告訴我的事聽起來都是讓人情緒很激動的，但是你卻表現得好像在說別人的故事……。」把事實指出來，也讓當事人去覺察自己表現的不一致，然後由他／她來解說，也許諮商師也可以在當事人不防衛的情況下猜猜看，例如：「我可不可以猜猜？也許你覺得談了這麼多，也不能對現況有所影響？」。另

外，可以把當事人的行為在具體的情況中加以描述：「你在談
與父親之間相處的情形時，有幾次我以為你要哭出來了，但是
你只是打哈哈過去，又提了別的事。」再者，諮商師與當事人
一道去發現抗拒的可能因素，邀他來共同參與：「這幾次我們
晤談，你好像提不起勁，是不是上回我們提的不能延後晤談時
間的事，你還是覺得生氣？」（Bugental, 1978）。

Kennedy與Charles（1990）提醒諮商師在與有抗拒的當事
人一道工作時，千萬不要因為當事人的行為惹惱了我們，因此
就歸罪當事人本身，而是要告訴自己，抗拒行為是非常正常而
且常常發生的，也是當事人的防衛機轉之一。如果可以與當事
人共同來把這層障礙排除，無疑地對於彼此之間的治療關係會
有很大的助益，也可以鼓勵當事人更了解與開放他／她自己；
其次，還可以加入諮商員本身對此抗拒行為的感受與猜測，進
一步釐清諮商師的關心與人性，讓當事人更了解他／她自己的
行為、想法、感覺與可能的衝突之處。

Egan（1998）提出幾項對於處理抗拒的原則，除了前項的
接受當事人的抗拒是正常的、要與當事人一道處理抗拒的情況
之外，還可以加上：⑴探索諮商師本身的抗拒行為與動機，可
能是當事人的一些特徵或行為讓諮商師覺得很難面對或處理，
可不可能是治療師自己的抗拒反映投射到當事人身上？如果是
因為治療師本身的緣故，正好給自己機會檢視一下，面對問題
並解決問題。⑵檢驗自己處理當事人問題的方向與方法。是不
是因為當事人還沒有準備好？哪些方法可能讓當事人覺得懷
疑、不肯嘗試？要求當事人的合作是不是太牽強？諮商師有沒

有太急躁？⑶要具有現實感、彈性些。諮商師對於自己本身與專業上的限制要清楚，不要對當事人或自己有不切實際的期待，要不然會對治療關係有極大的破壞性，因此適度的期待與鼓勵，不要固守一些規則不放，讓治療更有彈性，更有轉圜的空間。⑷與當事人建立一種公平公正的關係。如果當事人覺得受壓迫、沒有自主權，何不與當事人訂立公平的契約，讓彼此明白責任與工作分擔，另外與當事人一道擬定治療目標、告知當事人諮商過程的一些步驟與情況，並取得當事人合作的意願，會讓當事人覺得是與治療師「一起完成」某項重要工作的感受。⑸把抗拒當成當事人逃避的一種表現，不要認為是當事人故意找碴、與治療師作對。逃避或避免改變是可以理解的，但是諮商師要去了解逃避動機，而且讓當事人知道改變後的情況會比現況更好，也因此激勵當事人的努力！必要時可以讓當事人去發現改變的好處，讓當事人更清楚改變真的比固守現況好多了。⑹諮商師不把自己當作唯一的資源，而是可以盡量了解當事人身邊的重要他人與影響力，甚至在必要時邀請這些重要人物參與治療過程、協助當事人作改變！再者，⑺通常在個人或團體諮商過程中，可以邀請當事人擔任助手的工作，讓他／她親自去看看或體會其他人在與他／她遭遇同樣情形的抗拒行為又如何？如何加以協助？通常當事人會有頓悟，並且反觀諸己，願意與治療師重新合作（pp.143-145）。

誠如前文所言，抗拒可以是當事人測試諮商員的方式或表現，也就是說可能是一直在進行，而不是這回抗拒出現，以後就再也不出現了。人與人間的信任是要努力去建立的，其過程

也許很長，拿到諮商的情境來說也不例外。有些當事人較相信人、也容易開放，所以儘管出現抗拒行為，但不會一直測試諮商師，然而也有較難開放的當事人，尤其是對諮商不太熟悉或了解的當事人，諮商師當然可以給他／她更多的時間與空間來調適自己，這也是人情之常，無可厚非！諮商師本身要對抗拒行為有所了解，並且願意真實面對與解決，當事人也會發現諮商師的真誠一致，自然就願意脫掉防禦抵抗的外衣，與諮商師真誠相對！

　　以前一位當事人，在幾次諮商面晤之後，好像把原先提出的問題解決了，但是她仍表現出躊躇的模樣，問她是不是還有其他困擾要談？她說應該沒有了，我提議也許面談的時間可以不必那麼緊湊，或許隔週見一次面就可以了，她也不願意。「也許，妳現在很害怕自己一個人獨立去面對外面世界的挑戰，認為自己還沒有準備好，如果真是如此，沒關係，我們可不可以在接下來兩次的晤談中，針對這個問題來好好計畫一下？」我是猜測地這麼道，果然當事人很高興地點點頭，鬆了一口氣的模樣說：「我真擔心沒有妳，自己好像沒有勇氣去嘗試！」這個案例中，當事人的「沒有行動」可以視為一種抗拒表現，不是她不相信諮商師的專業，而是她認為自己還沒有準備好要行動，所以會抗拒諮商師的一些行動建議。

　　在學校單位擔任輔導員，老師們常常「送來」一些非自願性的當事人，這種當事人自然是抗拒較強，而且常常會用無所不用其極的方式來打擊、測試輔導員。我最常用的方法是——先不要急著「哪壺不開提哪壺」，也就是以建立關係為首要，

把自己的容忍度擴到最大，提供當事人溫暖、沒有壓力的環境。當事人要發呆，我也可以保持沈默，但是給他／她自由決定說不說話的權利，也把自己的立場做明確說明，保密的權利與限制也明確指示。「既然我們兩個都必須在這裡耗上五十分鐘，呆坐著也是五十分，所以我們找點事來做，你／妳認為呢？」我會這樣告訴極不情願的當事人，如果當事人仍然不願意合作，我會找一些比較不危險、中性的事開始，比如聽音樂、玩些紙上遊戲等等，也許是自當事人有興趣的東西開端，而且不一定要自「談話」起頭，反正總是有個開始，接下來就好辦了！

　　「抗拒」是必須要去處理的，如果治療師本身不作任何處理或忽視，責備當事人、或為當事人貼上標籤，作了不適當的轉介，或者是作出防衛性的反應，甚至是把當事人的抗拒行為「個人化」了，這些都不是正確或有效的處理方式。治療師要去發現抗拒背後的因素，這也可能是治療關係進入深層的一個先前步驟，讓治療更有效果，也可以延續治療的效果。很重要的是要去聽這「整個人」（whole person），而不是因為當事人的抗拒而有情緒上的反應。治療師也要明白，抗拒的行為是防衛機轉的一種，防衛機轉的出現是因為當事人害怕看到自己更深層、真實的部分，因此「抗拒行為」是不可能在短期之內很神奇地消失，而是一直在繼續進行的工作（Kennedy & Charles, 1990; Strean, 1985）。誠如 Anna Freud 所說，「抗拒」不一定是治療的障礙，而可能會提供有關當事人自我功能的重要訊息來源（p.11, cited in Strean, 1985）。

　　諮商員要明白當事人的「抗拒」是必然的，因為這是人的正常普遍反應，也是在心理治療上會碰到的情況，不必大驚小怪，也不要把當事人的這種行為「個人化」了，因為當事人所「抗拒」的對象，多半不是針對治療師本身，而是他／她自己在面臨「改變的可能」時，所表現的自然反應。「抗拒」，對於治療師而言，是個學習的機會、也是一個很棒的挑戰，而且「抗拒」也不是出現在治療或諮商初期而已，在整過治療過程中都可能會陸續出現。

參、諮商員常犯的錯誤

　　沒有人是與生俱來的諮商員，即使在接受學術訓練的過程之後，諮商員還要花許多的時間，在經驗與犯錯中學習如何協助當事人。諮商員個人的生活經驗是諮商時的一項珍貴寶藏，然而，諮商員常常是從督導、同事與當事人身上學習了許多不可替代的寶貴教訓！如果說在學院內所學的是理論居多，那麼一出了學校大門，就是驗證理論的時候了！而我們最好的學習來源就是當事人！

　　在諮商治療進行之間，諮商員常常會因經驗不足、或面對不同的當事人，而犯下一些有待改進的錯誤。諮商員當然不希望因為犯錯，而在有意無意中傷害了當事人，因此有必要在此提出一些諮商員可能會釀成的過錯，讓有心成為助人工作者，

有一些警惕與覺察。綜合若干專家與學者的看法，加上作者的臨床經驗，作者整理出了一些諮商師常犯的錯誤（Corey, Corey, & Callanan, 1998; Pipes & Davenport, 1990）：

一、違反專業倫理的行為

比如與當事人發生性關係、沒有把當事人作適當的轉介、沒有盡到保護當事人（特別是弱勢族群）的責任、為了經濟收益而耽擱當事人的治療、使用不當或沒有研究驗證的治療（可能會危及當事人的身心或福祉）、沒有好好對當事人的紀錄做好保密工作、甚至在大庭廣眾之前或公開場合討論個案（這點最常發生在學校，老師們討論某個學生，雖然不指名道姓，但是每個人都知道對象是誰）。如果諮商師沒有當事人關心問題的有關訓練、或能力不足，或者是發現當事人沒有進步，轉介的動作是必須的，其出發點就是為了當事人的福祉。

二、不符合專業上的角色行為

與當事人像朋友一樣聊天、開玩笑、話家常，這些行為並不是說不行，因為在建立關係時，必須要有一些可以談論的話題切入，但是有的諮商師如果花太多時間與精力在這方面，就是剝奪了當事人的治療時段，而且對於諮商治療沒有幫助。有

些諮商員會太急於做當事人的朋友，而忘了專業的關係中的顧慮（朋友與治療師的作用是不同的，成為朋友可能會損及治療功效）；接受當事人的禮物，基本上我們也不鼓勵；請當事人因其職業或職務之故，幫諮商師個人的忙，這也嚴重破壞了治療關係；借錢、或急著把當事人拯救出來、批評當事人的外表化妝（除非這是治療的重點）等等，都是不適當的。

三、在諮商過程中可能會犯的錯誤

㈠時機掌握不正確

比如在一件事情上花了太多的時間，只注意到「點」、沒有顧及到「面」；時間不對就插入、或關係還沒有建立到相當程度就問了讓當事人抗拒的問題，諮商員只會一些技巧而又不能靈活運用。

㈡對當事人的期待太高太低、甚至做無法達成的保證

比如：「我是家庭婚姻的專家，你找我就對了！」，或者是在當事人還沒準備好之前就要求其採取行動，這就是先「預設」了個案的失敗。

㈢太多或不適當的社交性行為

　　雖然許多諮商員在與當事人建立關係初期、或是每回諮商開始前，不免會與當事人閒話家常，這也是一種關心的方式，然而如果用得太多、或是以閒談為主了，都是不適當的。

㈣在了解問題之前就急著給建議或解決

　　當事人來求助是因為面臨了問題情境，問題出現時，大部分的當事人會想辦法解決，只是他／她的方式沒能把問題做更滿意或最好的處理，所以他／她才出現在諮商室。除了要從當事人的角度來了解問題之外，很重要的是要明白他／她已採用的解決之道。這些資訊也可以提供諮商師一些處理方向的訊息，另一方面也肯定了當事人所作的努力，然後當事人與諮商師形成一種合作關係，來共同對問題找出解決之方。

　　諮商的最初階段，尤其是第一個小時，通常是讓當事人主導諮商方向的進行，也就是希望自當事人口裡，明白他／她所擔心的問題是什麼？自他／她的角度來看這個困擾，當事人有充分的機會與時間來陳述自己的疑難（通常在日常生活中不太可能有這個機會），當事人會覺得解脫輕鬆，這也是諮商之所以為用。所以諮商員在還沒有真正聽完當事人的問題之前、甚或還沒給他／她機會說明他／她所作過的努力之前，不要急著給建議或提供解決方法，當事人不是沒有能力，他們也試過方

法來試圖解決遭遇的問題，只是那些方法可能都失敗或沒有達到所企想的效果，當事人才來求助的啊！太急著在了解問題之前就解決問題，不僅可能貶低了當事人的能力與自信，也容易沒有捉到問題重點，枉費了治療上的努力。

㈤不能忍受沈默

沈默是諮商過程中會碰到的情況，並不是不好，有時反而有治療或建設性的效果。但是許多初出道的諮商師，不太能忍受沈默，往往急著要講話或填補那個空間。這也牽涉到了：有時是要容許當事人或諮商師有喘息的空檔，可以用來休息、思考或反芻。諮商員也要有耐心去等待當事人，不是每個當事人都可以很快領會到什麼的，每個人步調不同，這也是提醒諮商師要注意的，配合當事人的步調、免得嚇壞或讓他／她預期失敗。

㈥問太多的問題

諮商師要獲得當事人的資料固然無可厚非，但是問太多話、甚至緊迫盯人，或讓當事人覺得像在受審、有壓力，也會懷疑使其諮商之作用功能何在？問問題也鼓勵採用開放性的問題，不是只有是與否、對不對、這個或那個的單項選擇而已，可以讓當事人自由發揮的問話最好，當然也要顧慮到當事人的情況（有些當事人只能用閉鎖性的問法得到一些想要的資

料）。不妨採用不同方式來蒐集資料，比如角色扮演、故事敘述、畫圖、書寫、或聽音樂等等的方式。我曾要求一位都不說話的當事人，以完成句子的方式來告訴我有關他的一些訊息；也曾請一位抗拒心很強的當事人，以畫房子的方式與我溝通，我由她所繪的圖來猜她這個人，她也慢慢對我開放自己。以前碰到一位高中女生，常常發現她在餐廳用餐時是獨自一人，後來經老師轉介過來，我也是先採用一般問話方式，但是場面很冷漠、也感覺到當事人的不自在，於是我就以「完成句子」的方式，寫了幾個問題在紙上，她就能發揮許多、也得到了我要的一些資訊！後來發現這位女生很有寫作天份，就鼓勵她用作詩的方式來表達她的想法；後來因為討論詩文中的內涵，當事人可以慢慢發表自己的感受與想法。我記得她的母親還親自來學校向我的督導致意，說女兒一直沈默不太說話，但是這天早上竟然告訴她她不喜歡父母三不五時的爭吵，母親與父親二人面面相覷，那是第一回聽見女兒說出自己的意見，他們感到十分欣慰！要不然他們以為女兒除了功課頂尖之外，與他們的關係就像外人一樣！在教學上我們知道，每位學生有不同的學習型態，在作諮商治療時，我們也要明白每個個體有不同的表達方式，而有些人的表達是需要時間或空間甚至練習機會的。不很會說話的人，可以輔以不同工具或導引方式，讓他／她也能表達出所想所感，這是諮商過程中極為重要的。

(七)沒有進入問題的深層面

有些問題諮商師可能只與當事人討論一次，就以為完成了，或者是諮商師沒有就問題所在進行深入探討，只流於表面的東西。比如說當事人說很想「消失算了」，這也許是一種自殺訊息，然而諮商師卻迴避了這個可能需要探討的主題，又啟了另一個話題。沒能進入問題深層面，可能與諮商師個人之能力、或本身的「未竟事業」、不願碰觸這個問題有關，沒能協助當事人深入探討問題，也許是因當事人的抗拒、也可能因此沒能滿意地協助當事人解決問題。此外，相同的問題可能會一直在諮商情境中重複出現，但是卻沒能真正地徹底討論、企圖解決，有的是當事人在進行改變的過程中，會遭逢到一些困難或阻撓，這些也許不是可以輕易地立刻獲得解決，而諮商師就此「認為」沒事了，如此可能就失去真正挑戰問題、尋求解決的契機。

(八)沒有對當事人資源與環境作評估

在規定家庭作業或與當事人協議作的行為改變時，沒有顧慮到當事人的支持系統、可用資源的配合程度，導致當事人在實際執行時，容易失敗。比如一般常見的是學生行為偏差，但是可能只是植根於問題家庭所呈現的徵象而已。孩子不寫作業、講髒話、行為暴戾，探究原因可能是父母離異、或雙親沒

有真正對孩子盡到管教之責。即使鼓勵孩子作改變，孩子一回到家中可能就遭受父母的無心破壞，使得這些諮商協助的努力事倍功半，因此一味責成當事人作努力、沒有把整個大環境的情況作適度評估，也可以說是「設計」讓當事人失敗。諮商師在真正要當事人進行行為改變、或解決問題之前，要對當事人環境中的「可用資源」（available resource）先行作了解，並在實際執行之前，先與當事人「預演」（rehearsal）一下，對於可能遭遇的困難先作思考與預備，可以讓當事人心理的準備度增加、應對問題的能力增長，也同時減少了當事人失敗失望的可能。

㈨模糊治療焦點

有治療師在聽取當事人的問題時，把焦點轉移了！譬如，當事人談到與女友的關係，就直接把焦點放到女友身上，除非這有重要關聯、非深入不可，否則諮商員要隨時提醒自己：不要模糊治療焦點！諮商情境中，當事人是我們諮商師主要且唯一的對象，一切是以他／她為主。舉個例來說，一位諮商員在與當事人進行面談期間中，把自己的朋友介紹給當事人，諮商員認為當事人的交友太需要修正，老是與一些無所事事的不良人物一起混，因此想介紹比較「正派」的人給當事人認識，正好又與男友有約，就這麼順理成章！後來當事人誤解其意，也介紹了自己的朋友給治療師認識。治療師的立意雖然良善，但是這種作法卻很危險，而且應把焦點放在當事人身上的，卻轉

移到當事人之外的其他人身上！

㈩技術層面的僵化與膚淺

除了前面所提的諮商師容易狃於急效、急著幫當事人解決問題，沒有好好傾聽、甚至沒有聽到重點之外，還有限於技術層面的僵化與膚淺。許多新手治療師會傾向於把已經學得的諮商技術趕快運用出來、檢視其效果，也因此可能沒有經過仔細思量當事人特殊的情況或問題，讓這個諮商技術更容易失敗。

(十一)批判性的態度

諮商師把自己的價值觀與評價，在有意或無意中加諸當事人或其遭遇的問題上，而沒有先試著去了解當事人的情況。這些批判性質的東西，有可能是因爲文化背景甚至宗教信仰不同而造成的，諮商師卻沒有檢視、覺察，這對當事人所造成的傷害是很大的。比如當事人認爲服從父母是孝道的表現，而諮商師卻認爲是當事人依賴、沒有自我，因此積極鼓勵當事人脫離家庭。

肆、有效諮商

當事人來求助，當然是希望所面臨的困境能夠有所轉機、甚至獲得解決，這就是諮商希望獲得的效果。諮商是否發揮其功能，主要仍是看當事人的感受如何？當事人對於諮商過程中的哪些因素覺得最有幫助呢？根據最近的一個研究，發現除了治療師的人際催化技巧、處置方式、提供其他可用資源與觀點、適當有意義的自我表露、諮商師的時間與精力上的允許之外，當事人還認為可以學到新的知識、情緒上獲得宣洩，以及當事人個人的領悟，都是有效諮商的重點（Paulson, Truscott & Sturat, 1999, pp.320-321）。可見諮商的成效與諮商師本身的專業訓練、人格特質有極大相關，另外就是當事人本身的學習領會。而 Baruth 與 Huber（1985）認為：諮商師堅實的理論基礎，是有效諮商的關鍵因素，因為諮商師在面對當事人時，一定得先有背後的觀念架構，才可以對當事人的行為、問題作了解與預測，接著知道朝什麼方向來改變，使當事人的情況變好？而這些改變又可能帶來哪些影響（p.11）？

許多當事人來求助時，也許不明白何謂諮商？所以也不知如何利用諮商治療的這段時間，此時治療師就有義務與責任要解釋或作說明，如此也可以取得當事人合作的意願與動機。這種在諮商治療初期，說明諮商之功能、目的、還有一些限制

（每次時間多久、一共幾次諮商、保密與其限制、諮商員的工作內容大略有哪些、當事人的責任又爲何等等），就是我們所謂的「場面構成」，已經在前面提過。現在的心理諮商不同以往，許多機構都在治療之初就有次數的規定，一般在六到十二次之間，主要目的仍然是希望當事人可以少依賴、早獨立、多用心使力，充分利用諮商的功能，如此方可以讓諮商的效果更顯著。

伍、家庭作業與有效諮商

諮商不是只是談話、所謂的「談話治療」（talk therapy），雖然在大部分的情況下好像只在進行談話的部分，但是有效的諮商員不會僅限於在諮商情境中的努力而已，甚至可以協助當事人在沒有約談時的日常生活作息上，也可以持續諮商上的目標努力與達成。在諮商過程中，諮商員扮演具有專業知識技術與素養的協助角色，他／她不是「代替」當事人解決問題，而是協助當事人重新審視所面對的困擾，也許提供不同角度的看法，鼓勵當事人、讓他／她恢復問題解決的能力，也有勇氣與信心去重新回到生活的軌道中正常運作。

由於諮商的時間通常一週只有一次或兩次（特殊情況或有不同），爲了維持諮商的效果，諮商員通常會根據當事人的問題與情況，給與一些適當的家庭作業，其目的是希望當事人藉

由這些作業或活動，可以有思考、經驗或頓悟，而且在沒有見諮商師的這段期間，仍然能持續諮商治療的效果。Maples（1995）認為「家庭作業」是表示了此次晤談的結束，以及下回晤談的連接，具有鼓勵當事人的作用，並作行動改變的承諾。作者在美國擔任兩年的諮商工作中，特別能體會「家庭作業」的功效，當然在「規定」家庭作業之前，必須要先與當事人建立了可信賴的專業關係，取得他／她的合作意願，這樣才有足夠的動力可以進行。家庭作業的功能在於：鼓勵當事人的參與與合作，為自己的問題情境與困擾負起責任，同時也學習因應技巧和能力，在諮商面談的空隙中（也就是沒有與治療師約談面晤的期間），可以持續治療上的努力與效果。家庭作業也有讓當事人把在諮商情境中所學，有機會應用在外面的現實世界。另外，常常在做家庭作業之中，當事人也願意在諮商時間與治療師分享有關自身問題、與他人關係、或其他事物有的頓悟或領悟。

家庭作業是因當事人的情況、問題、治療目標、或資源不同而加以設計，所以也是考驗諮商師的創意與專業知能，而諮商師會發現：當當事人在信任的先決條件下做了家庭作業，常常會有意外的領會與收穫。

舉一些例子來說，作者曾要求一位害怕接觸人、足不出戶的當事人，依漸進方式，先踏出自家陽台、然後在陽台上做些事，後來可以去散步、然後駕車帶全家人出遊。也讓一位為家勞心勞力、沒有自我的婦女，每天花一些時間給自己，重新學會了解、照顧自己的需求。還曾要求一對單親父女，每隔一天

在固定時段，共同做一些活動（看半小時電視劇、洗碗、下棋或其他），重溫一下久疏的家庭時間與親情，然後才在諮商時間進行對於母親突然過世後的情緒宣洩與適應。一位很典型的大三男生，與女友關係陷入瓶頸，對方想要結束這層關係，而他卻不知道爲什麼，很想挽回這個女友。後來在談話之中發現，他由於成長環境的影響，對於自己這個「男性」角色有許多刻板印象，而且對待女友的方式很不體貼、甚至認爲理所當然。因此作者要求他在放下身段、卻又不損男子氣概的情況下，做些浪漫的舉動，也不必花錢、卻可以讓對方覺得貼心、受尊重。當他與女友的關係漸入佳境之後，諮商目標就聚焦在他所謂的男子氣概上。有個責求自己很深的女研究生，日常生活作息都要求要十分完美，也因此有極深的焦慮，甚至影響到她的睡眠與做事效率。作者要求她刻意在做一件工作上失敗（當然不能涉及她最在乎的功課），然後問她的感受，接著的諮商過程就檢驗她的信仰中的非理性部分。一位有青少年孩子的單親母親，發現自己與兒子之間的關係每況愈下，本來乖巧體貼的孩子變得極端自我與自私，讓她常常覺得心力交瘁。在分別約談他們這對母子之後，知道他們雙方都有意願重修舊好，於是就要求他們的充分合作。作業很簡單：每隔一天的晚上，利用固定的半個小時，讓孩子與母親的角色互換，孩子把母親的習慣行爲表現出來、母親亦然，然後在一週之後的諮商時間中，問他們對這個作業的看法與心得。媽媽說她才了解兒子的一些想法，而兒子也可以站在母親的立場來體會她的情緒與壓力，兩個人甚至在諮商室就哭著擁抱起來。

　　家庭作業可以是多樣化的，但是要顧及當事人的時間、精力與資源，最重要的還是要在治療關係已建立後，才容易取得其合作意願、成功率才高。有些家庭作業需要閱讀資料或書籍，有的需要行動的配合，也有需要當事人去努力思考的，不一而足。可以好好運用家庭作業的技巧，其功能是很大的，一方面也可以釐清了諮商治療是「談話治療」的迷思，另外也是真正讓當事人可以「起而行」的最好方式！

陸、諮商員的「性」

　　我們是性（sexuality）的動物，諮商員是人，也有自己的需求，只是不會以犧牲他人的權益來滿足自己。在諮商的情境中，諮商員的性別角色也佔了很重要的部分，許多當事人喜歡女性諮商員，可能是受傳統上對女性刻板印象的影響，認為女性較能作個傾聽者、也比較能發揮溫柔接納的一面；當然也有例外。我曾私下問過一位當事人，他說他是刻意找女性諮商員，因為害怕找男性治療師會讓自己覺得無能、不應該這麼軟弱，後來在治療過程中又視我為無性（asexual），只是一位協助人的專家，後來發現當事人的嚴重大男人主義傾向，我要求他把我的性別還回來，然後以女性的立場協助他與女友之間的關係。

　　除了性別之外，諮商員也不能忽視自己的性，有位當事人

就曾經問起我的性傾向（sexual orientation），我也坦誠以告，同時讓他明瞭他可以有選擇的權利。這位當事人擔心自己是同性戀者，萬一碰到一位對此族群有偏見的諮商師，可能會受到傷害。當事人的這層顧慮，諮商師是必須了解的。此外，諮商情境是一個極為親密的接觸環境，一位能傾聽又有專業素養的諮商師在與當事人做連續且極私人的親密對話，與當事人又建立起信賴支持的關係，許多來求助的當事人很自然地會把諮商師當作最信靠又親近的重要他人（significant others）；再加上治療進行中，不免會有一些肢體碰觸的機會，像握手、拍肩等等動作，而這些動作或有治療效果或意味，也可能不免會引起不同反應或遐想。

Pope、Sonne 與 Holroyd（1993）曾就治療師的性的感受，特別提醒擔任心理治療與協助人員一些應注意的事項。在觀念的檢視方面：對於不同年齡層的當事人，諮商師是不是會有不同的反應？比如一般諮商師對於年幼當事人提供的身體接觸的機會就比較多，對於年紀較老年的族群，可能會認為談有關性方面的問題就很不自在、甚至刻意迴避？有沒有因為宗教信仰上的因素，讓諮商師在使用身體接觸或談論話題上有所顧忌？會不會因為當事人性傾向的因素而有同性戀恐懼、甚至故意忽略有些性含意的行為？性別的不同，會不會讓諮商師有不同的對待方式或刻板印象甚或性別歧視？不同性別之間的身體接觸，會不會有不同的詮釋？有沒有因為種族不同，在溝通上認為有障礙？甚至規避一些有關親密關係的問題？來自不同社會階層的人，諮商師的對待是否不同？有沒有認為低下階層的人

可能就較少魅力？對於有殘障的當事人，是不是會否認或小覷當事人的一些基本生理需求？如果面對的是一些被診斷有性方面問題、或是性犯罪的當事人或受害者，諮商師又是如何的想法？諮商師有沒有因為某位當事人對自己有吸引力，而特別安排常常見面？甚至延長治療時間與期限？諮商師本身會不會因為理論方向的不同，而對於身體接觸或有關性的議題，有不同看法與執行？

　　當然最後作者們也提供了一些建議，希望可以協助諮商師面對治療過程中的「性」，並且有所因應與學習：首先、也是最重要的是，不能與當事人有親密的性關係。諮商師得自己常常檢視，對於哪些當事人可能會有性綺想、有「感覺」、甚至有若干親暱行為產生？明白且切確溝通與釐清的重要性，讓當事人與諮商師本身都不逾越基本的倫理規條。諮商師常常要考慮自己是不是把當事人的福祉放在最前面？遵守諮商契約中的規定，也可以讓諮商師與當事人雙方都明白自己權限與責任所在；去了解當事人的看法、感受，並且作適當的釐清與說明；接下來諮商師得考慮自己是否有能力接這個案子？有沒有因此而讓自己的專業能力受到影響？有哪些行為可能需要密切注意與評估的？當然，尋求諮詢或督導的建議，也不失為一良方。

第十章

自我照顧
與
專業成長

　　在這一章中，將要談到的是諮商師的專業與個人成長，還有要預防、注意的職業壓力與崩潰的可能。諮商治療師每天面對的是來求助的當事人，接觸的是生命或生活正在接受挑戰的人，而許多故事都不是令人愉快的，諮商師的同理與專業，讓我們在面對這些受苦的人時，除了要感同身受，還要能維持自己的專業水準與客觀立場，協助當事人走出這段困阨。新手治療師，也許因為覺得自己能力不足、經驗缺乏，也擔心自己的處理失當，可能會傷害了當事人，還會害怕當事人認為自己不專業而影響以後的生涯，因此常常會把問題帶回來、甚至影響到自己私人的生活。此外儘管這個工作極富挑戰性，然而每日每月每年重複的工作，也如同其他職業一樣，許多熱力也會用盡，也會出現職業倦怠。初入門的諮商師，常常把協助當事人解除痛苦或解決問題當作第一要務，也因此往往會以當事人為念，很擔心自己不能「為」當事人做些什麼，甚至是自己先前對於此助人生涯的期待也受到嚴重考驗，許多掙扎自然出現。

　　把當事人的問題帶到自己的生活之中，是不能免的一種衝動，我記得自己最糟的一段時間，還會半夜爬起來，記下自己在下回諮商時「應該」採取的步驟與想問的問題、或者是曾經忽略的細節，當然也伴隨著一些悔恨與抱歉，認為自己竟然沒有做到一些「應該」做到的事。當然有督導或是同業可以一起討論的時候，情況比較不嚴重，因為彼此之間有支持。我們也有專業人員的互助團體，每週定時聚會，提供一種情緒性的支持，奮鬥起來較不孤單！治療師也會有所謂的「職業病」，廣義地說是一些「習慣性行為」造成他人的一種刻板印象，狹義

方面是指因為擔任治療師，沒有適當地調整自己的生活、注意自己的健康，因而導致的壓力症候或是身心上的疾病。

　　常常有不知情的人問起我的工作、或是所學，然後就會給我「戴上」一些「帽子」，甚至是發現我有一些「不專業」的舉止出現，就會有不置信、驚訝、或者是失望的表情，像是：「學輔導的人怎麼會不快樂？」「妳（學心理）一定可以幫我的忙！」「怎麼妳（學了輔導、幫助別人）還會有情緒上的困擾？」諸如此類，就好像是學了佛，就一定要有慈悲心腸，或者是老師就應該有愛心耐心，作為諮商人也不免會被人加上一個「框框」、限制住了一樣。雖然這也表示社會大眾對於諮商這一行的尊重與期待，然而也無形中增加了我們一些額外的負擔與壓力。當然，最大的壓力可能就是來自我們自己對於自己的期許與表現。

　　以前，我會把工作帶回家，後來是決定回家之後作自己，現在慢慢可以調適自己在工作上與私人生活的一致性，因為這都是自己。之間的轉變無他，只是比較懂得照顧到自己的需求而已！諮商人是先需要照顧到自己的，然後才會更有體力與能力，去關照來求助的當事人。

壹、職業病或壓力

　　任何一種職業，不管我們是多麼投入或用心盡力，在一段

時間之後，常常會有所謂的職業疲乏或倦怠出現，諮商助人的工作也不例外，有些甚至會覺得更容易感受到壓力，因此學會照顧自己是很重要的。前文提到，新手的諮商人，很容易把當事人的問題帶回家，因爲認爲應該爲當事人解決問題，也因此把當事人的事掛在心上、甚至擾亂了自己的日常作息。諮商人要慢慢學會放手，在已經盡了力之後，知道自己的能力有限、自己是凡人，不必要把當事人的一切都攬在自己身上，負責我們該負責的部分、問心無愧即可。諮商師在每一個對當事人作治療的步驟上，是需要細心負責的，往往一個小時的諮商晤談結束後，會花時間來重新審視自己在方才的治療過程中，有什麼地方做得不錯、又有哪些地方處理不當需要改進？唯有靠這樣的自省，才會在自己這一行業穩紮穩打、貢獻服務、努力打拚。

Kottler（1993）提到讓治療師產生倦怠、無聊的一些原因，除了日復一日的工作習慣，讓治療師覺得工作失去挑戰性與動力，這是與一般職業相同的，而主要是受時間因素的限制，由於諮商治療時間一定（通常是四十分鐘到一小時），因此諮商師必須特別留意時間，甚至是因爲許多面談時間的緊湊安排，讓治療師覺得自己好像一直被時間追逐著。再者，由於來求助的當事人也是缺乏動力與精力的居多，不免也會受到一些負面影響；此外，可能與治療師本身的特質有關，需要有不同的刺激，才會有活力。同樣的，諮商師本身避免去尋求生涯或工作上的挑戰，也會造成工作倦怠的惡性循環。那麼，要如何減少職業倦怠呢？如果可以把每位當事人視爲特殊、個別的

個案，把每個諮商機會與過程都當成是成長學習的機會，這種倦怠情形可以減少。增加與同業之間的互動與意見交流、甚至參加類似支持團體的活動，也可以讓專業生活充滿活力與變化等等，接下來的篇幅中也會提到。

　　Corey 等人（1998）提到幾個諮商師「崩潰」（burnout）的跡象：易怒、情緒上的枯竭、孤離、使用酒精或藥物、個人效能的減低、猶豫不決、強迫性的工作方式、還有行為上急遽的改變（p.58），不想去工作、常常抱怨自己的工作、覺得生活無趣、在治療過程中發現負向反移情（negative countertransference）增多、有生理上的病痛、逃避行為（Capuzzi & Gross, 1995），而情緒低落或沮喪、甚至會考慮離開這一行（Kottler, 1993），也是常見的。情緒上的不穩定，或繃得很緊，尤其是容易沒來由地生氣，有時甚至是沒有什麼情緒的波動；自己彷彿與家人、朋友或同僚有疏離的現象、很少參與或自動自社交場合退出來；發現自己要找個談話對象也有點力不從心、或沒能找到；會利用酒或藥物來澆愁、穩定情緒；工作個不停或是呈現工作狂的現象，即使明白自己應該好好休息一下了、仍然強迫自己工作，導致工作效能減低，甚至影響到自己日常生活的運作；行為上的急速變化，這點常常是周遭較為親近的人會發現的，諮商師本身也覺得自己好像不像自己了，但是不知道哪裡出差錯。雖然新手諮商師常常把當事人的問題帶到自己的私人生活之中、造成界限不明（blurred boundary）的困擾，但是因為這一行業的關係，即使是成熟的諮商師也不免會有許多來自當事人方面的壓力與困擾。治療師的崩潰可能因為其他因

素的影響，而決定了崩潰期的長短或嚴重性，像個人特質（比如挫折忍受力、或是面臨個人生命上的轉折點）、工作機構的要求（文件、公文、或是工作責任或項目之類），以及治療師個人感受的情緒壓力（尤其是諮商師個人的未竟事業）（Kottler, 1993, pp.163-168）。

比如說，諮商師認為自己對當事人的情況處理得不理想、害怕當事人因此而提早結束治療；在接案件之前，沒有先評量自己的時間與能力是否許可，以至於自己手邊的案子太多、超乎自己可以負荷的程度；常常處理當事人的危機（自殺、憂鬱情況嚴重、傷害性的強迫性行為等等）、讓自己不得休息；碰到所謂的很難處理的個案（difficult clients），像抗拒很強的、有敵意的、責怪他人不肯負起責任、缺乏改變動機的、長久治療以來情況沒有改進的，這些都可能給諮商師帶來壓力，如果諮商師只是獨力承擔、沒有尋求紓解或解決之道，很可能就會影響到諮商師的專業表現與個人生活。

Sage（1999）在《諮商師陰影：個人、角色與專業的陰暗面》（The shadow and the counsellor: Working with darker aspects of the person, role, and profession）一書中就提到可以藉由幾個方向來察覺並改進諮商師的「陰影」：(1)在實際諮商關係中的架構──在治療契約中，對於當事人與諮商師的功能、責任與限制都有明文規定，這也可以約束諮商師自己在專業過程中，對於自己非專業行為的覺察。(2)使用治療技術時的覺察──不同諮商師的諮商型態與使用技巧，可以讓諮商師知道自己在使用技巧時，當事人的可能反應，這也讓治療師有所依循與預

測，對於自己在治療中所扮演的角色有檢視的功能。⑶諮商督
導經驗——固定的督導時間、值得信賴的督導關係，可以讓諮
商師有個商量與檢討的對象；有經驗的督導常常會指出治療師
可能的誤失、個人的未竟事業，與是否吻合倫理行為的思考，
是治療師成長的最好嚮導。⑷專業守則或倫理的遵守、引導與
省思——專業倫理守則可以提供治療師在專業執行領域中的行
為方向，也隨時在治療師的腦中提醒自己在諮商過程中的種種
舉措，把當事人的福祉放在最前面，也可以規範、警醒自己的
治療行為。⑸個人治療——諮商師也是人、也每天在面對著不
同的人生挑戰，何況諮商師得先要接受「求助」這個觀念，這
一專業才有必要存在；因此諮商師尋求個人治療，是很正常
的、也有助於自己的個人與專業成長。⑹諮商師的私人生活—
—諮商是一種生活態度，諮商師個人的生活需求如果獲得滿
足，在專業上的表現也會更滿意，我們所學的專業也提供了我
們的生活哲學與方向，過得更一致，是諮商人的目標。以及⑺
與同業間的聯繫網絡——人有隸屬的需求，諮商師常常單獨在
諮商室中作業，很容易覺得孤單，同業間的聯絡、團體組織與
相互支持，不僅可以交換一些專業上的心得，也有助於個人生
活的豐富內涵。

　　Kottler（1993）及 Corey（1991）建議幾個因應崩潰的方
法：嘗試不一樣的治療或處置方式，讓自己的臨床工作可以日
新又新，同時也可以不斷吸收新的知識、觀念與技能，讓自己
的工作可以有更多變化；從事教學工作，把實務經驗經由教學
途徑，衍生出新的意義；安排適當的休息與娛樂，開發支持性

的社交網絡、讓自己能夠輕鬆，以及開發恢復精神的健康活動與適度的時間管理方式；面對壓力來源、負起自己的責任；釐清、列出自己的目標與希望的先後次序，可以有安排與遵循方向；知道自己的能力與限制、釐清責任歸屬；可以與同事交換不同性質的工作或採輪替方式，讓工作有一些變化（比如原來是擔任社區服務與規畫的工作，也許可以試試機構未來的發展與企畫）；尋求個人諮商與團體支持；在自己專業組織中擔任主動的角色等等。

　　我自己的工作經驗中，除了有私人治療師的支持、有同業可以溝通談心、彈性的個案安排，也發現可以經由其他幾個方向來紓解工作上的壓力：(1)不把工作帶回家，而且設定自己最晚回去休息的時間；(2)固定做鬆弛動作或運動，或者是找出可以讓自己調整一下心情的活動（聽音樂、看風景、瀏覽一下周遭景物、歌唱、甚至寫稿子、洗把臉、或是其他娛樂活動），甚至是在連續面談的間隔時間，都可以暫時休息一下，精神也因之爽朗、清明；(3)把今天所遭遇的事記錄下來、作一個反省，不把煩惱帶入睡夢中，也把明日的行程預先作安排；(4)不定時酬賞自己，肯定自己工作的意義；(5)閱讀相關或是與專業無關的書籍雜誌，常常會給我一些創意的想法，不會讓自己的工作覺得無聊無趣；(6)保持樂觀想法，即使碰到不如意的事或挫折，也會盡量往另外一個向度來思考，通常得到的結論都比較有希望；(7)去觀察不同人的生活，甚至與他們搭訕、聊天，多看看人生百態，會為自己的生活感到慶幸；(8)每晚入睡前祈禱，感謝今天的生活與所享受的恩寵。

貳、繼續教育

所謂的「繼續教育」，並不是專指在學院內進行的教育或有正規的學位證書才算，也不一定要限制在諮商或心理治療這個範疇，當然諮商師本身的進修需求與意願是最重要的，可以讓自己的專業更爲精進當然最佳；然而因爲我們的服務對象是人，許多有關人的了解與學問，不是只侷限在諮商這一學門，其他的許多領域，也可以讓我們收穫更多、啓發更多！記得一位同事曾經說過：他以前是非常行爲主義導向的，這也許是因爲所接受的訓練之故，然而隨著年齡的增長、經驗的累積，以及生活的歷練，現在他所涉及的書籍是天文地理、無所不包，歸結他現在的諮商型態，他說是「生態宇宙」導向，凡是生命都是美麗，而且不必侷限於現存的若干主流學派。

我記得有一位良師說過：他喜歡研讀的東西基本上與諮商扯不上什麼關係，也看易經、老子、天體運行與自然生態，但是在眞正與當事人面對之時，發現宇宙運行的道理是可以相通的，也可以運用在當事人身上！我當時聽了好生感動，誰說要分的呢？大自然自然有祂的道理呀！

現在我們國內對於師資的培育漸漸有了一些強制進修的規定，比如要在五年之內進修九十個小時，才可以保有教師證書，有的學校甚至規定在聘書之內，以爲續聘與否的依據，這

個「繼續教育」的規定可能慢慢會形成趨勢、甚至是強制履
行。諮商治療師的證照制度不久就會付諸實行，內中除了會有
實習時數與有關規定之外，繼續進修可能也會仿美國的現行制
度、做必要的約束，可以想見的繼續教育是與自己諮商專業有
關的，然而真正有心的諮商人是不會以此為滿足的。

　　進修的管道隨著電腦科技的進步，有的已不需要親身去參
與，在網路上就可以看到實況，也可以得到新近的資訊，當然
可以與同業的人作面對面的接觸，仍然是我認為收穫最多、最
直接、也是激勵最強的途徑。美國全國諮商師認證學會（Na-
tional Board for Certified Counselors, NBCC）也規定在通過認證
考試五年之內，必須修習九十個繼續教育時數，目前除了參加
國際、全國性會議與工作坊或課程之外，也可以經由認證後的
錄影錄音帶課程與測驗，來取得繼續教育時數，也就是讓治療
師可以更彈性地吸取最新近的專業資訊。

參、同業與督導

　　如果發現有人也是從事心理諮商工作的，感覺上自然更親
切，因為會有一些共識與期待，當然如果可以在實習期間有好
的督導（supervisor），更是可貴！每位督導都有其不同處，這
也正是很好的學習機會。曾有學生跟我抱怨督導如何，我總是
希望同學可以自另一角度來思考，把這阻礙視為挑戰，甚至是

學習的新契機！有人不以為然，當然也要顧及實習學生的權益，然而不適任的督導畢竟還是少數。

在學習的過程中，不論是在學校或心理治療機構，前前後後碰到許多督導，包括在校老師或在工作場所的駐地督導（on-site supervisor），每個人都有他／她特殊的處事方針或態度，我在這兒提供一些讓我印象深刻的督導。就如我們的孔老夫子說過的：「三人行必有我師。」人人皆可以為師，是因為好的可以為模範、差的可以作為警惕，都是可以讓我們學習的榜樣。

一位教授素以嚴厲著稱，常常是學生沒有其他選擇了才會找上她，這也許是口耳相傳的結果，我選她為實習課的老師，一上課她就來個下馬威，功課多、要讀的也不少，還外加實習的內容諸多條件，一下子就走了一大票人！把她發下的課程大綱仔細研究了一下，十分有系統組織，於是先去買書來預習、也開始著手做作業。老師不苟言笑，但是真的是有兩把刷子，對於主動求知的同學十分慷慨，也很樂於協助。這個學期過得辛苦但收穫更多！後來又修了她的兩門課，也較熟悉她的風格。後來我在一家私人心理中心工作時，遭受老闆的不平待遇，與這位老師談起，她毅然要為我挺身而出，雖然後來是我自己堅持去獨力解決，對於這位老師仍是非常感激的！

我在大學附設心理中心，前後工作了兩個學期，經歷過三位督導，其中一位極為敏捷，她的自我反省予我許多觸發，明快的諮商型態提供了我一個很好的學習典範；另外也是因為她個人遭遇──身為女同性戀者，也讓我對一些少數族群有了更

深一層的了解，相對地也較能花心思、注意爲這些人爭取應有的權益，我也因此學會了諮商師的另一個角色——爲當事人或是弱勢族群爭取權益。還有一位同事兼督導，在初識我時，對我有一些不太能了解的地方，經過誠意地溝通，他坦承是第一次碰到一位外國學生，有許多因爲文化不同而產生的迷思與誤解，在八個月的相處之後，兩個人成了好友，甚至有些想法我相信他很中國，他卻認爲我很美國！他的耐心與精闢的分析，是我學習最有心得的部分。由於他是精神科醫師，在診斷的實務與經驗上，惠我良多。另外一位是我的恩師漢士樂博士（Dr. Hazler），他是一個眞正的諮商人，十分地「人文學派」（Rogerian），然而我的獨立自主卻極讓他擔心。後來在決定回國前，他的一席話點醒了我：「我心疼妳的獨立，好像是表現出求助的行爲是不被允許的，但是我們擔任諮商工作，如果自己也認爲求助是可恥的，又怎能說服我們的當事人接受我們的協助呢？」也是因爲如此，我回國之後發現自己的諮商只學了一半，彷彿沒有完成，願意在後來再回來完成另一個階段的學習。

　　一道工作的同僚，常常是因爲大家的所學相近，一些理念容易溝通，也這樣成了談得來的友人，許多事情不必經過太多解釋、就可以達到互相了解，這也是所謂的同行與非同行之間最大的區別吧！我們常常在一塊兒討論個案、研擬對應策略、提供可能的解決方案，每個人信仰的學派或有不同，也自不同的角度切入，這種經驗的累積，讓我受益良多！當然不是只有資深的同業或督導才能提供有效的處方，不少新手諮商師也可

以有很好的意見，這就是所謂的教學相長！我也在這種類似的經驗中，體會到了自己在教育崗位執守的一個理念：教育是「先學覺後學」的過程，沒有絕對的權威存在，因爲可以肯定的是，後學者一定比先學者有更大的機會與成就，亦即所謂的「長江後浪推前浪，前浪死在沙灘上」！

　　同業或同僚之間，在同一個機構或單位內，常常有定期的「個案研討會」（case seminar），每次負責個案報告的人，把個案的背景、問題、評估結果、治療策略、所碰到的問題，以及將來可以努力的方向或作法，都做了很詳盡的報告，也歡迎同業就這個個案的處理，提出不同的想法、治療或處置，都是實際又有用的心得交流，而且幫助很大。另外同業之間，可以互相作支援、也提供資源，讓諮商人有所歸屬，所以「吾道不孤」，也共同爲自己的專業作努力與貢獻！

　　另外，有時參與不同個案討論回來，或者是聽到有些個案問題，會希望提出這個「假想個案」，讓同學們去思索應該怎麼著手協助？採用什麼方法？可以利用的資源是什麼？可能會碰到的困難是什麼？這就是所謂的「個案概念化」（case conceptualization）。雖然只是「假想」的個案輔導方案，卻也可以與相同專業的諮商人，一道貢獻自己的經驗與想法，讓諮商師在實際著手處理個案問題時，可以不必太慌張、也有一些根據或經驗可循，爲當事人提供更有效、品質更好的服務。在Mayfield、Kardash與Kivlighan（1999）的研究中，比較資深的諮商師與新手諮商師對於個案概念化的形成，發現資深諮商師在敘述當事人的問題時，較之新手諮商師要來得精簡、迅

速，也比較能掌握到問題的重要次序，而新手諮商師會著重在當事人問題中較膚淺的一面，也沒有去考慮問題之間的可能相關性，或是較重視當事人個人的「不同」層面，而不是當事人與他人之間的「相似」層面。

　　參與專業組織，也是認識同業、互相交流提攜的好機會，國內的中國輔導學會、中華輔導學會等等，也有會員制，可以獲得最新研究與專業資訊、享受許多工作坊或討論會的優先報名權與福利，還可以認識同業、建立私人網絡。

肆、創意

　　如果說教育是一種藝術，諮商也是，諮商不應該只是應用科學的一種，而是一種「用心的藝術」，諮商關係中的當事人與治療師之間的親密互動，講究的不是諮商技術而已，而是科學器械不能衡量的心的「交會」與「影響」，這是一種更新、創發的藝術。誠如Kottler（1993）所說：諮商是科學與藝術的結合，是腦與心的工作。諮商的工作是對「人」的工作，而「人」是最大的變數，即使是相同的困擾，卻因為發生在不同的人身上，而有了不同的結果，所以不是以一套相同的方法就可以解決的，這也正是諮商工作有趣的地方！換句話說，諮商師本身在處理過許多相似或不同的問題之後，仍然要保有彈性與創造力，適時採取適當的方法或策略，協助當事人。

我在前面的段落提過，新手的諮商師常常囿於技能的不純熟或經驗不足，有時候會只使用一種或少數的諮商技巧，限制了助人能力的發揮，就另一方面而言，也就是少了創意。靈活與彈性是創意的基本條件，也暗示諮商人不能只滿足現狀、忘了開發新途徑，這層工夫除了要有繼續充實專業知識的領悟外，還要肯下工夫努力！

然而不免會有人問道：「創意是可以培養的嗎？不是與生俱來的能力呀？」想想科學家研究愛因斯坦的腦袋，發現它的使用率只有百分之三左右，何況我們一般的平凡人呢？腦袋是愈用愈出的，尤其我們現代人在許多科技文明的籠渥下，享受更多的方便，也間接地讓我們減少許多開發與發現、甚至練習的機會。當諮商師面對當事人，科技文明的許多便利可能要擺在一邊，運用最原始、直接的方式來做人與人的接觸，所以還是得靠諮商師的力量，創意就是這樣被激發出來了！

自我心理學派使用的所謂「矛盾意向法」（paradoxical approach），就需要很多創意，但是在創意出來之先，要先考慮到與當事人之間的專業關係的程度、還有當事人的合作意願，以及實際執行的可能性，因此諮商師的創意也是有所顧慮與考量，不是天馬行空、不著邊際的。舉例來說，一位當事人深為失眠所擾，嘗試了許多方式仍然無法得到充足的睡眠。在了解與檢視他所採用過的方法之後，雖然也建議他使用其他方式，結果依然如故，可是他的失眠又不會嚴重到影響工作效能或日常生活功能，當事人也不要見精神科醫師、怕吃安眠藥物，於是我很大膽地要求他——請盡量保持清醒、不要睡著。這個方

式是在他有三天長假的時候才進行，以免影響他的工作。當事
人初時也不了解，經由我的說明，他願意試試這個新奇的方
法，所以就把這項實驗當成家庭作業，在他完成後談談成果。
結果很令人驚奇的，竟然成功了！當事人後來與我討論，自然
問起原因，我的解釋是：我們常常要做一件事，但是實際上卻
刻意迴避、或是有抗拒的心態，尤其是那件事不是出於我們自
願！拿失眠這件事來說，愈想睡卻愈睡不著，因此試試相反的
方式、也許可以奏效！矛盾意向法在家族治療中也常用，只是
它也有潛在的危險性，決定使用前要分外小心，一切以當事人
的福利為考量。

　　還有一個例子，是有一回一位媽媽抱怨自己的女兒不同別
人說話，現在上了小學二年級了，情況還是一樣，她很擔心。
這位媽媽當然是使盡了力氣要孩子說話，結果孩子的抗拒更強
烈，情況好像更糟！我的診斷是這個小孩的不說話是選擇性
的，也就是她並不是都不說話，因為她會跟姐姐說、而且還說
得不少，或許是無意中她發現媽媽很在乎她不說話，因此認為
可以藉由這種緘默的方式讓別人注意到她，行之久遠，她也享
受了箇中滋味、不想停止（所謂的「second gain」、或是「附
加價值」）。我與媽媽協定採用了兩種方式，一個是行為主義
的增強——獎勵她說正確、禮貌、合時宜的話，不是沒有選擇
的；另一個則是矛盾意向法——要求她不可以說話。結果媽媽
後來說：「我叫她不說話，她反而努力說！」當然最後的目標
是要母親與家人注意到孩子的需求，給與適時的注意、關照與
支持，孩子就不會以類似極端的方式來引起注意。

　　不僅是在治療過程中要有創意的表現，其他像家庭作業的規定也是可以運用創意，這已在前文的部分作過說明。當然創意可以努力得來，基本上可以一直接觸新的資訊、甚至採用新研究出來的成果，在專業上不故步自封，也多動動腦，開放自己的五官、經驗、靈感與思考，不僅諮商師讓人感覺到是很知長進、不拘泥於己學，也像有源頭的活水一般、可以日新又新！

　　創意也可以運用在理論與技術的改變或修正上，如同完形學派的大師Perls，其治療方式極具個人風格與創新，當然並不是每個諮商人都希望像Perls那樣，但是一般而言，我們還是有許多發揮創意的空間。譬如，為了讓當事人沒有太強的防衛心理，我們可以適當使用「投射法」來了解當事人，現在市面上的新穎心理測驗有很多，雖然信度與效度不一定得到證實或支持，但是因為有趣、而且可以得到若干可用資訊，偶而與當事人「玩一玩」這些心理測驗，也可以打破僵局、作進一步的關係建立之用。此外，不必藉助正式的測驗，偶而的創新改良，也可以收到相同的效果。我就曾經讓當事人畫一張「全家福」的照片，由當事人所繪出的人物位置圖，就可以猜測一下其家人間互動的大概情形。另外，以簡單的「完成句子」、「造句」、「單字聯想」的方法，也可以「寓治療於樂」、從中獲得一些對當事人內心的想法與情緒的資訊。也曾經讓當事人畫一間屋子，由屋子的結構、周遭景物的擺設來猜測當事人的個性與內心世界。這些獲得間接資料的方法，當然還是需要進一步證實的。許多大專院校，還利用作測驗的方式來吸引可能的

當事人，接著再針對測驗結果作解釋或探測，可以進一步協助當事人，可見「測驗」還是有它的吸引力，至少可以讓當事人「有正當理由」跨進輔導諮商室。

幽默，也是創意表現的一種方式。許多當事人在諮商室出現，情緒緊繃、焦慮，行動上也很僵硬，思考容易有「隧道效應」（tunnel vision），治療師除了善用「重新架構」（reframing）的技術，協助當事人重新定義問題，還可以藉此讓當事人開發自己的能力（把負向行為以正向方式詮釋，如孩子欺負別人的行為可以解釋為「認為公平正義是很重要的」），也可以是幽默的起源，比如說一位當事人認為自己交不到女友是因為個性太烈、脾氣不好，我的「重新架構」是：「也有人不喜歡有性格的人！」當事人不好意思地笑了，他說自己老是給自己的脾氣找理由、又不肯改進，現在該好好想想、要有所行動了。另外一個例子是當事人一進諮商室就開始數落丈夫的不是，一直講兩、三分鐘都沒有停，她一停下來我就很感動地說道：「妳真是偉大！這樣的人妳也嫁他、同他每天朝夕相處，不是一般人做得到的！」當事人不好意思地掩口笑了：「其實也沒有那麼糟啦！我是希望我們的婚姻可以更好一點。」。有人認為幽默好像與個性有關，其實不盡然，我認為幽默是可以培養的一種能力。治療師本身願意開放學習、彈性思考、容忍不同意見的能力，加上吸收不同經驗的可能，幽默這個能力就可以慢慢成型；幽默是因時因地制宜的，時、空、對象都很重要，所以除了要維持與生活現實的脈動外，還要刻意去廣羅資訊。有人說，嘲笑自己是幽默的開始，諮商師可以笑自己，也

表示了一種寬容、開放的生活態度，自然也願意開放學習更多、接納不同！

伍、信仰與人生哲學

諮商師有自己的信仰或人生哲學，這些是我們生活的依據，也是助人專業工作上的基石。我們的價值觀、信仰或是人生觀常常會反映在我們對待當事人的態度與關係上。由於諮商師希望能夠朝向更一致、真誠的方向努力，而且也很難隱瞞自己的真實感受，再加上諮商師不認為當事人因為有困擾而顯得低人一等，相信當事人同諮商師一樣是有能力、會察覺的，因此我們基本上深信諮商師的喬裝、不真誠，遲早也會被拆穿，反而破壞了諮商治療的關係，也危害或傷害了當事人。

將諮商師的生活態度與信仰帶到治療情境中，表現在對當事人問題的界定、對當事人的看法與假設、還有與當事人的直接接觸，甚至是問題處理的先後次序、處置方向都會受到影響。一位生活嚴謹、認真的諮商師，與一位鮮活、活力十足的治療師，在諮商中表現的就不同，自然給當事人的感受就不一樣。當然，每位諮商師有其不同風格與特色，不能一概而論，但是由於諮商關係是發生在當事人與諮商人之間，是一種極為親密、直接的接觸與影響，這種親密交會，說明了最直接、真實、具全面性的「人際關係」，也凸顯了「人」的重要力量，

怪不得 Rogers 說諮商師是以「自己」這個人作為治療「工具」，真是一語中的！他同時也點明了治療師的「全人」（whole person）的確是諮商關係的關鍵因素。

諮商師尊重不同的當事人，這個「尊重」包括了很多，當然也包含了接納與尊重當事人的宗教、信仰、價值觀、對事情的看法、選擇過生活的方式等等。諮商師自己呢？不是因為自己從事專業助人這一行，才有另一套生活哲學。一個人的生活哲學與他／她表現在職業工作上的哲學，應該是一致的，而不是只把諮商當一份工作來做。

諮商師的信仰反映了他／她對世界的看法，諮商師也需要有比人更高一等的力量來支持（精神層面的成長與仰賴）。諮商師是人、面對協助的也是人，諮商師有人的缺點與限制，即使在自己專業上表現傑出，但是也會遭遇到生涯上或是個人生活上的問題與瓶頸。這個時候，除了尋求前面所提的一些支援外，還可以藉由信仰的力量，給自己平靜、思考的空間，也可以說是「盡人事、聽天命」，「把遺憾還諸天地」。雖然我也沒有固定皈依的宗教信仰，但是禱告給了我一股很大的力量，讓我可以在努力之後較少遺憾，也知道自己能力有限、承認自己的脆弱，希望翌日可以有新的精神與活力，好好在生命中再做衝刺！

諮商，對我而言是人生哲學的一種實踐，我在工作中得到酬賞、力量以及生命意義，我希望可以接觸人、去體會經驗不同的生命型態，也自人身上學會人性尊嚴，以及人性的可愛，可以讓另一個生命得到諒解、舒展，這就是最棒的回饋！以真

待人，眞眞實實度日，懷著感謝的心、欣賞的情，生命多美好！

陸、經驗與督導

　　經驗是諮商之師，我這麼深信著。經驗可以是親身經歷、或是經由媒體或其他管道學習而來。諮商師個人的成長經歷、自省能力──尤其是反觀過去經驗的現在意義，在專業或非專業助人工作上的努力，生活中對待他人的態度，對於身處的周遭世界所發生人事物的看法等等，都可以是豐富經驗的內容。

　　諮商師有不同的人生經驗，不管是痛苦或快樂、艱苦抑平順，在面對不同的當事人時，這些經驗都是可以借用的寶藏。我曾碰過不少諮商或心理界的良師，很多不是平平順順念完博士，然後就當教授的，即使如此，他們憶及自己以往的遭遇或工作經驗，都認爲是他們人生中的「加數」，具有正面的意義！其中一位老師，曾經擔任酒吧的調酒師，他發現很多人喜歡找調酒師說說心事、發洩情緒、甚至要求建議，他認爲這是很好的現象，於是他也學會了仔細聽不同的人生故事，有很多的感動與心得，最後決定以專業的諮商師爲自己的職志！

　　我曾擔任國中、高中老師、雜誌社記者、專業投稿人、志工、心理師，曾經還爲了寫一篇有關地下色情業的報導，到一家摸摸茶店觀察一個多月，訪問不下十位從事色情交易者，每

個人背後都是一個複雜的故事，沒有任何一個人想要以此終老，都是以此為人生的一個過渡跳板，想要在一段時間內洗手從良、過著受人尊重的生活！她們沒有失去人的尊嚴，對我而言，她們都是努力讓生命發光發亮的美麗人類！

不同的人有不同的諮商型態，這也隱含了不同的人都可以成為助人的諮商師。這句話怎麼說呢？我在不同的場合，常常碰到有人問這樣的問題：「要有怎樣特質的人，才配作治療師？」不同培訓的機構中，來自背景性格不同的人，即使經過了長期嚴格的訓練過程，也不可能把他們「規制化」，而且不同的人，會發展出不同的諮商型態，不同的當事人，也需要不同的諮商師。在一般性的個案研討會上，我也聽過培訓人員質疑受訓人的能力與採行方法、批評的不在少數，而我總認為，每個人都要經歷這些不成熟的練習階段、犯錯也可以學習，總是比真正訓練結束了、去接觸了真正的當事人，而犯下不可彌補的大錯要好！「個案研討會」也不是批鬥大會，大家把自己的處理方式提供出來、供彼此參考，同時也歡迎不同的看法與處置，讓當事人可以受益更多、也增強諮商師處理個案的能力！

諮商師的「先決審核要件」並不是絕對重要，反而是諮商師的養成結果更需要注意！我們著重的是過程、結果，而不是諮商師的家世背景！有的人喜歡講話，他／她也許是一個口齒流利、很能表現的諮商師，但是並不是每個當事人都喜歡這類型的治療師；有些治療師很緘默，但是傾聽的工夫一樣不差，說話也很能把握重點，自然也有他／她的個案群；喜歡規定作

業、很主動的諮商師，如果碰上一個不喜歡這種風格、咄咄逼人的當事人，可能就吃癟了！因此，諮商可以說是一種助人專業，它也可以是人生態度，而人生態度的多樣，就如同諮商型態的形形色色，每個人各取所需、不必強加苛求！

在實際的實習經驗中，許多人都有被督導的經驗。之所以需要督導是因為要增進個人與專業方面的成長、諮商能力的加強與發展、還有促進諮商治療專業的名聲與信譽。督導的工作包括諮詢（consultation）、諮商（counseling）、訓練指導（training and instruction），以及評估（evaluation）（Bradley, 1989）。準諮商師在實習的地方學習臨床經驗，他／她的駐地督導與學校內的學術督導（academic supervisor），對準諮商人來說，都負有督導之責。學術督導提供的是經驗性或觀念性的建議，經由與準諮商師的定期面晤，聽準諮商師在工作場中的實地經驗、個案與工作情況、所遇到的困難、可能的解決方式，同時也針對準諮商師所碰到的問題、或是督導認為應該讓準諮商師知道的資訊與補充。許多情況下，有經驗的諮商師可能都需要擔任駐地督導的實際工作，自己有過的督導經驗，可能就是初步參考的資源，然後加上自己的臨床經驗與個人風格，希望準諮商師（或被督導的準諮商師）可以得到寶貴的學習經驗。

每個督導的風格不同、要求也不同，一般的情況下，準諮商師都能學到許多寶貴的經驗。最重要的是：去與不同的人作接觸，而且很難得的是可以有一段不算短的時間一起學習。碰過不少傾囊以授的好督導，不僅很重視駐地督導的品質與結

果、還願意爲提升我這個實習生的能力而給與支持協助。有位
督導認可我的「情緒獨立」的能力、但是也心疼我的「理智獨
立」，他教給我的是：作爲一個諮商師，如果連自己的許多生
活生命面，都不能去坦然接受或面對，也不可能作到最好的自
我覺察！另一位督導以她自己身爲少數族群的一員，戮力爲這
個族群的人權與社會地位努力，她也讓我知覺到自己許多迷思
的存在，而願意去改進。還有一位督導，肯放手讓我去發展，
不僅提出問題要我去找答案，還熱心與我討論、交換不同的意
見與想法，而且對我嘗試新的諮商策略與方式，很表欣賞與贊
同，這也讓我更有信心去開發與實驗新的技巧。最令人感動的
是：他們相信我的能力與當時的處理方式，眞正把我這個「生
手」準諮商人「包括」（included）在內！當然，與每位督導的
情誼，最是令人難捨難忘！有督導的引領，讓準諮商人少了許
多犯錯與掙扎的機會，可以先在被督導的情況中汲取經驗，省
了許多要繞的遠路。

　　珍惜被督導的經驗與學習機會，準諮商師可以表現地主動
一些，也讓督導明白我們的努力，雖然有時督導與被督導人之
間，會有一些需要雙方努力克服的阻礙，因爲督導關係也是一
種人際關係，總是沒有配得剛剛好的，因此也是需要好好經營
的關係。一般認爲可以跟著不同型態的督導學習，可以有更多
不同的體會與認識，學習的範圍與層面更廣！所謂「三人行必
有我師」，好的可以爲模範、壞的可以做警惕，都是收穫！只
要抱持這樣的心情，相信學習是手到拈來！

　　曾經在美國一家私人心理診所服務，老闆兼任我的督導。

由於我首先「接收」的是老闆手中的「困難」個案，而這些個案多半是接受政府補助的，也因此我與當地社工人員的聯絡就多了起來。當當事人把他們在心理中心的進展向社工人員報告後，社工人員就允諾把更多的個案轉介來中心，把這個好消息告訴老闆，以為她會很高興，因為這對中心的「生意」是有幫助的，但是我也慢慢發現不對勁。起初是個案時間排定的問題，老闆會擅自把我的個案時間調開，卻沒有知會我。我因為邊寫論文、也還有課，突然調時段，安排起來有很多困難，原本以為只是一時的權宜，沒有想到竟然連續發生。於是我找老闆商量自己的困難，老闆認為我應該自己處理，我只好再做努力。後來是社工人員問我：「我以為是妳接個案，為什麼妳公司的人說妳不接了？」我真是丈二金剛、摸不著頭緒，後來碰到學校老師，詢問我的工作情形，我據實以告，老師說：「妳跟她訂的契約是費用五五分帳，所以妳的個案多、她要付給妳的也就多了，她自己可以接的，為什麼不接？」也是自老師那裡才知道這位老闆風評並不佳，於是後來就轉到一家公立機構服務。這個經驗，讓我明白到論文指導老師曾經說過的：「做論文也是做人！」誰說實習、工作，不是做人呢？感謝這位督導給我的訓練，我也接觸到了許多沒有碰過的個案，讓自己的經驗更豐富！

柒、我也需要諮商員

諮商員是人不是神，也在人世間遊走生活，我們也有需求需要滿足、有問題需要解決、也遭逢生活的順逆與悲喜，我們也需要有人可以聽我們說話、給我們一些意見與指引。諮商員或心理師有自己的諮商員或心理師是很正常、又必須的。我們在諮商員的養成教育中，要求訓練中的諮商員要有過求助、受輔導的經驗，去當當病人、體會一下受協助的滋味，也同時去體會一下——諮商師的哪些特質是當事人信賴的、覺得自在的？你所希望的諮商師應該是怎麼一個模樣？在觀摩之中可以學到許多、也更了解諮商的實質，這些都可以給訓練中的諮商員一些很好的想法與思考。有人說：不知道病人的痛苦，無法做一個好醫生，這與在諮商治療的情況是一樣的。

諮商員如果認為生活當中本來就有問題與困難需要解決，而人的能力、眼界是有限的，有時可以借助專業人員的協助，讓我們知道有不同的看法，讓事情獲得解決、生活得更有效率與自信，有何不可？諮商員應該是樂於運用類似資源，並且坦然接受尋求諮商協助的觀念與行動。Page（1991）曾經提到諮商治療師的「陰影」（shadow），也就是本身需要挑戰、改進的部分，包括個人擔任諮商工作的動機為何？想要與人親近、害怕孤單嗎？希望有影響或愛人的權力、還是滿足自己的好奇

探索的傾向？原生家庭對諮商師的影響又爲何？有沒有可能帶到治療情境中而影響到當事人的福利？（Guy, 1987, cited in Sage, 1999）。諮商輔導人員常常因個案積累太多、工作量大、加上會把當事人的問題帶回家，或以當事人的福祉爲己任的責任使然，如果諮商師本身沒有好好照顧自己，公事與私事之間沒有取得很好的平衡點，就很容易有職業倦怠或崩潰的現象，嚴重影響了自己日常生活的功能，也間接影響了諮商服務的品質。這也是提醒諮商師，平日就要懂得照料自己的身心需求與健康，就如同我們對待當事人一樣，如果協助的人本身都不能健康自由，又如何能幫助或說服當事人接受我們專業又有品質的服務？進修可以讓我們覺得吾道不孤、也容易有新的想法與資訊的產生與交流，會使我們更願意花心力在專業的成長與崗位上，也可以避免職業倦怠，就像生命中注入了源頭活水，永遠是生意盎然、活力勃發！

　　我在國外工作時，也因工作、學業安排、與他人關係、或在異國文化中的適應問題，自己去找諮商師談，當時對於找人談還有些彆扭，而那位心理師明白我的困擾，也談起了他自己的經驗，結果他也有一位諮商師，而且他還作很幽默的揣測道：「我相信我的心理師也有他的心理師，不然他無法活下去。」也許先學著當病人，會更知道如何協助他人，如同電影「心靈點滴」（patch Adam）中的醫師，在自己當病人的經驗中發現了病人的需求，而立志做一種不同的醫療工作。另外我們談到，諮商師本身的工作壓力、與生活上的安排，如果沒有調適好，也容易產生「崩潰」。如果諮商師自己也有個專業人

員可以在那裡、作為支持的力量，也是避免職業上的崩潰與無效能的有用方法之一。

捌、繼續教育與成長團體

　　諮商員要能對當事人做更好的服務，自我的專業成長是必要而且持續的，除了參與一些國內外的專業同業機構，像美國心理學會（American Psychology Association, APA）、美國心理諮商學會（American Counseling Association, ACA）、或其他諮商學派的組織，國內的中國輔導學會諸如此類，可以有所隸屬、與同業取得專業溝通並有所貢獻，還可以參加有關的研習與獲得新近研究資訊，對於個人專業經驗的拓展與進修，是有正面影響與增進的。

　　參加專業團體除了可以取得較為新近的研究或臨床資訊，知道目前的理論發展趨勢外，還可以與興趣相近的人溝通理念，這是鼓勵心理治療同業參與的最好理由，藉以提升自己的專業知識與技能，也不會落於人後、與現況脫節。另外專業團體常常有進修機會與相關消息，可以容許諮商治療專業人員有更多進修的機會。繼續教育是必須的，不僅可以淬鍊專業知能，也可以刺激不同的想法與思考，這點是與其他職業相同的。

　　心理治療工作人員尤其容易感受到工作上與自我要求上的

壓力，深怕自己的治療對當事人沒有太大幫助、或者是擔心當事人的情況沒有變得更好，也會擔心當事人即使有了能力或更強壯了，回到原來的環境仍然於事無補……，這許多因素都可以增加諮商師的心理負荷。新手的心理治療人員，常常是一股熱力投注在工作上，把工作或當事人的問題帶回家是常事，間接地也影響了自己的私人生活。除了要有自我醒覺的敏銳之外，可以就近與同業或同好取得聯繫、或自己有個治療師或良師在一旁發揮扶持之效，最有效的當屬於參加同業人員的成長團體，這是作者個人的意見。

在接受諮商師養成教育近十年過程中，作者認為專業同好的支持團體是極具威力的，大家來自差不多的學術背景（社工、心理、或諮商），在溝通與交流之時沒有太多阻礙、也不需要花太多時間做說明，所遭遇的問題很容易獲得同理或理解，有時問題或困擾不一定獲得解決，但是那種情緒上的支持是非常重要的。

國內現在有許多自助式的成長活動風行，不少專業人員也舉辦了種類繁多的工作坊（workshops），資訊的獲得也較以往容易許多，在參加這些課程與團體的經驗中，遇到同質的人、或同好的機會也增多，可以吸收新知之外，還可以與他人作意見情感的交流，實在很難得。如果可以因地利與需求之便，組成個同業支持團體，至少在專業上有支柱，有問題或個人困擾時，也可以迅速獲得支援與建議，這對於專業的成熟與個人的成長，都是有正面影響的！

玖、自我照顧與成長

　　諮商師不僅僅在專業上要有成長，在個人生活上也應該與專業上的努力並駕齊驅。懂得照顧自己，才可能有餘力、能力去照顧有需要的當事人。在專業的進修素養與時日進，嘉惠的不只是當事人而已，對於自己在這個協助人的工作上，也有許多酬賞。

　　擔任諮商工作之外，治療師的私人生活也是很重要的，個人生活上的滿意，會讓諮商師在實際工作上適應更佳，也表現更多的活力。諮商人要從何著手來照顧自己、持續自我的成長呢？以下是作者個人的意見：

一、養生之道

　　諮商師與一般人一樣，要知道照顧自己身體上的健康舒適。我們身體的自然調節系統，常常會告訴我們應該要吃什麼來平衡、累了該休息一下了、或者是很僵硬要動一動，然而因為工作份量或壓力，許多人會開始忽略或是延宕這些需求與警訊，最後身體也不再傳遞這些消息，而我們也發現身體的情況愈來愈糟。養生之道無他，培養正確習慣而已！固定的作息、

健康適當的休閒、營養恰當的飲食、規律的運動、正向樂觀的思考、適當情緒管理、以及強固可用的支持系統，這些都是讓生活適意的養生途徑。

二、生活有創意

創意不僅表現在我們的專業領域上，也在我們日常生活中出現。在專業工作上，我們是因為當事人的特殊、不同，而衍生發明了創意的治療處置方式。而在個人生活層面上，創意的理念與生活內容，會讓我們覺得生趣盎然、精力充沛！創意就是偶而有冒險、打破成規、添加生活趣味。當然有人很安於現狀，不太喜歡做這些新的、另類的嘗試，這也無可厚非。然而固守成規也是需要付出代價的，端視每個人想要的是什麼而定。生活要有創意，好（ㄏㄠˇ）玩（fun）與好（ㄏㄠˋ）玩（playfulness）的因素是不可少的，這並不是鼓勵玩世不恭的態度，而是生活中本來就要製造一些樂趣（fun），而幽默、開明的態度（playful），才可能玩得起來！很多創意是「玩」出來的，「認真地玩」還真的是可以有許多意想不到的收穫！我記得曾經有過一位學員，因為是軍人本色，上課的態度一直很嚴肅，有一回我在他背後比了個手勢（當時流行的「董月花」節目裡的「二劣」手勢），其他學員都笑了，而這位學員也第一次「接受」這種調侃。沒想到學員回去之後，正好碰到妻子與兒子在為某事爭吵、僵持不下，他於是勸妻子先回房間，此時

他就順手對兒子比了個「二劣」手勢，後來再回到客廳與兒子談話時，兒子的態度讓他覺得很親切，重拾了多年來疏離的父子關係！生命苦短，何必老找機會自苦呢？用開朗幽默的態度來面對，連困阨都可以因而減輕重量！

三、獨處

現代人每天要成就、完成的事情太多，所謂的「盲忙」，連個休閒假日也「忙著度假」，生活的充實與否要以「成就」來衡量，的確是一大悲哀。在忙碌的生活習慣中，常常忘了自己，有的人甚至害怕自己一個人、怕自己獨處的時候，也擔心獨自一個人時不知如何打發時間。本書開宗明義第一章提過，終我們一生的最大任務就是了解自己，當然我們沒有忽略周遭的環境，以及人事物，但是如果連與自己相處都盡量去迴避、甚而害怕，那麼又如何來深入作自我認識？許多人的生活是繞著他人轉、以供給別人的需求為主軸，有朝一日發現別人不再需要他／她了，卻也發現沒有好好經營自己的生活，會突然覺得好空好虛，甚至不知道生存的意義？「我」跟「自己」之間關係的重要性，不下於與養育照顧我的人之間的關係。學會與自己相處，可以更明白自己的需要、能力、限制、希望、夢想、擔心、害怕、挑戰、生命價值，也有敏銳的覺察、行為的動力，懂得珍惜自己、尊重愛護自己、或是要求自己，以這個為出發點，更可以去體諒他人的感受、需要、或是困擾，懂得

與人相處、也貢獻自己所知所能。

四、活在當下

這句話似乎是打高空的老生常談，然而因為再找不到更恰當的字眼，因此只好暫時取用。生命的不可預期與有限，讓我們對於生活的品質就更為注重，不是說不去訂計畫、或是沒有遠慮，而是希望能把重點放在此時此地。把一天過得很充實、較少遺憾，把該做的做完、要交代的先交代，把每一分鐘過的實實在在、紮紮實實。「活在當下」是一種很完整接觸、充分覺察的生活態度，知道自己正在做什麼、周遭時空與環境的變化，當一天終了，覺得沒有浪費生命、沒有遺憾。

結語　從這裡開始

　　當我們接受了學術訓練、也有了實習與被督導的經驗之後，可能就要開始著手找工作，許多人願意選擇學校單位、擔任學生輔導的工作，有人認為醫院或心理治療單位比較富有挑戰性，這些決定都不急，有了正式在校外、有薪給的工作，也只是我們諮商生涯的開始。如果可以在不同的專業協助單位或機構都有接觸、工作的經驗，對於我們的專業能力與知識的增進，只有加沒有減，而且經驗為理論之師，在諮商這一行尤其是如此！倘若不必拘泥於特別的協助機構，願意在不同的單位工作、面對不同的當事人與同僚，將會使我們的經驗更豐富，也讓我們的專業協助能力更有效率、有變化！

　　在這一小節中，作者會對目前的諮商訓練課程作一些檢討與建議，以為本書之結語，還有分享自己在寫作過程中的一些心得。

一般學校培養的輔導諮商人員的普遍問題

　　目前有許多課程是提供諮商治療人員的養成，這之中包括了心理輔導、心理復建、心理、社會工作或社會系與研究所，

然而因為各校皆有所偏重的方向，課程上的安排自然不是很統一，以下乃針對若干國內研究系所的情形，與讀者們分享一些心得：

首先，有的學校把教育心理與輔導放在一起，但是這二者基本上是走迥然不同的方向，雖然一些科目相同，然而實質上卻是有很大的差異，但是因為系所小之故，分科沒有那麼仔細，甚至有的學生自己也沒有搞懂兩者之間的差異。在國外還碰過有教授認為教育心理是著重「量的研究」、著重的是教學效果或是教室行為，比諮商這個以質為研究重點的學科更「高貴」、也更具科學上的可信度！這種偏見在國內也存在著。

其次，有些學校的實習課程不是必修，然而諮商這門學科，是很重視實地演練經驗的，也就是實習、理論與研究三位一體，尤其是在實際工作之中檢視理論的可行性，並作為研究改進的方向與參考。有的學校沒有要求實習課程（納入選修），而其他有實習規定的學校、學生的實習場所也不理想，這也許與國內可以提供諮商實習的單位不足有關，也有的實習場所是侷限在學校單位做實習，雖然對象同質性較高，但在當事人的變化上少了許多挑戰，也讓準諮商師的專業知識與技術少了許多磨練。另外，在學校單位所作的是輔導多於諮商，也就是說礙於學校人數眾多、還有課程安排緊湊之故，學生比較不可能有多次接受諮商治療的機會，也因此諮商輔導人員常常要十分具指導性，而且在短時間內「完成」一些既定議程（agenda），變得好像是醫生看病一樣，這自然也是一種輔導方式，但是通常也沒有辦法深入問題中心，而諮商師也必須花費

更多的時間來處理一直會再出現的問題！還有更常見的就是，在學校輔導系統內，輔導是一直被視爲只有問題學生才會出現的場所，這個迷思誤解還一直存在，而且彷彿牢不可破，許多有心人一直在努力破除這種迷思，然而最最有力的應該是諮商師本身「走出去」作示範宣導、以及學校行政人員或教師本身的觀念釐清。

　　再者，由於研究所碩士班課程、師資或課程學分限制之故，一般只能進行較爲入門的課程，因此在諮商理論與實際的教學與執行上，有許多不足、甚至不夠深入，有些學校開設了類似專題研究（seminar）的課程，可以針對若干學派或是議題進行較爲有組織、系統的整理與探討，但是並不是常態性質。

　　最後，研究與相關知識的份量在課程上安排得不多，雖然大部分研究生經過「研究計畫」這個階段的訓練，然而由於計畫提出也多在研究所的第二年，趕在同年畢業的壓力，因此不免有基礎研究能力不足以因應的情況，甚至除非學生選擇繼續深造，要不然也極少在畢業之後擔任相關研究的工作，殊爲可惜！諮商人的培訓，不只是培育這些專業人士的臨床治療能力，也是希望同時可以養成具有研究能力的人才，讓專業協助這一行，更具社會公信力！

對於目前國內諮商師訓練課程的建議

以研究所課程為例，少數以輔導掛帥的研究所，課程經過經年累月的改變，已呈現出他們獨自的特色與風格，然而一般的問題仍然普遍存在，需要努力做一些改善與補強的工作，以下是作者個人的觀察淺見：

一、增加實習時數，嚴格執行、並評量其成效。如果除了「校內實習」（practicum）之外，還可以增加校外實習（internship）項目，可以讓諮商人員的培育更臻完善。

二、開發更多資格、經歷俱佳之督導資源，並實際責成駐地督導的功能發揮。

三、諮商理論的課程宜加以適度地增加學分時數，不少學校以一學期的時間要講授完至少九大學派，易流於膚淺、龐雜、不夠深入。以不同的「專題討論」方式進行，也不失為補強之方。

四、個別不同派別的諮商理論，可以根據各校著重點的不同、而另開課程做深入討論與研習。有些學校也許可以根據師資陣容或資源，讓該系所有一個或若干較注重的學派導向，讓學習的學生真正在那種獨特的氛圍中，體會、濡染，是一種不錯的諮商人員養成方式。

五、各校師資陣容不同、每人專長亦有所偏，也許在資金

許可下，可以長期開設「專題研究」的課程，或是以「團隊合作」方式相互支援，來補足本校內師資與資源的不足。

六、承上，多文化諮商的課程在研究所階段常被忽略，但是多文化並不只限於種族的不同而已，語言、風俗習慣、社經地位、宗教信仰、家庭背景、性別或性傾向這些因素，都是構成文化的一部分，而沒有一個人可以置身其外。因此這個課程的列入，相信是諮商師訓練過程之必須，也可以讓準諮商師在了解許多不同當事人的文化背景差異之外，對不同文化的容忍力與尊重更大更深！國內諮商學界的多文化諮商許多仍然沒有本土性的發展，而是根據國外的資料作簡介，難免有文化上的實際運用考量，這點除了致力於發展適合本國的多文化諮商理論與研究外，也要考量在使用外國文獻的可能障礙與問題。

七、雖然診斷的工具書（像 Diagnosis Statistical Manual of Mental Disorders, IV）在國內的書肆可以發現，但是為了便於診療參考與轉介之故，有其必要增列入專業訓練課程之中，即使這些臨床判定的指標，較偏於醫學範圍，但是就諮商師與其他相關專業的密切關係而來說，確實可以增加諮商師判斷、治療與轉介的正確性，更能充分達到服務當事人福祉的目的。

從這裡開始

每寫一篇文章、看一本書、一部好電影、經歷過一件物

事、接觸一個人，都會有新的體會，彷彿經過一場生命洗禮。寫這本書的心情也一樣，除了可以名正言順逼迫自己去看書、閱讀資料，反省自己的生活，還可以給自己的生命留下一些紀錄。

寫這本「做個諮商人」，最大的收穫在於自己，可以認眞花時間去檢視一路走來的風景、還有自己的變化。雖然是教育心理系出身，但是卻在後來做了輔導的逃兵，也許是上天認爲給我的磨練不夠，要我再繼續走這條成長路，直到現在，才眞的無怨無悔。希望本書只是一個諮商人的開始，有更多的同業與後進可以貢獻更多寶貴的個人經驗與想法，讓諮商園地的花朵更燦爛、景色更美！

中文部分

白裕承譯，Mitch Albom 著（民 87 年）：《最後 14 堂星期二的課》。
台北：大塊文化。

洪志美譯，T. A. Harris 著（民 69 年）：《人際溝通的分析》。台北：
長橋。

高淑貞譯，G. L. Landreth 著（民 83 年）：《遊戲治療—建立關係的
藝術》。台北：桂冠。

黃正鵠編著（民 73 年）：《精神分析基本理論》。高雄：復文。

黃珮瑛譯（民 85 年）：《人際溝通分析—TA 治療的理論與實務》。
台北：張老師。

張厚粲（民 86 年）：《行為主義心理學》。台北：東華。

張鈺佩（民 87 年）：女性主義思潮對諮商與心理治療影響之研究。
《教育研究》，6 期，259-277。

劉惠琴（民 85 年）：性別意識與心理治療。《測驗與輔導》，135
期，2776-2780。

廖鳳池、王文秀、田秀蘭（民 87 年）：《兒童輔導原理》。台北：心
理。

賴保禎、金樹人、周文欽、張德聰（民 87 年）：《諮商理論與技
術》。台北：空中大學。

魏麗敏、黃德祥（民 88 年）：《諮商理論與技術》。台北：五南。

謝臥龍、莊勝發、駱慧文（民87年）：諮商員在諮商過程中對女性案
主性別角色刻板印象之初探。《測驗與輔導》，135 期，
2780-2783。

英文部分

Alford, B. A. & Beck, A. T. (1997). *The integrative power of cognitive therapy*. New York: The Guilford.

Atchley, R. (1977). *The social forces in late life*. Monterey, CA: Wadsworth.

Axline, V. M. (1947). *Play therapy*. New York: Ballantine.

Baruth, L. G. & Huber, C. H. (1985). *Counseling and psychotherapy: Theoretical, analyses, and skills applications*. Columbus, OH: Charles E. Merrill.

Baruth, L. G. & Robinson, E. H. (1987). *An introduction to the counseling profession*. Eaglewood Cliffs, NJ: Prentice-Hall.

Bass, E. & Davis, L. (1988). The courage to heal: A guide for wo-man *survivors of child sexual abuse*. New York: Harper & Row.

Beck, T. A. (1976). *Cognitive therapy and the emotional disorders*. New York: Meridian.

Berne, E. (1963). *The structure and dynamics of organizations and groups*. New York: Ballantine.

Best, J. W. & Kahn, J. V. (1989). *Research in education* (6th ed.). Englewood, NJ: Prentice Hall.

Beverly, E. (1989). *The right to innocence: Healing the trauma of childhood sexual abuse*. Los Angeles, CA: Jeremy, P. Tarcher.

Bolton, F. G. Jr., Morris, L. A., & MacEachron, A. E. (1989). *Males at risk: The other side of child sexual abuse*. Newbury Park, CA: Sage.

Boy, A. V. & Pine, G. J. (1983). Counseling : Fundamentals of theoretical

参考書目 469

renewal. *Counseling & Values, 27* (4), 248-255.

Brabeck, M. & Brown, L. (1997). Feminist theory and psychological practice. In J. Worell & N. Johnson (Eds.), *Shaping the future of feminist psychology: Education, research and practice* (pp. 15-36). Washington, DC: American Psychological Association.

Bradley, L. J. (1989). *Counselor supervision: Principles, process, and practice.* Muncie, IN: Accelerated Development.

Bradley, L. J., Parr, G., & Gould, L. J. (1995). Counseling and psychotherapy: An integrative perspective. In D. Capuzzi & D. R. Gross (ed.). *Counseling and psychotherapy: Theories and interventions* (pp. 589-614). Englewood Cliffs, N. J.: Merrill.

Briere, J. (1989). *Therapy for adults molested as children: Beyond survival.* New York: Springer.

Brown, L. S. (1989). Lesbians, gay men and their families: Common clinical issues. *Journal of Gay & Lesbian Psychotherapy, 1,* 65-77.

Brown, S. L. (1991). *Counseling victims of violence.* Alexandria, VA: American Association for Counseling and Development.

Bugental, J. (1978). *Psychotherapy and process.* Reading, MA: Addison-Wesley.

Burgess, A. W. & Holmstrom, L. L. (1986). *Rape: Crisis and recovery.* West Newton, MA: Awab.

Burlingame, V. S. (1995). *Gerocounseling: Counseling elders and their families.* New York: Springer.

Butler, S. (1985). *Conspiracy of silence: The trauma of incest.* Valcano, CA: Volcano.

Cahill, C., Llewelyn, S. P., & Pearson, C. (1991). Treatment of sexual abuse which occurred in childhood: A review. *British Journal of Clinical Psy-*

chology, 30 (1), 1-12.

Capuzzi, D. & Gross, D. R. (1989). *Youth at risk: A resource for counselors, teachers, and parents.* American Association for Counseling and Development.

Capuzzi, D. & Gross, D. R. (1995). Achieving a personal and professional identity. In D. Capuzzi & D. R. Gross (Eds), *Counseling and psychotherapy: Theories and interventions* (pp.29-50). Englewood, CA: Merrill.

Carver, C. S. & Scheier, M. F. (1996). *Perspectives on Personality* (3rd ed.). Boston, MA: Allyn & Bacon.

Cass, V. (1979). Homosexual identity formation: A theoretical mo-del. *Journal of Homosexuality, 4*, 219-235.

Cates, J. A. (1987). Adolescent sexuality: Gay and lesbian issues. *Child Welfare, 66* (4), 353-363.

Chaplin, J. (1999). Counselling and gender. In S. Palmer & G. McMahon (Eds.), *Handbook of Counselling* (2nd ed.) (pp.269-284). London: Routledge.

Clark, M. E. & Hornick, J. P. (1988). The child sexual abuse victim: Assessment and treatment issues and solutions. *Contemporary Family Therapy: An International Journal, 10* (4), 235-242.

Coleman, E. (1989). The development of male prostitution activity among gay and bisexual adolescents. *Journal of Homosexuality, 17*, 131-149.

Coons, P. H. (1986). Child abuse and multiple personality disorder: Review of the literature and suggestions for treatment. *Child Abuse and Neglect, 10* (4), 455-462.

Corey, G. & Corey, M. S. (1982). *Groups: process and practice* (2nd ed.). Monterey, CA: Brooks/Cole..

Corey, G. (1991). *Theory and practice of counseling and psychotherapy* (4th ed.). Pacific Grove, CA: Brooks/Cole.

Corey, G. (1996). *Case approach to counseling and psychotherapy* (4th ed.). Pacific Grove, CA: Brooks/Cole.

Corey, G., Corey, M. S., & P. Callanan (1998). *Issues and ethics in the helping professions*. Pacific Grove, CA: Brooks/Cole.

Courtois, C. A. (1988). Group therapy for female adolescent sexual abuse victims. *Issues in Mental Health Nursing, 10* (3-4), 261-271.

Curthoys, J. (1997). *Feminist amnesia: The wake of women's liberation*. New York: Routledge.

Courtois, C. A. & Watts, D. L. (1982). Counseling adult women who experiencedincest in childhood or adolescence. *Personnel and Guidance Journal, 60* (5), 275-279.

D'Augelli, A. R. & Hershberger, S. L. (1993). Lesbian, gay, and bisexual youth in community settings: Personal challenges and mental health problems. *American Journal of Community Psychology, 21*, 421-448.

Deck, M. & Morrow, J. (1989). Supervision: An interpersonal relationship. In L. J. Bradley (Ed.), *Counselor supervision: Principles, process, and practice* (pp.35-48). Muncie, IN: Accelerated Development.

DeVito, J. A. (1999). *Essentials of human communication* (3rd ed.). New York: Addison Wesley Longman.

Dolan, Y. M. (1991). *Resolving sexual abuse: Solution-focused the-rapy and Ericksonia hypnosis for adult survivors*. New York: W. W. Norton & Company.

Dreikurs, R. & Soltz, V. (1964). *Children: The challenge*. New York: Plume.

Driver, E. & Droisen, A. (1989). *Child sexual abuse: A feminist reader*. New York: New York University.

Egan, G. (1990). *The skilled helper: A systematic approach to effective helping* (4th ed.). Pacific Grove, CA: Brooks/Cole.

Egan, G. (1998). *The skilled helper: A problem-management approach to helping* (6th ed.). Pacific Grove, CA: Brooks/Cole.

Ellis, A. (1992). The revised ABCs of Rational-Emotive Therapy. In J. F. Zeig (Ed), *The evolution of psychotherapy: The second conference* (pp.79-92). New York: Brunner/Mazel.

Ellis, A. (1996). *Better, deeper, and more enduring brief therapy: The rational-emotive-behavior therapy approach.* New York: Brunner/Mazel.

Engel, B. (1989). *The right to innocence: Healing the trauma of childhood sexual abuse.* Los Angeles, CA: Jeremy, P. Tarcher.

England , L. W. & Thompson, C. L. (1988). Counseling child sexual abuse victims: Myths and realities. *Journal of Counseling and Development, 66* (8), 370-373.

Enns, C. Z. (1993). Twenty years of feminist counseling and therapy: From naming biases to implementing multifaceted practice. *Counseling Psychologist, 21* (1), 3-87.

Erikson, E. H. (1980). *Identity and the life cycle.* New York: W. W. Norton & Co.

Erikson, J. M. (1997). *The life cycle completed.* New York: W. W. Norton & Company.

Esterberg, K. G. (1994). Being a lesbian and being in love: Constructing identity through relationship. *Journal of Gay and Lesbian Social Services, 1*, 57-82.

Estrada, H. (1990). *Recovery for male victims of child abuse.* Santa Fe, NM: Red Rabbit.

Everstine, D. S. & Everstine, L. (1989). *Sexual trauma in children and ad-*

olescents: Dynamics and treatment. New York: Brunner/Mazel.

Feindler, E. L. & Kalfus, G. R. (1990). *Adolescent behavior therapy handbook*. New York: Springer.

Feist, J. (1994). *Theories of personality* (3rd ed.). Fort Worth, TX: Harcourt Brace College Publisher.

Finkelhor, D. & Browne, A. (1986). Initial and long-term effects: A conceptual framework. In D. Finklhor & Associates (Eds.). *A sourcebook on child sexual abuse* (pp.180-198). Beverly Hills, CA: Sage.

Fontaine, J. H. & Hammond, N. L. (1996). Counseling issues with gay and lesbian adolescents. *Adolescence, 31* (124), 817-830.

Fox, M. W. (1992). *Understanding your dog*. N.Y.: St. Martin's Press.

Frank, M. L. (1995). Existential theory(pp.207-236). In D. Capuzzi & D. R. Gross: *Counseling psychotherapy: Theories & interventions*. Englewood Cliffs, NJ: Merrill.

Frankl, V. E. (1986). The doctor and the soul: From psychotherapy to logotherapy. New York: Vintage. Friedrich, W. N. (1990). *Psychotherapy of sexually abused children and their families.* New York: W. W. Norton & Company.

Friesen, J. D. (1985). *Structural-strategic marriage and family the-rapy*. New York: Gardner.

Ganzarin, R. C. (1988). *Fugitives of incest: A perspective from psychoanalysis.* Madison, CT: International University.

Gilligan, C. (1982). *In a different voice: Psychological theory and women's development*. Cambridge, MA: Harvard University Press.

Glasser, W. (1965). *Reality therapy: A new approach to psychiatry*. N.Y.: Harper & Row.

Glasser, W. (1984). *Control theory: A new explanation of how we control our lives*. New York: Harper & Row.

Glasser, W. (1992). Reality therapy. In J. K. Zeig (Editor): *The evo-lution of psychotherapy: The second conference* (pp.270-278). New York: Brunner/Mazel.

Gonsiorek, J. C., Sell, R. L. & Weinrich, J. D. (1995). Definition and measurement of sexual orientation. *Suicide and Life-Threatening Behavior, 25*, 40-51.

Good, G. E., Gilbert, L. A., & Scher, M. (1990). Gender aware therapy: A synthesis of feminist therapy and knowledge about gender. *Journal of Counseling & Development, 68* (2), 376-380.

Goodwin, J. (1985). Post-traumatic symptoms in incest victims. In S. Eth & R. S. Pynoos (Eds.), *Post-traumatic stress disorder in children* (pp. 157-168). Washington, DC: American Psychiatric Association.

Gover, J. (1994). Gay youth in the family. *Journal of Emotional and Behavioral Problems, 2* (4), 34-38.

Groth, A. N. (1990). *Men who rape: The psychology of the offender*. New York: Plenum.

Hack, T. F. (1995). Suicide risk assessment and intervention. In D. G. Martin & A. D. Moore (Eds.), *First steps in the art of intervention: A guidebook for trainees in the helping professions* (pp. 129-156). Pacific Grove, CA: Brooks/Cole.

Hadley, R. G. & Mictchell, L. K. (1995). *Counseling research and program evaluation*. Pacific Grove, CA: Brooks/Cole.

Hanna, F. J., Hanna, C. A., & Keys, S. G. (1999). Fifty strategies for counseling defiant, aggressive adolescents: Reaching, accepting, and relating. *Journal of Counseling & Development, 77* (4), 395-404.

Harry, (1993) Being out: A general model. *Journal of Homosexuality, 26,*

25-39.

Harter, S. (1999). *The construction of the self: A developmental perspective.* New York: The Guilford.

Hazler, R. J. & Kottler, J. A. (1994). *The emerging professional counselor: Student dreams to professional realities.* Alexandria, VA: American Counseling Association.

Hazzard, A. (1983). *Clinical issues in group therapy with sexually abused adolescents.* Anahein, CA: American Psychological Association.

Herlihy, B. & Corey, G. (1996). *ACA Ethical standards casebook*, Alexandria, VA: ACA.

Herman, J. (1997). *Trauma and recovery: The aftermath of violence-from domestic abuse to political terror.* New York: BasicBooks.

Hitchings, P. (1999). Counselling and sexual orientation. In S. Palmer & G. McMahon (Eds), *Handbook of counselling* (2nd ed.)(pp. 303-316). London: Routledge.

Holtgraves, M. (1986). Help the victims of sexual abuse help themselves. *Elementary School Guidance and Counseling, 21* (2), 155-159.

Hunter, M. (1990). *Abused boys: The neglected victims of sexual abuse.* New York: Ballantine Books.

Hunter, S., Shannon, C., Knox, J., & Martin, J. (1998). *Lesbian, gay, and bisexual youths and adults: Knowledge for human services practice.* Thousand Oaks, CA: Sage.

Imara, M. (1975). Dying as the last stage of growth. In E. Kubler-Ross (Ed.) (pp.147-163), *Death: The final stage of growth.* Englewood Cliffs, NJ: Prentice-Hall.

Isensee, R. (1991). *Growing up in a dysfunctional family: A guide for gay men reclaiming their lives.* New York: Prentice Hall.

Jones, D. P. H. (1986). Individual psychotherapy for the sexually abused child. *Child Abuse and Neglect, 10*, 377-385.

Kalodner, C. R. (1995). Cognitive-Behavioral theories. In D. Capuzzi & D. R. Gross (Eds), *Counseling and psychotherapy: Theories and interventions* (pp.353-384). Englewood Cliffs, NJ: Merrill.

Kennedy, E. & Charles, S. C. (1990). *On becoming a counselor: A basic guide for nonprofessional counselors.* N.Y.: The Continuum.

Kielwasser, A. P. & Wolf, M. A. (1992). Mainstream television, adolescent homosexuality, and significant silence. *Clinical Studies in Mass Communication, 9*, 350-373.

Kiser, L. J., Ackerman, B. J., Brown, E., Edwards, N. B., McColgan, E., Rugh, R., & Pruitt, D. B. (1988). Post-traumatic stress disorder in young children: A reaction to purported sexual abuse. *Journal of the American Academy of Child and Adolescent Psychiatry, 27* (5), 645-649.

Kitzinger, C. (1995). Social constructionism: Implications for lesbian and gay psychology. In A. R. D'Augelli & C. J. Patterson (Eds.). *Lesbian, gay, and bisexual identities over the lifespan: Psychological perspectives* (pp.136-161). New York: Oxford University Press.

Knight, B. (1986). *Psychotherapy with elder adults.* Newbury Park, CA: Sage.

Kolko, D. J. (1987). Treatment of child sexual abuse: Programs, progress, and prospects. *Journal of Family Violence, 2* (4), 303-318.

Korb, M. P., Gorrell, J. & Van De Riet, V. (1989). *Gestalt therapy: Practice and theory* (2nd ed.). New York: Pergamon.

Kottler, J. A. (1992). *Compassionate therapy: Working with difficult clients.* San Francisco, CA: Jossey-Bass.

Kottler, J. A. (1993). *On being a therapist* (re. ed.). San Francisco, CA: Jossey-Bass.

Krysiak, G. J. 91987). A very silent and gay minority. *The School Counselor, 34* (4), 304-307.

Kubler-Ross, E. (1969). *On death and dying.* New York: Macmillan.

Laidlaw, T. A., Malmo, C. & Associates (1990). *Healing voice: Feminist approaches to therapy with women.* San Francisco, CA: Jossey-Bass.

Laidlaw, T. & Malmo, C. (1991). Feminist therapy. *Canadian Journal of Counselling,* 25(4), 392-406.

Larazus, A. A. (1992). Clinical/Therapeutic effectiveness: Banning the procrustean bed and challenging 10 prevalent myths(pp. 100-110). In J. K. Zeig (Editor), *The evolution of psychotherapy: The second conference.* New York: Brunner/Mazel.

Laungani, P. & Roach, F. (1997). Counselling, death, and bereavement. In S. Palmer & G. McMahon (Eds.), *Handbook of counselling* (2nd ed.) (pp.362-381). London: Routledge.

Lawrence, R. E. (1974). A theory, philosophy, and practice for the employment counselor. *Journal of Employment Counseling, 11* (3), 107-112.

Ledray, L. (1986). *Recovering from rape.* New York: Henry Holt & Company.

Lewis, L. A. (1984). The coming out process for lesbians: Integrating a stable identity. *Social Work, 29* (4), 464-469.

Livneh, H. & Wright, P. E. (1995). Rational-Emotive theory. In D. Capuzzi & D. R. Gross, *Counseling and psychotherapy: Theories and interventions.* (pp.326-352) Englewood Cliffs, NJ:Merrill.

Macran, S., Stiles, W. B., & Smith, J. A. (1991). How does personal therapy affect therapists' practice? *Journal of Counseling Psychology, 46* (4),

419-431.

Mahler, M. S., Pine, F., & Bergman, A. (1975). *The psychological birth of the human infant: Symbosis and individuation.* N. Y.: Basic Books.

Maples, M. F. (1995). Gestalt theory. In D. Capuzzi & D. R. Gross (editors), *Counseling & psychotherapy: Theories and interventions* (pp. 267-295). Englewood Cliffs, NJ: Merrill.

Maris, R. W. (1992). Overview of the study suicide assessment and prediction. In R. W. Maris, Berman, A. L., Maltsberger, J. T., & Yuflt, R. I. (Eds.), *Assessment and prediction of suicide.*(pp.3-22).New York: The Guilford Press.

Marshall, R. (1982). *Resistant interactions: Child, family, and psychotherapists.* NY: Human Sciences Press.

May, R. (1953). *Man's search for himself.* New York: DELL.

May, R. (1972). *Power and innocence: A search for the sources of violence.* New York: W. W. Norton & Co.

May, R. (1977). *The meaning of anxiety.* New York: W. W. Norton & Co.

Mayers, A. (1985). *Sexual abuse: Causes, consequences and treatment of incestuous and pedophic acts.* Holmes Beach, FL: Learning Publications.

Mayfield, W. A., Kardash, C. M., & Kivlighan, D. M. (1999). Differences inexperienced and novice counselors' knowledge structures about clients: Implications for case conceptualization. *Journal of Counseling Psychology, 46* (4), 504-514.

McCann, I. L. & Pearlman, L. A. (1990). *Psychological trauma and the adult survivor-theory, therapy and transformation.* New York: Brunner/Mazel.

McDermott, S. P. & Wright, F. D. (1992). Cognitive therapy: Long-term outlook for a short-term psychotherapy. In J. S. Rutan (Ed.), *Psychotherapy for the 1990s* (pp. 61-102). New York: The Guilford Press.

McDonough, H. & Love, A. J. (1987). The challenge of sexual abuse: Protection and therapy in a child welfare setting. *Child Welfare, 66*(3), 227-234.

McLeod, E. (1994). *Women's experience of feminist therapy and counseling*. Buckingham, PA: Open University.

McLeod, J. (1997). Research and evaluation in counselling. In Palmer, S. & McMahon, G. (Ed.), *Handbook of counselling* (2nd ed.)(pp.489-500). London: Routledge .

McLeod, J. & McLeod, J. (1993). The relationship between personal philosophy and effectiveness in counsellors. *Counselling Psychology Quarterly, 6* (2), 121-129.

Meichenbaum, D. (1986). Cognitive behavior modification. In F. H. Kanfer & A. P. Goldstein, *Helping people change* (pp.346-381). New York: Pergamon.

Meiselman, K. C. (1990). *Resolving the trauma of incest: Reintegration therapy with survivors*. San Francisco, CA: Jossey-Bass..

Minton, H. L., & MacDonald, G. J. (1984). Homosexual identity formation as a developmental process. *Journal of Homosexuality, 10*, 91-104.

Mintz, L. B. & O'Neil, J. M. (1990). Gender roles, sex, and the process of psychotherapy: Many questions and few answers. *Journal of Counseling & Development, 68*, 381-387.

Minuchi, S. (1991). *Families and family therapy*. London: Routledge.

Mishne, J. M. (1986). *Clinical work with adolescents*. New York: The Free Press.

Murphy, P. & Donovan, C. (1989). Modern hospice care. In C. Kain (Ed.),

No longer immune: A counselor's guide to AIDS (pp.187-205). American Association for Counseling and Development.

NCE (1995). *Preparation guide for the National Counselor Examination for licensure and certification: The official guide for the NCE*. Greensboro, NC: NBCC.

Neukrug, E. S. & Williams, G. T. (1993). Counseling counselors: A survey of values. *Counseling and Values, 38* (1), 51-62.

Newman, B. S. & Muzzonigro, P. G. (1993). The effects of traditional family valueson the coming out process of gay male adolescents. *Adolescence, 29* (109), 213-226.

Nichols, M. P. & Schwartz, R. C. (1995). *Family therapy: Concepts and methods* (3rd ed.). Boston, MA: Allyn & Bacon..

Oliven, J. F. (1974). *Clinical sexuality: A manual for the physician and the professions* (3rd ed.). PA: J. P. Lippincott.

Olson, M. (1985). A collaborative approach to prevention of child sexual abuse. *Victimology, 10* (1-4), 131-139.

Orr, D. P. & Downes, M. C. (1985). Self-concept of adolescent sexual abuse victims. *Journal of Youth and Adolescence, 14* (5), 401-410.

Paulson, B. L., Truscott, D. & Stuart, J. (1999). Client's perceptions of helpfulexperiences in counscling. *Journal of Counseling Psychology, 46* (3), 317-324.

Pedersen, P. (1988). *A handbook for developing multicultural awareness*. Alexandria, VA: AACD.

Pedersen, P. (1999). Internal dialogue as an underutilized psychoeducational resource: Hearing the anticounselor. *Asian Journal of Counselling, 6* (1), 7-31.

Pipes, R. B. & Davenport, D. S. (1990). *Introduction to psychotherapy:*

Common clinical wisdom. Englewood Clifffs, NJ: Prentice-Hall.

Pledger, R. & McLennan, J. (1988). Counseling help for child-abusing parents:Parents Anonymous. *Australian Journal of Sex, Marriage, and Family, 9* (3), 137-143.

Poidevant, J. M. & Lewis, H. A. (1995). Transactional Analysis theory. In D. Capuzzi & D. R. Gross(Eds), *Counseling and psychotherapy: Theories and interventions* (pp.297-324). Englewood Cliffs, NJ: Merrill.

Pope, K. S., Sonne, J. L., & Holroyd, J. (1993). *Sexual feelings in psychotherapy: Explorations for therapists and therapists-in-training.* Washington, DC: American Psychological Association.

Poznanski, J. J. & McLennan, J. (1995). Conceptualizing and mea-suring counselors' theoretical orientation. *Journal of Counseling Psychology, 42* (4), 411-422.

Proctor, C. D. & Groze, V. K. (1994). Risk factors for suicide among gay, lesbian, and bisexual youth. *Social Work, 39*, 504-513.

Reinisch, J. M. (1990). *The Kinsey Institute new report on sex.* New York: The Kinsey Institute for Research in Sex, Gender, and Reproduction.

Rencken, R. H. (1989). *Intervention strategies for sexual abuse.* Alexandria, VA: American Association for Counseling and Development.

Roediger III, H. L., Rushton, J. P., Capaldi, E. D. & Paris, S. G. (1985). *Psychology.* Boston, MA: Little, Brown & Company.

Root, M. P. P. & Fallon, P. (1989). Treating the victimized bulimic-The functions of binge-purge behavior. *Journal of Interpersonal Violence, 4* (1), 90-99.

Robinson, K. E. (1991). Gay youth support groups: An opportunity for social work intervention. *Social Work, 36*, 458-459.

Rotheram-Borus, M. J., Hunter, J., & Rosario, M. (1994). Suicidal behavior and gay-related stress among gay and bisexual male adolescents. *Journal of Adolescent Research, 9* (4), 498-508.

Ruchlis, H. (1990). *Clear thinking: A practical introduction.*New York: Prometheus.

Russell, D. E. H. (1986). The incidence and prevalence of intrafamilial and-extrafamilial sexual abuse of female children. *Child Abuse and Neglect, 7*, 133-146.

Rust, P. C. (1996). Finding a sexual identity and community: Therapeutic implications and cultural assumptions in scientific mo-dels of coming out. In E. D. Rothblum & L. A. Bond (Eds.), *Preventing and homophobia* (pp.87-123). Thousand Oaks, CA: Sage.

Ruzicka, M. F. & Palisi, A. T. (1976). Influence of philosophy and the need to control on trainees' verbal behavior. *The Human Educator, 15* (1), 36-40.

Satir, V., Banmen, J., Gerber, J., & Gomori, M. (1991). *The Satir model: Family therapy and beyond.* Palo Alto, CA: Science and Behavior Books, INC.

Savin-Williams, R. (1990). *Gay and lesbian youth: Expressions of identity.* New York: Hemisphere.

Savin-Williams, R. C. (1994). Verbal and physical abuse as stressors in the lives of lesbian, gay male, and bisexual youth: Associations with school problems, running away, substance abuse, prostitution, and suicide. *Journal of Consulting and Clinical Psychology, 62* (2), 261-269.

Schneider, S. G., Farberow, N. L., & Kruks, G. N. (1989). Suicidal behavior in adolescent and young adult gay men. *Suicide and Life-Threatening Behavior, 19* (4), 381-394.

Sears, T. (1989). Challenges for educators: Lesbian, gay, and bisexual families. *High School Journal, 77*, 138-156.

Sesan, R., Freeark, K., & Murphy, S. (1986). The support network: Crisis intervention for extrafamilial child sexual abuse. *Professional Psychology Research and Practice, 17* (2), 138-146.

Sgroi, S. M. (1988). *Vulnerable populations: Evaluation and treatment of sexually abused children and adult survivors* (Vol. I). Lexington, MA: Lexington Books.

Sieber, J. A. & Cairns, K. V. (1991). Feminist therapy with ethnic minority women. *Canadian Journal of Counselling, 25* (4), 567-580.

Sinick, D. (1979). Adult development changes and counseling changes. In M. L. Ganikos (Ed.), *Counseling the aged: A training syllabus for educators.* Alexandria, VA: American Association for Counseling and Development.

Spinelli, E. (1996). The existential-phenomenological paradigm. In R. Woolfe & W. Dryden (Ed.), *Handbook of counselling psychology* (pp. 180-200).Thousand Oaks, CA: Sage.

Stiffman, A. R. (1989). Physical and sexual abuse in runaway youth. *Child Abuse and Neglect, 13* (3), 417-426.

Sue, D. W. & Sue, D. (1990). *Counseling the culturally different: Therapy & Practice* (2nd ed.).New York: John Wiley & Sons.

Sullivan, H. S. (1953). *The interpersonal theory of psychiatry.* New York: W. W. Norton & Company.

Sweeney, T. J. (1989). *Adlerian counseling: A practical approach for a new decade* (3 rd ed.). Muncie, IN.: Accelerated Development.

Sweeney, T. J. (1995). Adlerian theory. In D. Capuzzi & Gross, D. R. *Counseling and psychotherapy: Theories and interventions* (pp. 171-206). Englewood Cliffs, NJ: Merrill.

Strean, H. S. (1985). *Resolving resistance in psychotherapy*. N. Y.: John Wiley & Sons.

Taylor, M. (1996). The feminist paradigm. In R. Woolfe & W. Dryden (Ed.), *Handbook of counseling psychology* (pp. 201-218). Thousand Oaks, CA: Sage.

Thompson, C. L. & Rudoph, L. B. (1992). *Counseling children (3rd ed.)* . Pacific Grove, CA:Brooks/Cole.

Thompson, E. H. Jr. (1994). Older men as invisible men in contemporary society. In E. H. Thompson, Jr.(Ed.), *Older men's lives* (pp.1-21). Thosand Oaks, CA: Sage.

Todd, J. & Bohart, A. C. (1999). *Foundations of clinical and counseling psychology* (3rd ed.). New York: Longman.

Trachtenburg, M. S. (1989). *Stop the merry-go-round: Stories of women who broke the cycle of abusive relationships*. Blue Ridge Summit, PA: TAB Books.

Troiden, R. R. (1989). The formation of homosexual identities. *Journal of Homosexuality, 17* (1/2), 43-73.

Vaillant, G. E. (1994). "Successful aging" and psychosocial well-being: Evidence from a 45-year study. In E. H. Thompson (Ed.), *Older men's lives* (pp.22-41). Thousand Oaks, CA: Sage.

Walker, C. E., Bonner, B. L., & Kaufman, K. L. (1988). *The physically and sexually abused child: Evaluation and treatment*. New York: Pergamon Books.

Walklate, S. (1989). *Victimology: The victim and the criminal justice process*. London: Unwin Hyman.

Walton, F. X. (1980). *Winning teenagers over--in home and school: A manual for parents, teachers, counselors, and principals*. Columbia, SC:

Adlerian Child Care Books.:

Walton, F. X. & Powers, R. L. (1974). *Winning children over: A manual for teachers, counselors, principals and parents*. Chicago, IL: North American Society of Adlerian Psychology.

Wantz, R. A., Scherman, A. & Hollis, J. W. (1982). Trends in counselor preparation: Courses, program emphases, philosophical orientation, and experimental components. *Counselor Education and Supervision, 21* (4), 258-268.

Ward, C. (1984). *The trauma of sexual assault: Psychological stress and coping in adolescent victims*. American Psychological Association.

Warner, R. E. (1991). Canadian university counsellors: A survey of theoretical orientations and other related descriptors. *Canadian Journal of Counselling, 25* (1), 33-37.

Waters, E. B. & Goodman, J. (1990). *Empowering older adults: Practical strategies for counselors*. San Francisco, CA: Jossey-Bass.

Wheeler, G. (1991). *Gestalt reconsidered: A new approach to contact and resistance*. New York: Gardner Press.

White, A. (1983). A factor analysis of the Counselling-orientation Preference Scale (COS). *Counselor Education and Supervision, 23* (2), 142-148.

White, L. C. (1980). Competencies counselor educators value. *The Personnel and Guidance Journal, 59* (1), 31-36.

Wills-Brandon, C. (1990). *Learning to say no: Establishing healthy boundaries*. Deerfield Beach, FL: Health Communications.

Wisch, A. F. & Mahalik, J. R. (1999). Male therapists' clinical bias: Influence of client gender roles and therapist gender role conflict. *Journal of Counseling Psychology, 46* (1), 51-60.

Worden, J. W. (1991). *Grief counseling and grief therapy: A handbook for the mental health practitioner* (2nd ed.). New York: Springer.

Wubbolding, R, (1995). Reality therapy theory. In D. Capuzzi & D. R. Gross, *Counseling & psychotherapy: Theories and interventions* (pp. 385-424)

Yalom, I. D. (1985). *The theory and practice of group psychotherapy*. New York: Basic Books.

Yankura, J. & Dryden, W. (1994). *Albert Ellis*. Thousand Oaks, CA: Sage.

Yapko, M. D. (1994). *Suggestions of abuse: True and false memories of childhood sexual trauma*. New York: Simon & Schuster.

Young, J. E. & Beck, A. T. (1982). Cognitive therapy: Clinical a-pplications. In A. J. Rush (Ed.), *Short-term psychotherapies for depression*. New York: Guilford Press.

Young-Bruehl, E. (1988). *Anna Freud*. New York: Summit.

永然法律事務所聲明啟事

　　本法律事務所受心理出版社之委任爲常年法律顧問，就其所出版之系列著作物，代表聲明均係受合法權益之保障，他人若未經該出版社之同意，逕以不法行爲侵害著作權者，本所當依法追究，俾維護其權益，特此聲明。

　　　　　　永然法律事務所

　　　　　　李永然律師

輔導諮商 34

做個諮商人

作　　　者：邱珍琬
執行主編：張毓如
總　編　輯：吳道愉
發　行　人：邱維城
出　版　者：心理出版社股份有限公司
社　　　址：台北市和平東路二段 163 號 4 樓
總　　　機：(02) 27069505
傳　　　真：(02) 23254014
郵　　　撥：19293172
　E-mail　：psychoco@ms15.hinet.net
網　　　址：www.psy.com.tw
駐美代表：Lisa Wu
　　Tel　：973 546-5845　　Fax：973 546-7651
法律顧問：李永然
登　記　證：局版北市業字第 1372 號
印　刷　者：翔勝印刷有限公司
初版一刷：2000 年 7 月

定價：新台幣 480 元

ISBN 957-702-379-7

國家圖書館出版品預行編目資料

做個諮商人 / 邱珍琬著. -- 初版.- 臺北市
：心理，2000〔民 89〕
面 ； 公分.--(輔導諮商 ;34)
參考書目：面
ISBN 957-702-379-7(平裝)

1. 諮商

178.4   89008469

讀者意見回函卡

No. _____ 填寫日期： 年 月 日

感謝您購買本公司出版品。為提升我們的服務品質，請惠填以下資料寄回本社【或傳真(02)2325-4014】提供我們出書、修訂及辦活動之參考。您將不定期收到本公司最新出版及活動訊息。謝謝您！

姓名：_____ 性別：1□男 2□女

職業：1□教師 2□學生 3□上班族 4□家庭主婦 5□自由業 6□其他_____

學歷：1□博士 2□碩士 3□大學 4□專科 5□高中 6□國中 7□國中以下

服務單位：_____ 部門：_____ 職稱：_____

服務地址：_____ 電話：_____ 傳真：_____

住家地址：_____ 電話：_____ 傳真：_____

電子郵件地址：_____

書名：_____

一、您認為本書的優點：（可複選）

❶□內容 ❷□文筆 ❸□校對 ❹□編排 ❺□封面 ❻□其他_____

二、您認為本書需再加強的地方：（可複選）

❶□內容 ❷□文筆 ❸□校對 ❹□編排 ❺□封面 ❻□其他_____

三、您購買本書的消息來源：（請單選）

❶□本公司 ❷□逛書局⇨_____書局 ❸□老師或親友介紹

❹□書展⇨____書展 ❺□心理心雜誌 ❻□書評 ❼□其他_____

四、您希望我們舉辦何種活動：（可複選）

❶□作者演講 ❷□研習會 ❸□研討會 ❹□書展 ❺□其他_____

五、您購買本書的原因：（可複選）

❶□對主題感興趣 ❷□上課教材⇨課程名稱_____

❸□舉辦活動 ❹□其他_____ （請翻頁繼續）

心理出版社 股份有限公司

台北市 106 和平東路二段 163 號 4 樓

TEL:(02)2706-9505
FAX:(02)2325-4014
EMAIL:psychoco@ms15.hinet.net

沿線對折訂好後寄回

六、您希望我們多出版何種類型的書籍

❶□心理❷□輔導❸□教育❹□社工❺□測驗❻□其他

七、如果您是老師，是否有撰寫教科書的計劃：□有□無

書名/課程：＿＿＿＿＿＿＿＿＿＿＿＿＿＿＿＿＿

八、您教授/修習的課程：

上學期：＿＿＿＿＿＿＿＿＿＿＿＿＿＿＿＿＿

下學期：＿＿＿＿＿＿＿＿＿＿＿＿＿＿＿＿＿

進修班：＿＿＿＿＿＿＿＿＿＿＿＿＿＿＿＿＿

暑　假：＿＿＿＿＿＿＿＿＿＿＿＿＿＿＿＿＿

寒　假：＿＿＿＿＿＿＿＿＿＿＿＿＿＿＿＿＿

學分班：＿＿＿＿＿＿＿＿＿＿＿＿＿＿＿＿＿

九、您的其他意見

謝謝您的指教！　　　　　　　　　　　21034